KB263793

나의 목표

시작한 날 　　　 년 　　 월 　　 일
마지막 날 　　　 년 　　 월 　　 일

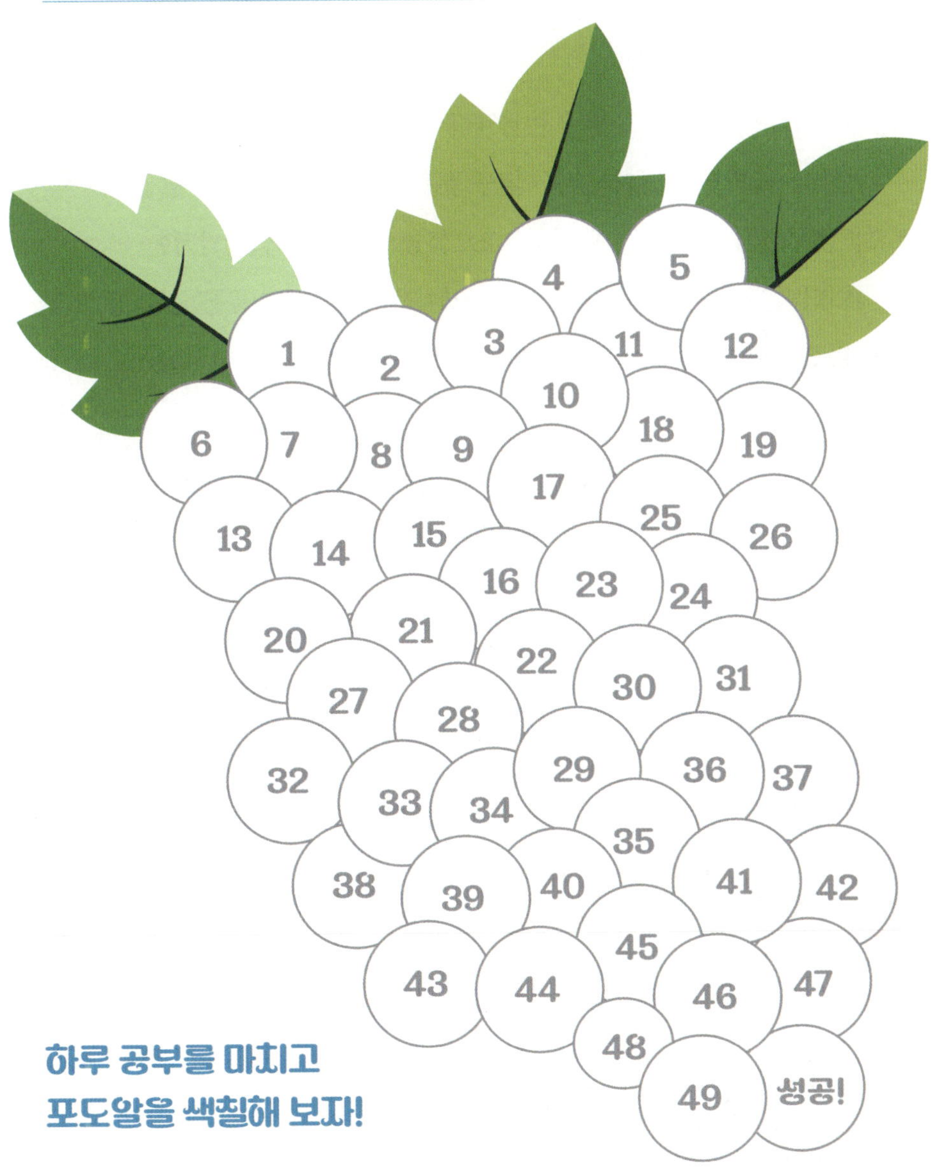

4
5
1
2
3
11
12
10
6
7
8
9
18
19
17
13
14
15
25
26
16
23
24
20
21
22
30
31
27
28
29
36
37
32
33
34
35
38
39
40
41
42
45
43
44
46
47
48
49
성공!

하루 공부를 마치고
포도알을 색칠해 보자!

1일 1주제 9분 만에 끝내는
119 통합과학

초판 1쇄 발행 2025년 12월 30일

지은이 홍효빈

펴낸이 윤주용
편집 도은주, 류정화 | 마케팅 조명구 | 홍보 박미나
외주편집 장기영, 박미선

펴낸곳 초록비책공방
출판등록 2013년 4월 25일 제2013-000130
주소 서울시 마포구 동교로27길 53 308호
전화 0505-566-5522 | 팩스 02-6008-1777

메일 greenrainbooks@naver.com
인스타 @greenrainbooks @greenrain_1318
블로그 http://blog.naver.com/greenrainbooks

ISBN 979-11-24126-12-7 (44080)
         979-11-24126-02-8 (44080) (세트)

＊정가는 책 뒤표지에 있습니다.
＊파손된 책은 구입처에서 교환하실 수 있습니다.
＊저작권을 준수하여 이 책의 전부 또는 일부를 어떤 형태로든 허락 없이
  복제, 스캔, 배포하지 않는 여러분께 감사드립니다.

어려운 것은 쉽게 쉬운 것은 깊게 깊은 것은 유쾌하게

초록비책공방은 여러분의 소중한 의견을 기다리고 있습니다.
원고 투고, 오탈자 제보, 제휴 제안은 greenrainbooks@naver.com으로 보내주세요.

1일 1주제 9분 만에 끝내는 통합과학

119

50일 완성

홍효빈 지음

초록비책공방

119 시리즈 만점 활용법

119 시리즈는 하루 9분, 하나의 주제로 공부 습관을 만드는 책이야. 교실에서 아이들과 함께해 온 현장 선생님들이 직접 쓴 책이라서 너희가 꼭 알아야 할 개념과 생각하는 방법을 쉽고 정확하게 알려줄 거야. 이 책을 더 잘 활용할 수 있는 방법을 소개할게.

1. 하루 한 꼭지, 9분만 집중해 볼까?

119 시리즈는 '읽기 → 생각하기 → 정리하기' 순서로 이어져 있어. 먼저 질문으로 호기심을 열어주고 이어지는 짧은 이야기와 설명을 통해 자연스럽게 개념을 익힐 수 있지. 하루 2~4페이지 분량이라 부담 없고 꾸준히 하기에 딱 좋아.

2. 교과와 연계된 학습 키워드로 중심 잡기

각 꼭지는 학교에서 배우는 교과 단원과 연결되어 있고, 교과 개념과 연결된 학습 키워드를 중심으로 내용이 이루어져 있어. '왜 이걸 배우는지', '교과에서 어디와 연결되는지'를 자연스럽게 이해할 수 있지. 학교 수업과 함께 보면 훨씬 더 깊게 이해되고 복습 효과도 좋아.

3. 배운 내용을 '나만의 말'로 정리해 보기

이 책은 단순히 외우는 공부보다 생각 흐름을 따라 개념을 이해하도록 되어 있어. 본문 중간에 나오는 질문에 스스로 답해 보면 "아, 나는 이렇게 이해했구나!" 하고 정리가 돼. 이런 과정은 바로 논술형 평가에서 필요한 사고력으로 이어져.

4. <실력 쑥쑥 119>로 바로 복습하기

각 꼭지 바로 뒤에는 <실력 쑥쑥 119> 문제가 있어. 오늘 배운 내용을 잘 이해했는지 스스로 확인할 수 있고 중요한 개념만 다시 한 번 떠올릴 수 있어서 공부 효과가 훨씬 커져.

5. <더 알아보기 119>로 배움을 확장하기

선생님이 직접 고른 책·영상·사이트가 매 꼭지마다 소개되어 있어. 궁금한 내용을 조금 더 깊게 알고 싶거나 호기심이 생긴 부분이 있다면 여기 있는 자료들을 통해 탐구를 이어가 봐. 스스로 공부를 확장하는 힘을 자연스럽게 기를 수 있어.

6. <진로 119> 코너로 배움과 미래를 연결해 보기

각 챕터 끝에는 <진로 119> 코너가 있어. 오늘 배운 내용이 어떤 직업과 연결되는지 알려 주고 내가 좋아할 만한 분야가 무엇인지 생각해 볼 수 있어. 공부와 진로를 따로 떼어 놓지 않고 자연스럽게 이어주는 구성이야.

7. 매일 9분, 꾸준함이 진짜 실력이야

하루 9분은 짧아 보이지만 매일 쌓이면 사고력·문해력·기초 개념·교과 이해도가 놀랍게 자라게 돼. 119 시리즈와 함께 익숙한 교과 내용을 새로운 이야기와 질문으로 만나다 보면 자기만의 공부 루틴이 단단하게 자리 잡을 거야.

　너희는 왜 과학을 배워야 하는지 생각해 본 적 있니? 학교에서 학생들은 종종 이렇게 묻곤 하지. "핫도그를 먹을 때 케찹이 어떤 원자로 이루어져 있는지 아는 것보다 그냥 맛있게 먹는 게 중요한데 왜 과학을 배워야 하나요?" 혹은 과학을 배우는 이유가 "시험을 잘 보기 위해서요.", "부모님이나 선생님이 하라고 하니까요."라고 말하기도 해. 하지만 과학은 단지 교과서 속 지식이나 시험을 위한 과목이 아니야! 과학은 우리가 살아가는 세상을 더 잘 이해하고, 보다 나은 미래를 만들기 위한 언어이자 도구란다.

　너희가 마주한 세상은 지금 거대한 전환점 위에 서 있어. 지식을 전달받는 시대는 끝났고, 이제는 스스로 질문을 던지고 탐구하며 새로운 해답을 만들어내야 하는 역량이 필요한 시대가 되었지.

　단편적으로 분리된 교과 내용만으로는 이러한 미래를 준비할 수 없어. 실제 문제는 여러 영역이 복잡하게 얽혀 있어서, 다른 교과나 실생활과 연결하며 생각하고 해결하는 통합적 사고가 반드시 필요해졌지.

　통합과학이라는 과목은 바로 이런 배경 속에서 등장했어. 하지만 많은 학생들과 교사들은 여전히 이렇게 질문하곤 해. "무엇을 어떻게 연결해야 할까?" "중학교에서 배운 과학 지식은 고등학교 통합과학과 어떻게 이어질까?" 선생님은 이러한 질문들에 대한 답을 찾기 위해 이 책을 쓰게 되었어.

2022 개정 교육과정에서 주목하는 통합과학은 새로운 내용을 무조건 덧붙인 과목이 아니야. 중학교에서 배우는 과학 기초 개념들을 서로 연결하여 더 넓은 시각으로 확장해 보는 과정이지. 즉 지식을 따로따로 아는 것이 아니라 그것들이 서로 어떤 관계를 맺고 있으며, 실제 문제를 해결하는 데 어떻게 활용되는지를 이해하는 과목인 거야. 지구온난화, 인공지능, 우주 개발, 에너지 위기와 같은 문제는 물리, 화학, 생명, 지구과학 중 어느 한 분야만 알아서는 해결할 수 없어. 여러 지식을 연결해 새로운 해결책을 만드는 힘, 그것이 바로 통합과학이 너희에게 길러 주려는 힘이야.

이 책은 어려운 공식이나 복잡한 이론을 설명하는 책이 아니야. 너희가 '과학을 통해 세상을 바라보는 눈을 기르고, 미래를 상상할 수 있도록 돕는 이야기책이지. 실생활 속 과학, 미래 기술, 인간과 자연의 관계에 대한 흥미로운 이야기들을 담았어. 이 책을 읽는 동안 너희가 이런 생각을 하게 되면 좋겠어. "아, 과학은 외워야 하는 과목이 아니라 생각하고 상상하고 연결하는 힘을 기르는 과목이구나!" 그 순간 너희는 이미 과학자의 시선으로 세상을 바라보고 있는 것일 테니까.

과학은 학교에서 끝나는 것이 아니라, 너희의 삶과 미래를 바꾸는 시작점이야. 이 책이 너희의 호기심에 불을 붙이고, 통합과학이라는 새로운 여행의 지도 역할을 해 주게 되길 바랄게. 이제 출발해 볼까?

차 례

4부. 지구 밖의 이야기, 우리 별의 비밀을 푸는 여행

5부. 생명의 연결, 지구 안의 살아 있는 과학

과학의 시작, 세상의 원리를 보다

시간과 길이를
마음대로 쓰는 게 아니라고?

물리량을 측정하는 기준

1초는 어떤 기준으로 정해졌을까? 미터는 언제 만들어진 걸까?
시간과 길이를 측정하는 단위는 누가 만드는 걸까?

학습 키워드 #시간 #길이 #질량
교과 연계 과학 전 교과

다른 나라를 여행할 때는 그 나라 말이나 번역기를 통해 의사소통해야 한다는 거 알고 있지? 과학도 마찬가지야. 만약 과학에서 물건을 잴 때 사용하는 '단위'가 나라마다 다르다면 어떨까? 단위가 다르면 물건의 값을 정할 때 어떤 기준에 따라야 하는지 헷갈려서 큰 혼란이 벌어지겠지? 지금부터 단위에 대해 알아볼 거야. 단위는 무엇일까? 맞아. 단위는 길이를 나타내는 *cm*나 *m*, 시간을 나타내는 분, 초같은 것들이야.

이처럼 단위는 '물리량'을 측정할 때 기준이 되는 것을 뜻해. 물리량이란 말이 어렵다고? 물리량은 물건의 형태나 무게 등을 잴 때 사용하는 개념이야. 길이, 면적, 부피, 질량, 속도, 힘, 압력, 가속도와 같은 것이 다 물리량을 재는 단위들이지.

과학에서는 물리량을 정확하게 측정하는 단위를 정하는 것이 정말 중요해. 만약 나라마다 물건을 재는 단위가 다르다면 정확한 길이를 측정하기 어렵잖아. 그래서 SI라는 단체에서 국제적인 단위의 기준을 세계 모든 사람들의 의견을 모아 결정하고 있어.

SI에서 정한 기본 단위

기호	이름	물리량
A	암페어	전류
K	켈빈	온도
s	초	시간
m	미터	길이
kg	킬로그램	질량
cd	칸델라	광도
mol	몰	몰 질량

시간을 재는 단위, 초

"시간아 멈춰라!" 웹툰이나 드라마에서 주인공이 외치는 순간, 모든 세상이 멈추고 나만 움직일 수 있게 되는 장면을 한 번쯤 본 적이 있을 거야. 만약 진짜로 시간이 멈출 수 있다면 어떨까? 시험이 끝나기 전에 시간을 멈춰서 답을 다 쓸 수도 있고 지각하기 직전에 시간을 돌려서 침대에 다시 누울 수도 있을 거야. 하지만 과학자들은 이렇게 말해. "시간은 멈출 수 있는 버튼이 아니라 우주의 질서를 유지하는 기준"이라고.

그렇다면 시간의 단위는 어떻게 정했을까? 지구는 하루에 한 바퀴씩 태양을 중심으로 자전하기 때문에 처음에는 지구가 한 바퀴 도는 시간을 기준으로 1초를 측정해서 정했어. 그런데 지구가 자전하는 속도가 아주 미세하게 느려진다는 게 밝혀지면서 1초 값이 바뀌게 됐지. 그래서 지구의 공전 속도에 맞춰 1초를 정했는데 공전 주기도 200년마다 약 0.5초가 빨라진다는 것을 알게 됐어. 결국 1967년에 '원자시계'를 이용한 절대적인 기준을 만들어서 1초라는 단위를 정했지. 원자시계는 빛을 흡수하고 방출하는 성질을 갖고 있는 원자의 특성을 이용한 기계야.

아, 원자가 뭐냐고? 원자는 이 책을 순서대로 읽다 보면 저절로 알게 될 거야. 일단 여기서는 원자가 '우리 주변의 모든 물체들을 이루는 것'이라고 생각하고 넘어가자.

최근에는 원자가 흡수하고 방출하는 빛의 일종인 전파의 진동 횟수를 세서 1초를 구하고 있지. 현재 원자시계는 질량 133만큼을 갖는 세슘 원자를 이용하고 있어. 세슘 원자가 흡수하거나 방출하는 전파가 91억 9,263만 1,770회 진동하는 데 걸리는 시간을 1초라고 정했다고 해.

길이를 재는 단위, 미터

▲ 50cm 쇠자

다음으로 길이를 재는 단위인 미터(m)에 대해 알아보자. 사실 너희들은 $cm(1m=100cm)$에 더 익숙할 거야. 하지만 우리 주위에는 큰 물체들이 더 많아서 보편적으로 적당히 큰 단위인 m를 기준으로 많이 쓰고 있단다. 사실 cm라는 단위도 m에 c가 붙은 거니까 m이 기준이라는 걸 알 수 있지.

$1m$라는 단위는 1791년 프랑스에서 정해졌어. 지구에는 북극과 남극이 있는데 북극과 남극을 이은 가상의 축을 자전축이라고 해. 지구는 이 자전축을 기준으로 하루에 한 바퀴씩 자전하고 있어. 그래서 북극의 극점에서 프랑스 파리를 거쳐 적도까지의 거리를 측정하고 그것의 1,000만 분의 1이 되는 길이를 $1m$라고 정한 거야. 나중에 측정 기술이 훨씬 더 정확해지면서 현재의 m는 진공에서 빛이 1/299,792,458초 동안 진행한 거리로 다시 정했어. 우와! 도대체 몇 번이 바뀐 거야? 이렇게 그

냥 우리가 일상적으로 쓰는 단위도 여러 번 바뀌기도 하는구나, 싶지 않니? m 단위를 정할 때도 시간이 중요하다는 거 알겠지?

만약 시간의 단위가 정확하게 정해지지 않았다면 오차가 생길 수 있는데, 오차가 있는 단위를 사용해서 연구하다 보면 우주선 발사처럼 정확한 계산이 필요한 일은 하지 못했을 거야. 그만큼 단위를 정하는 것은 과학의 기초를 다지기 위해 중요한 일이란다.

무게를 재는 단위, 킬로그램

우리가 몸무게를 잴 때 사용하는 단위는 kg이야. $1kg=1,000g$이지. g이 무게를 재는 가장 기본 단위인 것 같지만 너희는 kg이 가장 익숙할 거야. $1kg$은 가로 세로 높이가 $10cm$인 그릇에 담긴 증류수가 섭씨 4도일 때의 무게로 정했어. 무게를 재는 그릇도 백금과 이리듐 합금으로 만든 용기를 사용하여 정의했는데, 2019년부터는 플랑크 상수를 기준으로 삼는 것으로 정의가 바뀌었어. 플랑크 상수란 입자의 에너지와 드브로이 진동수의 비율을 말하는데, 이 상수를 도입한 물리학자 막스 플랑크의 이름을 따서 지었어. 다시 말해 킬로그램은 플랑크 상수의 값을 $6.62607015 \times 10^{-34} Js$로 정의했고, 덕분에 질량의 측정에 있어 더욱 정밀한 기준을 제공하고 있어. 신기하지 않니?

지금을 사는 우리는 단위를 그냥 쓰는 것이 아니라 우주와 연결되는 공식 언어로 사용하고 있어. 시간, 길이, 질량의 기준이 정확하지 않다면 로켓은 우주에 도착하지도 못하고, 인터넷 전파도 서로 맞지 않아 전 세계가 통신을 할 수 없게 된단다. 단위를 이해하는 순간, 너희는 학생이 아니라 우주의 질서를 해석할 수 있는 엄청난 사람이 되는 거야.

1. 서로 맞는 것끼리 줄을 그어 짝지어 보자.

ㄱ. 1초(s) •　　　　　　• A. 길이를 측정하는 단위, 빛이 1초 동안 진공
　　　　　　　　　　　　　에서 이동한 거리 기준

ㄴ. 1미터(m) •　　　　　　• B. 시간의 단위, 세슘 원자가 9,192,631,770번
　　　　　　　　　　　　　진동하는 시간

ㄷ.1킬로그램(kg) •　　　　　• C. 질량의 단위, 플랑크 상수를 기준으로 정의
　　　　　　　　　　　　　된 무게

2. 1초는 어떤 원자의 특성을 이용하여 정의했을까? 그 원자가 방출하는 전파의 진동
   횟수는 몇 회일까?

　① 산소 원자, 1,000,000회
　② 세슘 원자, 9,192,631,7770회
　③ 수소 원자, 10,000회

3. 1미터의 길이를 정의하기 위해 사용된 기준은 무엇일까?

　① 지구의 자전축을 기준으로 한 거리
　② 북극에서 적도까지의 거리의 1,000만 분의 1
　③ 진공에서 빛이 1초 동안 진행한 거리

더 알고 싶어 119　　　　　　　　　　　📖 도서　▶ 영상　🔍 사이트

📖 『**그림으로 보는 시간의 역사**』(스티븐 호킹, 김동광 옮김, 까치, 1998)
　스티븐 호킹의 『시간의 역사』는 시간의 개념을 깊이 탐구하는 책이야. 시간의 정의와 측정의 중요성이
　이 책에서 어떻게 다뤄지는지 알아보면 물리량을 이해하는 데 큰 도움이 될 거야.

기본량을 재는 단위는
어떻게 사용하는 걸까?

단위를 변환하는 방법

단위를 재고 변환하는 방법을 익혀 두면
길이나 질량, 시간, 부피, 밀도 같은 기본량을 잴 때 큰 도움이 될 거야.

학습 키워드 #기본량 #유도량
교과 연계 과학 전 교과

"선생님, 저 어제 치킨 한 마리 먹었는데 2kg 쪘어요!" 민지가 체중계를 내려오며 한숨을 쉬었어. 친구들이 킥킥 웃으면서 동조했지. 하지만 그것이 실제로 물을 먹어서 그런 것인지 치킨이 하루 아침에 곧바로 지방으로 변해서 살이 찐 것인지는 알 수 없는 일이야. 다이어트 앱에서 "오늘 500kcal 소모했어요~"라고 뜨지만 그게 정확히 몇 g의 지방인지 환산하려면? 맞아. 단위 변환이 필요해.

과학에서도 마찬가지야. 기본량인 길이, 질량, 시간을 재는 방법을 알면, 면적이나 부피, 밀도, 속도, 압력, 힘, 가속도, 농도, 질량 분율 등 수많은 유도량을 측정할 수 있어. 유도량 단위는 유도 단위라고도 하는데 어떤 친구들은 단위가 바뀌는 걸 어려워하기도 해. 뭔가 규칙이 없는 것 같은 느낌이 들어서 그런가 봐. 중학교나 고등학교에서 많이 사용하는 단위 변환 방법을 익히면 좀 쉽게 이해할 수 있을 거야.

길이, 질량, 시간 3종 세트

기본량의 3종 세트인 '길이, 질량, 시간' 중에 '길이'부터 살펴볼까? 길이를 재는 가장 기본 단위는 m야. 기본 단위에서 추가되는 부분은 곱하기를 한다고 생각하면 쉬워.

cm라면, c가 10^{-2}, 1/100을 뜻하니까 cm는 m의 100분의 1이야.

mm면 m이 10^{-2}를 뜻하니까 mm는 m의 100분의 1이 되겠지?

km라면? k는 10^3을 뜻하니까 km는 m의 1,000배야.

c와 m, k 가 각각 어떤 값인지만 기억한다면 m에 곱하는 방식으로 단위를 변환한다는 걸 쉽게 이해할 수 있을 거야. 다음으로 '질량'도 설명해 줄게! 앞에서 k가 어떤 값이었는지 안 까먹었지?

kg은 g의 1,000배야.

mg은 g의 1,000의 1(10^{-3}배)지.

쉽지? cg라는 단위는 사용하지 않으니까 cg는 몰라도 돼.

다음으로 '시간'의 단위를 살펴보자. 시간은 평소에도 많이 사용하고 있어서 아마 익숙할 거야. 그래도 돌다리도 두들겨 보고 건너라는 말처럼 한번 짚고 넘어가 볼게. 1시간은? 60분, 1분은? 60초! 쉽지?

나머지 단위는 어떻게?

부피'를 잴 때도 마찬가지로 이해하면 돼.

mL는 L의 1,000분의 1이야.

물은 $1mL = 1cm^3$인데, 그럼 cm^3은 m^3의 몇 배일까?

10^{-2}일까? 틀렸어! 답은 10^{-6}이야. 왜냐하면

$$cm^3 = cm \times cm \times cm$$
$$= 10^{-2}m \times 10^{-2}m \times 10^{-2}m$$
$$= 10^{-6}m^3$$

'밀도'의 단위는 보통 g/ml를 가장 많이 사용해.

$/$는 나누기라는 뜻이야. $g/ml = \dfrac{g}{ml}$라고 이해하면 돼. $1g/ml$는 $1ml$ 부피의 물질이 $1g$이라고 보면 되겠지. 어차피 나누기니까 $2ml$ 부피의 물질은 $2g$이라고도 할 수 있어. 교과서에서는 '부피당 무게'라는 말도 많이 사용해. 만약 $10g/mL$의 밀도를 갖는 물질이 있다면 $1ml$ 부피당 몇 g일까? 라는 질문에 $10g$이라고 답하면 돼.

'속도'는 km/h처럼 길이를 시간으로 나눈 값을 많이 사용해. 자동차나 버스를 탈 때 도로에 제한속도 표지판이 있는 걸 본 적이 있을 거야. 다음 사진을 보면 30이라고 적혀 있지만 사실은 단위(km/h)

↑ 제한속도 표지판

를 생략한 거야. 30km/h는 1시간에 30km를 간다는 뜻이고. 이것도 나누기니까 2시간에 60km를 간다는 뜻도 돼.

앞으로는 '가속도' 단위도 많이 사용하게 될 거야. 가속도는 '단위 시간당 속도의 변화량'을 뜻해. 즉 속도가 얼마나 빠르게 변하고 있는지를 수치로 나타낸 값이라서 km/s^2 또는 m/s^2 같은 단위를 사용해. 어려워 보이니? 그렇다면 속도를 재는 단위였던 km/s를 먼저 떠올려 봐. 단위 시간당 속도의 변화량이라는 뜻에서 단위 시간당이라는 말은 시간으로 나누는 걸 말하니까, 속도의 변화량 km/s를 s로 나누는 게 되겠지! 그러면 가속도가 km/s^2가 된다는 걸 이해할 수 있을 거야!

'힘'을 재는 단위는 N(뉴턴)을 많이 사용해. 혹은 kgm/s^2라는 단위도 사용하지. 즉 $1N=1kgm/s^2$를 뜻해.

'압력'의 단위는 atm 단위를 가장 많이 사용해. 혹은 bar(바)나 Pa(파스칼)을 쓰기도 해. 실생활에서는 atm을 주로 쓰는데, 우리 주변 공기의 압력을 1atm, 즉 1기압이라고 정해 놓았어. 압력은 단위 면적당 가해지는 힘을 뜻해서 N/m^2라고도 하지. 그런데 $1atm=1N/m^2$이 아니라 $1Pa=1N/m^2$는 걸 알아 두면 나중에 공부할 때 더 도움이 될 거야.

오늘의 핵심! 단위 변환은 암기가 아니라 규칙을 이해하는 것!

k = 1,000배(10^3)

c = 100분의 1(10^{-2})

m = 1,000분의 1(10^{-3})

이것만 이해하면, 길이, 질량, 시간을 조합해서 만드는 많은 유도량 단위를 이해할 수 있을거야.

1. 다음 중 밀도의 단위로 올바른 것은 무엇일까?

① kg/m² ② g/mL ③ m/s²

2. 다음 글을 읽고 부피 무게를 계산해 빈칸을 채워 보자.

> 수민이는 인형을 팔아서 택배로 보내려고 했어. 무게를 재 보니 겨우 500g.
> 그런데 택배비를 계산하니 5,000원이 나왔어.
> "이거 500g밖에 안 하는데 왜 이렇게 비싸요?"
> 택배 기사님이 웃으면서 말했어.
> "부피 무게로 계산되거든요. 크기가 크면 가벼워도 비싸요!"
> 부피 무게란 무엇일까? 택배 상자의 가로×세로×높이(cm³)를 일정 값(보통 5,000이나 6,000)으로 나눈 값이야. 예를 들어 수민이의 상자가 40cm×40cm×40cm라면? 부피는 64,000cm³이지만, 부피 무게는 64,000을 5,000으로 나눈 12.8kg가 되는 것이지. 즉 실제 무게는 0.5kg이지만 부피 무게는 12.8kg으로 계산되어서 배송비가 올라간 거야.

판매 물건 정보

물건	실제 무게	박스 A	박스 B
인형	0.5kg	40cm×40cm×40cm	30cm×30cm×25cm
책 3권	1.2kg	35cm×25cm×10cm	25cm×20cm×15cm
운동화 0.8kg	0.8kg	35cm×25cm×15cm	30cm×20cm×18cm

인형	• 박스 A 부피 무게 : (40×40×40) ÷ 5000 = _______ kg • 박스 B 부피 무게 : (30×30×25) ÷ 5000 = _______ kg ⇨ 선택! 더 저렴한 박스 : _______
책 3권	• 박스 A 부피 무게 : (35×25×10) ÷ 5000 = _______ kg • 실제 무게 : 1.2kg ⇨ 어느 것으로 계산될까? □ 부피 무게 □ 실제 무게
운동화	• 박스 A 부피 무게 : (35×25×15) ÷ 5000 = _______ kg • 박스 B 부피 무게 : (30×20×18) ÷ 5000 = _______ kg ⇨ 선택! 더 저렴한 박스 : _______

더 알고 싶어 119

📖 도서　▷ 영상　🔍 사이트

▷ **영화 〈히든 피겨스〉** NASA에서 일한 세 명의 흑인 여성 수학자들의 실화를 바탕으로 한 영화로 과학적 계산과 데이터 분석의 중요성을 느낄 수 있어. 복잡한 수학 문제를 해결해 우주 비행을 성공시키는 데 기여한 사람이 주인공인데, 과학에서 측정과 물리량의 개념이 얼마나 정확해야 하는지 느낄 수 있어.

▷ **영화 〈빅 쇼트〉** 2008년 금융 위기의 배경과 원인을 다룬 영화야. 데이터 분석과 수치 계산의 중요성을 느낄 수 있지. 이 영화는 데이터와 단위 변환의 중요성은 물론 실제 사례를 통해 수치와 단위의 변환이 얼마나 중요한지도 느낄 수 있을 거야.

물질을 쪼갤 수도 있다고?

물질을 이루는 기본 입자, 원자

우리 주변에 있는 수많은 물질들이 무엇으로 이루어져 있는지 생각해 본 적 있니?
물질을 이루고 있는 기본 성분이 뭔지 한번 알아보자.

학습 키워드　#원소 #원자 #양성자 #중성자 #전자
교과 연계　중2 과학 > Ⅳ. 물질의 구성

원자의 구성 요소와 구조

모든 물질은 '원자'로 이루어져 있어. 의자로 변신한 나무, 그 나무를 구성하는 많은 세포들, 그것을 이루는 세포막과 엽록체, 핵 그리고 그것을 이루는 가장 작은 기본 단위, 그게 바로 원자야.

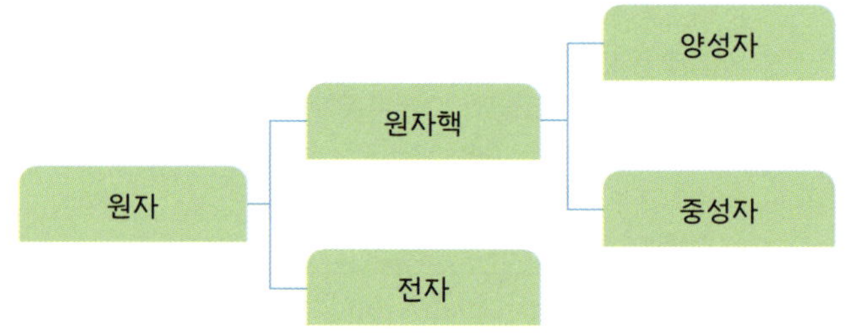

원자는 쪼갤 수 없는 걸까? 엄밀히 말하면 원자는 '양성자, 중성자,

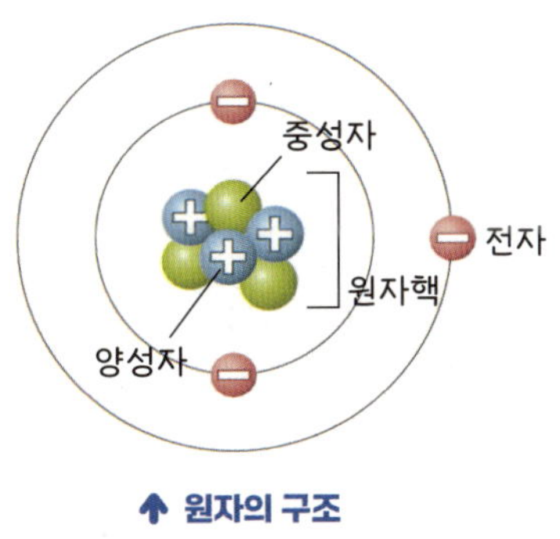

↑ 원자의 구조

전자'로 구성되고 양성자와 중성자는 '쿼크'로 이루어져 있어. 하나씩 자세히 살펴볼까? '원자핵'은 양성자와 중성자들의 조합으로 이루어졌고, '전자'는 이 원자핵을 중심으로 빙글빙글 돌면서 전자구름을 형성하고 있어. 이 중 화학반응에 참여하는 전자를 '원자가 전자'라고 불러. 전자는 쿼크로 이루어져 있지 않은 기본 입자지만, 양성자와 중성자는 쿼크로 이루어져 있어. 양성자를 이루는 쿼크는 업^{up} 쿼크 2개와 다운^{down} 쿼크 1개, 중성자는 업^{up} 쿼크 1개와 다운^{down} 쿼크 2개로 이루어져 있지. 각각의 전하량을 합하면 양성자의 전하량은 +1, 중성자는 0이라는 걸 알 수 있어.

원자 모형의 변천 과정

사실 원자가 빈 공간이 대부분이라는 사실을 알면 많은 사람들이 놀랄 거야. 물질은 대부분 딱딱한데 그것을 이루는 원자가 대부분 빈 공간이라니! 원자를 지구 크기로 확대한다면 원자핵은 지구 안 어느 도시의 야구장 정도 크기라고 해. 전자나 쿼크 같은 더 작은 입자는 선수가 던지는 야구공 정도 크기이고 말이야. 이렇게 작다니 신기하지? 이처럼 원자는 대부분 빈 공간으로 이루어져 있지만, 전자와 원자핵의 입자들이 서로 잡아당기면서 강한 인력을 통해 원자라는 구조를 만들기 때문에 11층 바닥에 앉더라도 1층으로 떨어지지 않을 수 있는 거야.

흥미로운 점은 또 있어. 우리는 전자가 그림처럼 원자핵 주변을 정해진 궤도를 따라 뱅글뱅글 돈다고 생각하고 그리지만, 정확하게 말하면 전자는 원자핵 주변 어디든 존재할 수 있대. 원자핵과 가까울수록 그 위치에 전자가 있을 확률이 높아지고, 반대로 핵에서 멀어질수록 존재할 확률이 낮아진다고 해. 즉 원자 모형은 자연현상을 설명하기 위해 보이지 않는 원자를 보이는 것처럼 표현하면서 그린 것일 뿐이라는 점을 알아 두자.

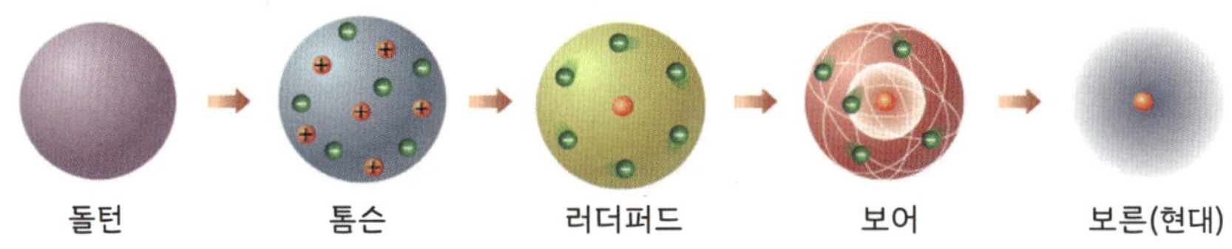

원자의 구조는 어떻게 알아낸 걸까? 원자 모형의 변천 과정을 보면 이해할 수 있을 거야. 과학자 돌턴은 처음에 원자를 더 이상 쪼개지지 않는 단단한 공 모양의 동그라미로 표현했어. 그러다가 영국의 물리학자 톰슨이 전자를 발견해 노벨 물리학상을 수상하면서 (+)전하 입자와 (−)전하 입자가 섞여 콕콕 박혀 있는 듯한 푸딩 모형을 제안했지.

또 나중에 과학자 러더퍼드는 실험을 통해 원자핵을 발견하면서 (+)전하를 띤 원자핵 중심에 전자가 돌고 있는 모형을 제안했어. 그런데 이 모형만으로는 설명할 수 없는 문제가 생겼어. 그래서 보어는 이 문제를 해결하기 위해 원자핵 주위에 일정한 궤도를 따라 운동하는 모형을 제안했지. 요즘에는 전자가 구름처럼 원자핵 주위에 퍼져 있다고 생각하는 보른의 모형을 따르고 있단다.

24

1. 다음은 원자의 구조를 도표로 나타낸 거야. 빈칸 ㄱ~ㄹ에 들어갈 말을 써 보자.

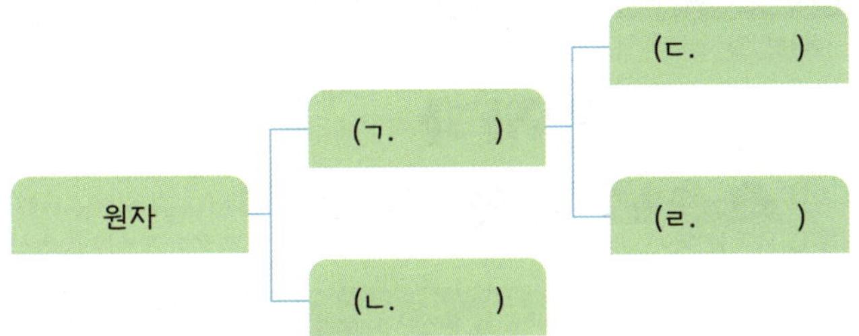

2. 다음의 빈칸에 들어갈 단어를 써 보자.

> 물질의 구조 (큰 것 → 작은 것)
>
> 사과 → 세포 → ________ → 원자핵 or 전자 → 양성자 or 중성자 → ________

힌트 첫 번째 칸은 '가장 작은 기본 단위', 두 번째 칸은 '양성자와 중성자를 이루는 것'

3. 다음 그림은 2가지 원자를 모형으로 나타낸 거야. 이에 대한 설명으로 옳은 것을 〈보기〉에서 있는 대로 골라 보자.

보기

ㄱ. A 원자는 전자가 1개이다.

ㄴ. 원자핵의 전하량은 A가 B보다 크다.

ㄷ. B의 원자핵은 양성자와 중성자로 이루어져 있다.

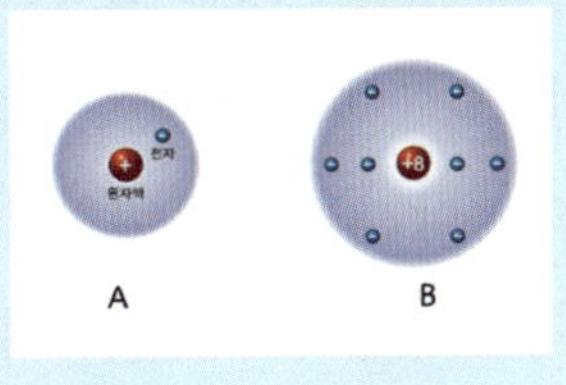

더 알고 싶어 119

▣ 도서   ▷ 영상   🔍 사이트

▷ **EBS 클립뱅크(Clipbank) – 원자 모형의 변천 (Change in Atom Models)**

원자 모형의 변천 과정은 과학사 중 중요한 사건이라서 재미있기도 하면서도 어려운 부분이 꽤 많을 거야. 우리는 학생이니까 과학자들의 과학 실험 과정이 어렵기도 하고 이해가 안 되는 부분도 많은 게 당연해. 앞으로 많은 과학 개념을 배우다가도 다시 이 과정을 살펴보면 느끼는 바가 많을 거라고 생각해. 특히 과학의 본질은 불변하는 진리가 아니라 변할 수 있다는 거! 동영상을 보면서 한 번 더 생생하게 느껴 보자.

입자가
스스로 움직인다고?

입자는 스스로 움직이고 있어. 그러면서 다양한 자연현상이 나타나지.
우리가 거실에서 아빠의 방귀 냄새를 맡을 수 있는 이유는 무엇일까?

학습 키워드　#원소 #원자 #확산 #증발
교과 연계　중1 과학 〉 III. 열 - 1. 온도와 열

앞에서 우리는 원자를 '물질을 이루는 기본 입자'라고 했어. 지금부터는 입자라는 표현을 사용해 볼 거야. 원자라고 해도 되는데 입자라고 이야기하는 이유는 입자는 원자도 포함하지만 원자들이 여러 개 연결된 분자도 포함하는 개념이기 때문이야. 바나나 냄새, 빵 냄새 이런 것들은 원자가 여러 개 연결된 냄새 분자이거든.

입자의 확산과 증발

TV를 보고 있는데 아빠가 "붕~" 하고 방귀를 꼈어. 방구 냄새 입자가 코의 신경을 자극하니까 뇌가 꼬리꼬리한 냄새를 인식해서 지금까지 맡았던 방귀 냄새와 방귀 소리가 들린 위치를 종합한 다음 "아빠! 방귀 꼈지!"라고 이야기하는 상황을 생각해 봐. 방귀 냄새도 입자야. 근데 기

체 입자이지. 기체 입자는 고체나 액체와 달리 큰 에너지를 가지고 있고 스스로 활발하게 움직이는 특성이 있어. 고체나 액체 입자도 움직이긴 하지만 기체에 비해 그 정도가 작아서 그래. 스스로 활발하게 움직이니까 아빠가 배출한 방귀 냄새가 퍼지면서 내 코에 들어오는 거지.

그렇다면 이런 현상을 뭐라고 할까? 맞아. '확산'이라고 해. 자연현상에 대해 궁금증이 많았던 친구들은 이런 생각도 할거야. 엇? 입자니까 중력의 영향을 받지 않나? 어떨 것 같아? 입자는 중력의 영향을 받지 않기 때문에 공기 속을 훨훨 날아다닐 수 있는 걸까? 그렇지 않아. 작은 기체 입자도 분명 질량을 가지고 있어. 그런데 확산 현상이 나타나는 이유는 운동할 수 있는 에너지가 많고, 질량도 매우 작기 때문이야. 질량이 있는 입자라면 똑같이 중력이 작용한단다.

한편 증발은 액체 입자가 스스로 움직여서 기체 입자가 되는 현상을 말해. 젖은 티셔츠를 빨랫대에 널었더니 말랐거나, 젖은 머리카락을 드라이기로 말렸거나, 촉촉했던 식빵을 안 먹고 꺼내 놨더니 딱딱해지는 현상처럼 증발은 일상생활에서 빈번하게 일어나고 있어. 아까 액체와 기체도 운동한다고 이야기했었지? 같은 종류의 입자라면 에너지가 활발한 정도는 '기체 〉 액체 〉고체'야. 그런데 증발을 하는 이유는 무엇일까?

증발의 조건

먼저 증발을 하려면 액체의 에너지가 기체가 될 수 있을 만큼 높아져야 해. 쉽지는 않을 것 같지? 열을 가하는 상황도 아니니 에너지가 높아지는 것은 좀 어려워 보이는 데 말이야. 맞아. 그래서 증발 속도는 끓을 때 액체가 기체로 되는 속도보다 훨씬 느리긴 해. 액체가 에너지를 받으려면 주변 환경 온도 같은 여러 요인을 필요로 하거든. 만약 물컵 주변의 온도가 액체의 온도보다 높다면? 맞아. 열은 따뜻한 온도에서 차가운 온도로 이동하는 성질이 있기 때문에 액체가 에너지를 더 가지게 될 수 있어. 또 주변 환경의 습도도 영향을 미치지. 공기 중에 수증기가 이미 많다면? 자연현상은 항상 주변과 동일한 상태가 되고 싶어 하기 때문에 주변에 수증기가 많다면 액체 상태인 물이 수증기로 변하는 속도는 느릴 수밖에 없어. 하지만 만약 주변에 수증기가 적다면, 즉 습도가 낮다면? 맞아. 액체가 수증기가 되어 증발하는 속도가 조금 빨라질 거야.

증발을 빠르게 하는 요인에는 주변 온도와 습도밖에 없을까? 혹시 다른 게 떠오르지는 않니? 맞아. 바람이 강한지 약한지도 꽤 중요해. 바람이 강한 곳에 빨래를 널어 놓으면 잘 마른다고 하잖아? 그치? 왜 그런 걸까? 물은 계속 증발하는데 그 증발한 수증기가 수건 주변에만 계속 맴돌고 있다면 수건이 잘 마르지 않을 거야. 주변에 이미 수증기가 많으니까. 하지만 바람이 증발을 방해하고 있는 수증기를 치워 준다면 증발이 더 잘 일어나겠지?

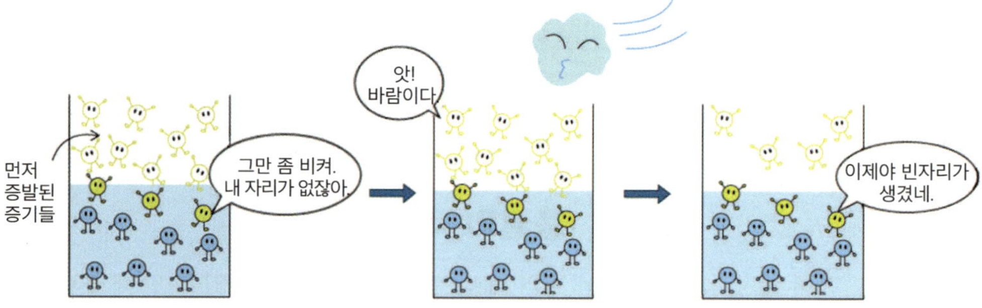

표면적과 입자

표면적surface area에 대해서도 살펴볼까? 표면적은 친구들이 많이 헷갈려하기도 해. 표면적이랑 부피랑 뭐가 다를까? 넓이랑 같은 건가? 이렇게 생각하는 친구들이 많지. 표면적은 3차원 물건에서 외부로 드러난 면적을 말해. 부피랑은 많이 다르지. 부피는 물건이 차지하는 공간의 크기를 나타내는 값이야.

초등학교 수학을 조금 빌려 오자면, 부피는 $a \times b \times c$를 말하는 거고 표면적은 6개의 면들을 다 합친 값을 말해. 증발에서의 표면적은 공기와 맞닿아 있는 면적을 말하지.

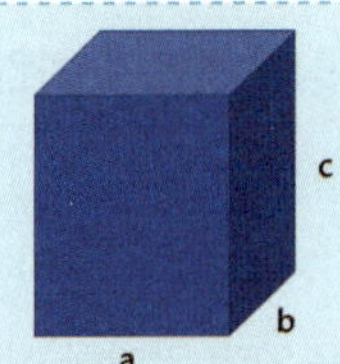

직육면체의 부피/ 겉넓이 공식

부피= abc

겉넓이=2(ab+bc+ac)

만약 표면적이 넓다면 주변 온도나 습도, 바람에 의해 영향을 받는 표면 입자의 수가 많다는 거야. 그러면 주변 환경에 의해 에너지를 받거나 도움을 받아 증발하는 입자의 속도가 표면적이 작은 것보다는 클 수밖에 없겠지?

1. 끓음과 증발의 차이에 관한 다음 문장을 완성해 보자.

> • 증발은 액체의 __________ 만 기체로 변한다.
> • 끓음은 액체의 ______ 뿐만 아니라 _______ 에서도 나타난다.
> • 증발은 _______ 온도에서 나타난다.
> • 끓음은 액체의 __________ 에 도달해야 나타난다.

2. 물 입자 1개를 동그라미 1개로 표현을 한다면 다음 두 그림 중 어떤 것이 증발이고 어떤 것이 끓음인지 체크해 보자. 또 냄비의 물이 끓는 현상이 나타나는 온도와 증발이 일어나는 온도는 어떨까? 이에 대해 상상해 보고 빈칸을 채워 보자.

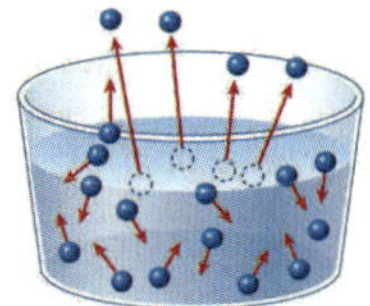 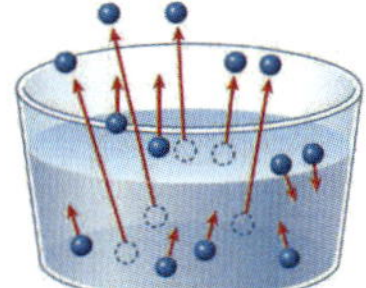

☐ 증발 ☐ 끓음   ☐ 증발 ☐ 끓음
온도: __________   온도: __________

힌트 온도의 빈칸에는 모든 온도에서 일어나는지, 끓는점에서 일어나는지 생각해서 써 보자.

3. 다음 글을 읽고 간단한 실험을 해 보고 결과를 정리해 보자.

> 철에서도 냄새가 날까? 동전이나 쇠를 만지다가 손 냄새를 맡으면 앗 철 냄새~ 라고 이야기해 본 적 있니? 실제로 철에도 냄새가 난다고 이야기할 수 있는지 생각해 보자. 그렇다면 철 입자가 공기 중으로 떠다니며 내 코로 들어와 냄새가 나는 것일까?

• 실험1: 동전A 테이블에 그냥 둔 채로 냄새 맡기
• 실험2: 동전B: 손바닥 위에서 1분간 문질러 본 뒤 냄새 맡기
• 결과: 동전A ________________   동전B ________________

더 알고 싶어 119

📖 도서   ▷ 영상   🔍 사이트

▷ **카메라로 살펴보는 폭발! 그리고 증발! (YTN 사이언스)**
우리 두 눈으로 증발을 보려면? 소리나 공기 같은 것을 사람의 눈으로 볼 수 있도록 변환하는 슐리렌 장치로 여러 자연현상을 볼 수 있어. 증발도 구경할 수 있으니 감상해 볼까?

▷ **바닷물을 증발시켜 마실 수 있는 물로 만드는 법 (SBS STORY, 생활의 달인)**
이 달인은 우리가 배운 증발 현상을 이용해 생존에 필요한 바닷물을 물로 만드는 장치를 직접 만들었어. 준비물은 비닐, 투명 우산, 페트병, 소금물이나 바닷물, 칼이야. 집에서도 간단히 해 볼 수 있을 것 같은데 호기심 많은 친구들은 도전해 보자.

과학 연구를 하려면 원소 기호가 필요하다고?

물질을 이루는 원소를 표현하는 기호

물질은 물체를 이루고 있는 재료야.
공간을 차지하고 있고 질량을 가지면서 다양한 자연현상을 일으키고 있지.
그렇다면 물질은 대체 어떤 것들로 이루어져 있는 걸까?

학습 키워드 #원소 #원자 #원소기호 #분자 #분자식
교과 연계 중2 과학 〉 Ⅳ. 물질의 구성

과학자의 이모티콘, 원소 기호

"ㅋㅋㅋ", "😋😣" 우리는 이런 이모티콘을 자주 쓰지, 한국어를 모르는 외국인이 봐도 이 메시지는 웃고 있는 모습을 표현했다는 것을 알 수 있어.

과학자들에게도 이런 세계 공통 언어가 있어. 그건 바로 원소 기호야. 말은 다 달라도 H_2O는 모두 '물'을 의미하지. 원소 기호 덕분에 전 세계 과학자들이 소통할 수 있는 거야. 지금부터 원소 기호를 알아보고 H_2O처럼 분자는 어떻게 쓸 수 있는지 배워 보자.

118가지 원소로 이루어진 물질

고대 철학자들은 우리 주변의 수많은 물질들이 무엇으로 이루어져

표준 주기율표

1	2	3	4	5	6	7	8	9	10	11	12	13	14	15	16	17	18
1 H 수소																	2 He 헬륨
3 Li 리튬	4 Be 베릴륨											5 B 붕소	6 C 탄소	7 N 질소	8 O 산소	9 F 플루오린	10 Ne 네온
11 Na 소듐	12 Mg 마그네슘											13 Al 알루미늄	14 Si 규소	15 P 인	16 S 황	17 Cl 염소	18 Ar 아르곤
19 K 포타슘	20 Ca 칼슘	21 Sc 스칸듐	22 Ti 타이타늄	23 V 바나듐	24 Cr 크로뮴	25 Mn 망가니즈	26 Fe 철	27 Co 코발트	28 Ni 니켈	29 Cu 구리	30 Zn 아연	31 Ga 칼륨	32 Ge 저마늄	33 As 비소	34 Se 셀레늄	35 Br 브로민	36 Kr 크립톤
37 Rb 루비듐	38 Sr 스트론듐	39 Y 이트륨	40 Zr 지르코늄	40 Nb 나이오븀	41 Mo 몰리브데넘	42 Tc 테크네튬	43 Ru 루테늄	44 Rh 로듐	45 Pd 팔라듐	46 Ag 은	47 Cd 카드뮴	48 In 인듐	49 Sn 주석	50 Sb 안티모니	51 Te 텔루륨	52 I 아이오딘	53 Xe 제논
55 Cs 세슘	56 Ba 바륨	57-71 란타넘족	72 Hf 하프늄	73 Ta 탄탈럼	74 W 텅스텐	75 Re 레늄	76 Os 오스뮴	77 Ir 이리듐	78 Pt 백금	79 Au 금	80 Hg 수은	81 Tl 탈륨	82 Pb 납	83 Bi 비스무트	84 Po 폴로늄	85 At 아스타틴	86 Rn 라돈
87 Fr 프랑슘	88 Ra 라듐	89-103 악티늄족	104 Rf 러더포듐	105 Db 두브늄	106 Sg 시보귬	107 Bh 보륨	108 Hs 하슘	109 Mt 마이트너륨	110 Ds 다름슈타튬	111 Rg 뢴트게늄	112 Cn 코페르니슘	113 Nh 니호늄	114 Fl 플레로븀	115 Mc 모스코븀	116 Lv 리버모륨	117 Ts 테네신	118 Og 오가네손

표기법: 원자번호 / 기호 / 원소명

57 La 란타넘	58 Ce 세륨	59 Pr 프라세오디뮴	60 Nd 네오디뮴	61 Pm 프로메튬	62 Sm 사마륨	63 Eu 유로퓸	64 Gd 가돌리늄	65 Tb 터븀	66 Dy 디스프로슘	67 Ho 홀뮴	68 Er 어븀	69 Tm 툴륨	70 Yb 이터븀	71 Lu 루테튬
89 Ac 악티늄	90 Th 토륨	91 Pa 프로트악티늄	92 U 우라늄	93 Np 넵투늄	94 Pu 플루토늄	95 Am 아메리슘	96 Cm 퀴륨	97 Bk 버클륨	98 Cf 캘리포늄	99 Es 아인슈타이늄	100 Fm 페르뮴	101 Md 멘델레븀	102 No 노벨륨	103 Lr 로렌슘

있는지 궁금해했어. 그래서 '흙, 공기, 불, 물'이라는 4원소를 기초로 연금술을 발전시켰다고 해. 연금술의 목표는 기초 금속을 금으로 만드는 것이었어. 현재는 연금술이 과학적으로 옳지 않다는 걸 알게 됐지만 '원소'라는 개념을 만드는 기초를 다졌다는 점에서 그 공을 인정받고 있기도 해. 한편 로버트 보일이란 과학자는 연금술에 의문을 품으면서 원소라는 개념을 만들었어. 안투안 라부아지에라는 과학자는 4원소 중 물이 수소와 산소로 분해된다는 걸 증명하기도 했지.

지금까지 알려진 원소는 모두 몇 가지일까? 바로 118가지야. 그중 90여 가지는 자연에서 발견되는 원소지만 나머지는 실험실에서 인공적으로 만들어진 원소야. 물질은 이 원소들의 다양한 조합으로 이루어져 있어. 설탕은 탄소와 수소, 물은 수소와 산소, 삶은 달걀은 탄소, 질소, 수소, 산소, 황, 소금은 염소와 나트륨, 공기는 산소, 질소, 탄소 같은 것들이지. 한 가지 원소로 이루어진 물질도 있지만 대부분은 두 가지 이상의 원소들로 이루어져 있어. 앞에서 살펴본 원자와 여기서 설명한 원소는 다르니까 구분해서 생각해야 해. 원소는 물질을 이루는 기본 성분의 종류를 뜻하는 거고, 원자는 물질을 이루는 기본 입자를 말하는 거야.

원자는 원자핵과 전자로 구성되어 있어. 또 원자핵은 양성자와 중성자로 이루어져 있지. 원자는 크기가 매우 작아. 실제로 수소 원자 1억 개를 한 줄로 늘어놓아야 겨우 1cm가 된다고 해. 원자는 눈에 보이지 않을 정도로 작기 때문에 모형으로 나타내곤 해. 현재는 주사 터널 현미경^{STM}으로 원자를 관찰할 수 있게 됐지만 모형을 사용하는 것이 훨씬 편하기 때문에 보통 원자의 구조를 모형으로 설명하고 있지.

원소 기호로 분자 표기하는 법

주기율표에서 금을 찾아볼까? 맞아 79번이야. 그런데 금은 영어로 gold인데 왜 원소 기호는 Au이지? 원소 기호는 영어 이름이 아니라 라틴어에서 따온 경우가 많기 때문에 그래. 원소 기호를 만들었던 18~19세기 유럽 과학자들은 라틴어를 학문의 공용어로 사용했어. 나라마다 이름이 달라도 라틴어 기호는 하나로 통일할 수 있었지. 즉 원소 기호는 처음부터 세계 공통어를 목표로 만들어진 것이라고 볼 수 있어. 금뿐만 아니라 은도 영어로는 silver이지만 라틴어 Agentum에서 따온 Ag라고 하고 철도 영어로는 Iron이지만 라틴어 Ferrum에서 따온 Fe, 납도 영어로 Lead이지만 라틴어 Plumbum에서 따온 Pb야.

'표준 주기율표'는 많은 과학자가 발견한 118개의 원소를 정리한 거야. 과학을 연구할 때는 원소를 많이 사용하게 되는데, 연구자들이 원활하게 소통하기 위해 각기 다른 원소를 기호로 표시하게 됐어. 과거 연금술사들도 '원소 기호'를 사용했는데, 그때는 상형문자처럼 그림을 그려서 원소를 표현했대. 지금 우리가 사용하고 있는 원소 기호는 과학자 베르셀리우스가 처음 제안한 걸 바탕으로 만들어진 거야. 베르셀리우스는 원소 이름의 첫 글자를 알파벳 대문자로 표현하고 첫 글자가 같은 원소는 중간 글자를 하나 선택해서 처음 글자 다음에 소문자로 표현하자고 제안했어. 현재 국제적으로 사용되고 있는 원소 기호는 국제 순수 및 응용 화학 연합IUPAC에서 정한 거야.

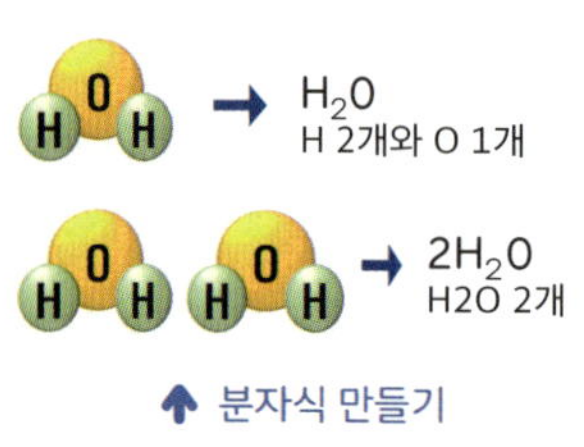

'분자'는 원소가 결합되어 만들어져. 물 분자는 산소 1개와 수소 2개로 만들어지기 때문에 원소 기호로 표현하면 H_2O지. 이렇게 원소 기호를 이용하면 다양한 분자를 쉽게 표현할 수 있어서 연구할 때 편리하단다.

원소 기호로 분자를 이루는 원소의 종류와 수를 나타낸 것을 '분자식'이라고 해. 분자식으로 분자를 표현하려면 분자를 이루는 원소의 종류를 원소 기호로 쓰면 돼. 분자를 이루는 원소의 수는 원소 기호의 오른쪽 아래에 작은 숫자로 표시하는데, 이때 1개는 생략해도 돼. 분자의 개수를 나타낼 때는 분자식 앞에 숫자로 표시하면 되고 말이야. 어때? 어렵지 않지?

1. 다음 표는 분자를 이루고 있는 원소의 종류와 개수를 각각 나타낸 거야. 빈칸에 들어갈 분자식을 적어 보자.

분자	원소의 종류와 개수	분자식
산소	산소 2개	
일산화 탄소	탄소 1개, 산소 1개	
염화 수소	수소 1개, 염소 1개	
이산화 탄소	탄소 1개, 산소 1개	
암모니아	질소 1개, 수소 3개	
메테인	탄소 1개, 수소 4개	

2. 오른쪽 분자식에 대한 설명으로 옳지 않은 것은?

① 분자의 개수는 4개이다.

② 분자를 이루는 원소는 산소, 수소이다.

③ 분자 1개를 이루는 원자는 4개이다.

④ 산소 원자와 수소 원자의 총 개수는 각각 8개이다.

⑤ 물(H_2O)와 그 성질이 같다.

$$4H_2O_2$$

3. 다음 중 원소와 원자의 정의에 대한 설명으로 옳지 않은 것은?

① 원소는 물질을 이루는 기본 성분의 종류를 뜻한다.

② 원자는 물질을 이루는 기본 입자이다.

③ 모든 원자는 같은 크기와 질량을 가진다.

④ 원자는 원자핵과 전자로 구성되어 있다.

더 알고 싶어 119

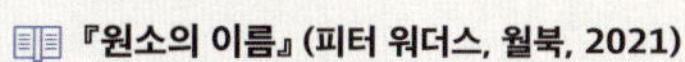

『원소의 이름』 (피터 워더스, 윌북, 2021)
금속에 관한 고대, 중세 기록을 파헤쳐서 원소 이름이 어떻게 유래되었는지 찾아 낸 책이야. 원소의 어원을 찾는 과정을 통해 화학의 역사에 대해서도 공부할 수 있어.

영화 〈엘리멘탈〉
불, 물, 공기, 흙 4개의 원소들이 살고 있는 도시를 감성적으로 풀어낸 사랑 영화야. 여기 나오는 각 원소의 특징을 살펴봐. 고대 철학자들은 이 4개의 원소가 물질의 구성 요소라 생각했거든. 다양한 과학적인 요소들도 표현해서 재미있게 볼 수 있어.

주기율표의 원소들은 어떤 기준으로 정리된 걸까?

주기율표의 규칙

주기율표의 원소들은 어떤 기준에 따라 순서가 정해진 걸까?
원소들을 위에서 아래로 쭉 나열하지 않고 이런 배열로 정리한 이유는 뭘까?

학습 키워드 #주기율표 #족 #주기 #금속원소 #비금속원소
교과 연계 중2 과학 〉 IV. 물질의 구성

영화를 볼 수 있는 플랫폼에서 모든 영화가 뒤죽박죽 섞여 있다면 내가 원하는 영화를 찾는 데 시간이 얼마나 걸릴까? 엄청 오래 걸리겠지? 그래서 많은 플랫폼들은 보통 장르에 따라 정리되어 있어. 예를 들면 '액션/스릴러'에는 〈어벤져스〉, 〈부산행〉, '로맨스'에는 〈타이타닉〉, 〈너의 이름은〉, '코미디'에는 〈극한직업〉, 〈미스터 빈〉, '판타지'에는 〈해리포터〉, 〈반지의 제왕〉, 'SF'에는 〈인터스텔라〉, 〈매트릭스〉와 같이 말이야. 장르별로 정리되어 있으니까 원하는 영화를 빠르게 찾을 수 있지. 과학자들도 똑같은 고민을 했어. 118개 원소를 어떻게 정리하지?

19세기 과학자들은 머리가 너무 아팠어. 계속 새로운 원소가 발견되고 있었거든.

주기율표의 탄생

물이 수소와 산소로 분해된다는 걸 증명한 안투안 라부아지에는 원소를 그룹으로 나눠서 정리한 최초의 과학자야. 그때까지 알려진 33종의 원소를 다음 4가지 그룹으로 분류했다고 해. 현재의 표준 주기율표와는 너무 다르지만, 원소를 처음 그룹으로 묶으려는 시도를 했다는 점에서 현대 화학 연구 발전에 크게 기여한 과학자로 평가받고 있어.

라부아지에는 성질이 비슷한 원소끼리 분류한다고 했지만 1번 그룹의 빛Light이나 열Heat처럼 물질이 아닌 것들도 원소로 분류했다는 한계가 있어.

group 1	group 2	group 3	group 4
산소 질소 수소 빛 열	황 인 탄소 염소 플루오린	비소 비스무트 코발트 납 아연 니켈 주석 은	석회석 규소 알루미나 아발라타 마그네시아

1816년 되베라이너라는 과학자는 화학적 성질이 비슷한 세 쌍의 원소를 '원자량' 순으로 나열한 '세 쌍 원소설'을 제안했어. 리튬Li-나트륨Na-칼륨K, 칼슘Ca-스트론튬Sr-바륨Ba, 염소Cl-브로민Br-아이오딘I처럼 원소를 세 쌍씩 나열했지. 이때 중간 원소의 원자량이 나머지 원소 원자량의 평균값과 비슷하다는 것도 발견했어. 되베라이너는 현재 주기율표의 '족'이라는 개념을 최초로 만든 과학자라고 할 수 있어.

1865년 뉴랜즈라는 과학자는 원소를 원자량 순으로 배열했을 때 8번째마다 화학적 성질이 비슷하다는 것을 발견했어. 이때 현대 주기율표의 '주기' 개념이 처음 등장했지. 원자량은 '원자의 질량'이라고 생각하면 편해. 원자의 질량은 원자핵을 구성하는 양성자와 중성자의 질량의 합이랑 같아. 전자의 질량은 티끌처럼 너무 작아서 양성자와 중성자 질량의

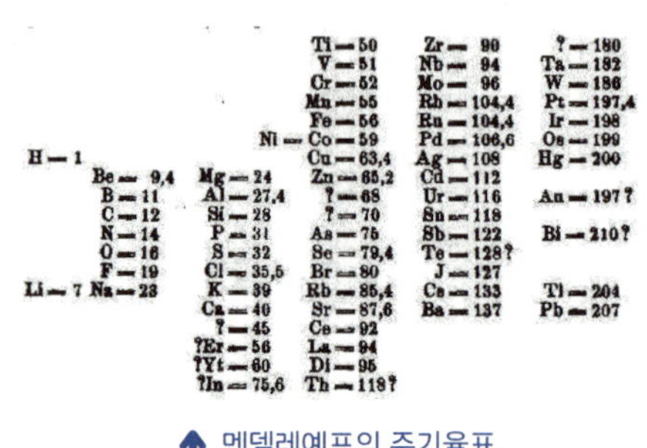

↑ 멘델레예프의 주기율표

합을 원자량이라고 보는 거야.

한편 멘델레에프라는 과학자는 당시 발견된 63종의 원소를 화학적 성질에 따라 원자량 순으로 배열한 최초의 주기율표를 만들었어. 특히 이 과학자가 유명해진 이유는 발견되지 않은 원소의 자리를 빈칸으로 남겨 두었다는 점이야. 나중에 빈칸에 들어가는 원소가 발견되면서 멘델레에프의 말이 맞았다는 게 밝혀졌어. 대표적으로 갈륨과 저마늄이 나중에 발견된 원소야.

다음으로 모즐리라는 과학자는 원소의 주기적 성질이 원자량이 아닌 '양성자' 수와 관련이 있다는 걸 알아냈어. 그래서 원소를 원자 번호 순서대로 나열하는 현대적인 주기율표를 완성하는 데 성공했지. 그가 정리한 주기율표는 멘델레예프의 주기율표와 일치하지 않는 부분이 있었어. 아르곤Ar, 칼륨K과 같은 원소였지.

주기율표의 규칙

그럼 '주기율'이란 무엇일까? 주기율은 화학적 성질이 비슷한 원소들이 일정한 간격으로 반복되는 현상을 뜻해. 그리고 '족'은 주기율표의 세로줄 원소, '주기'는 가로줄 원소를 뜻해. 즉 수소H, 리튬Li, 나트륨Na, 칼륨K, 루비듐Rb 같은 원소들은 1족 원소로 화학적 성질이 유사한 가족 같은 원소들이야. 한편 수소H, 헬륨He은 1주기, 리튬Li, 베릴륨Be, 붕소B, 탄소C, 질소N, 산소O, 플루오린F, 네온Ne은 2주기 원소들이야. 주기가 같으면 전자의 껍질 수가 같다는 특징이 있어.

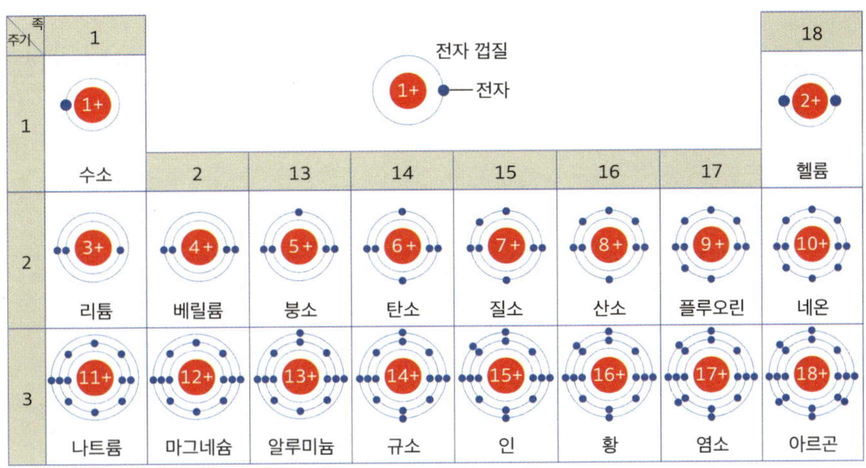

주기율표의 원소들은 이렇게 족과 주기라는 일정한 규칙에 따라 분류되어 있어. 이런 규칙을 제대로 이해한다면 주기율표를 쉽게 이용할 수 있단다. 주기율표를 보면 금속 원소와 비금속 원소, 준금속 원소도 알 수 있어. 금속 원소는 대부분 주기율표 왼쪽에 있지. 또 특유의 광택이 있고, 열과 전기가 잘 통하며, 전성과 연성이 있고, 대부분 상온에서 고체 상태란다. 단, 수온은 상온에서 액체야. 비금속은 대부분 주기율표의 오른쪽에 있지. 흑연[C(탄소)가 여러 개 결합한 것]을 제외하고는 전류가 잘 통하지 않고, 상온에서 고체 또는 기체 상태야. 고체는 힘을 가하면 쉽게 부서진다는 특징이 있어. 준금속은 금속과 비금속 사이에 위치하고 있고, 성질도 금속과 비금속의 중간 성질을 가지고 있어.

1.색연필을 들고 비금속 원소는 초록색, 금속 원소는 노란색, 준금속 원소는 파란색으로 색칠해 보자.

1	2	3	4	5	6	7	8	9	10	11	12	13	14	15	16	17	18
1 **H** 수소																	2 **He** 헬륨
3 **Li** 리튬	4 **Be** 베릴륨											5 **B** 붕소	6 **C** 탄소	7 **N** 질소	8 **O** 산소	9 **F** 플루오린	10 **Ne** 네온
11 **Na** 소듐	12 **Mg** 마그네슘											13 **Al** 알루미늄	14 **Si** 규소	15 **P** 인	16 **S** 황	17 **Cl** 염소	18 **Ar** 아르곤
19 **K** 포타슘	20 **Ca** 칼슘	21 **Sc** 스칸듐	22 **Ti** 타이타늄	23 **V** 바나듐	24 **Cr** 크로뮴	25 **Mn** 망가니즈	26 **Fe** 철	27 **Co** 코발트	28 **Ni** 니켈	29 **Cu** 구리	30 **Zn** 아연	31 **Ga** 칼륨	32 **Ge** 저마늄	33 **As** 비소	34 **Se** 셀레늄	35 **Br** 브로민	36 **Kr** 크립톤
37 **Rb** 루비듐	38 **Sr** 스트론튬	39 **Y** 이트륨	40 **Zr** 지르코늄	40 **Nb** 나이오븀	41 **Mo** 몰리브데넘	42 **Tc** 테크네튬	43 **Ru** 루테늄	44 **Rh** 로듐	45 **Pd** 팔라듐	46 **Ag** 은	47 **Cd** 카드뮴	48 **In** 인듐	49 **Sn** 주석	50 **Sb** 안티모니	51 **Te** 텔루륨	52 **I** 아이오딘	53 **Xe** 제논
55 **Cs** 세슘	56 **Ba** 바륨	57-71 란타넘족	72 **Hf** 하프늄	73 **Ta** 탄탈럼	74 **W** 텅스텐	75 **Re** 레늄	76 **Os** 오스뮴	77 **Ir** 이리듐	78 **Pt** 백금	79 **Au** 금	80 **Hg** 수은	81 **Tl** 탈륨	82 **Pb** 납	83 **Bi** 비스무트	84 **Po** 폴로늄	85 **At** 아스타틴	86 **Rn** 라돈
87 **Fr** 프랑슘	88 **Ra** 라듐	89-103 악티늄족	104 **Rf** 러더포튬	105 **Db** 두브늄	106 **Sg** 시보금	107 **Bh** 보륨	108 **Hs** 하슘	109 **Mt** 마이트너륨	110 **Ds** 다름슈타튬	111 **Rg** 뢴트게늄	112 **Cn** 코페르니슘	113 **Nh** 니호늄	114 **Fl** 플레로븀	115 **Mc** 모스코븀	116 **Lv** 리버모륨	117 **Ts** 테네신	118 **Og** 오가네손

표기법: 원자번호 / **기호** / 원소명

57 **La** 란타넘	58 **Ce** 세륨	59 **Pr** 프라세오디뮴	60 **Nd** 네오디뮴	61 **Pm** 프로메튬	62 **Sm** 사마륨	63 **Eu** 유로퓸	64 **Gd** 가돌리늄	65 **Tb** 터븀	66 **Dy** 디스프로슘	67 **Ho** 홀뮴	68 **Er** 어븀	69 **Tm** 툴륨	70 **Yb** 이터븀	71 **Lu** 루테튬
89 **Ac** 악티늄	90 **Th** 토륨	91 **Pa** 프로트악티늄	92 **U** 우라늄	93 **Np** 넵투늄	94 **Pu** 플루토늄	95 **Am** 아메리슘	96 **Cm** 퀴륨	97 **Bk** 버클륨	98 **Cf** 캘리포늄	99 **Es** 아인슈타이늄	100 **Fm** 페르뮴	101 **Md** 멘델레븀	102 **No** 노벨륨	103 **Lr** 로렌슘

2. 다음 중 같은 족 원소를 모두 골라 보자.

> 염소, 나트륨, 아이오딘, 아르곤, 플루오린

- -

더 알고 싶어 119

📖 도서 ▶ 영상 🔍 사이트

📖 **『NASA 연구원에게 배우는 중학 과학 개념 65』** (케이티 메키시크, 서효령 옮김, 매직사이언스, 2020)
중학교 과학 과목에서 중요하게 다루고 있는 필수 과학 개념을 중학생 눈높이에 맞는 쉬운 언어로 풀어 낸 책이야. 지구과학, 생물학, 화학, 물리학, 신경과학, 생명공학 등 과학의 거의 모든 분야를 다루고 있어서 과학 개념을 쉽게 이해하는 데 도움이 될 거야.

▶ **영화 〈인터스텔라〉**
우주와 물리학의 복잡한 원리를 탐구하면서 인간의 존재와 과학의 경계를 탐험하는 내용이야. 특히 시간과 중력에 대한 과학적 개념이 매우 흥미롭게 그려져 있어서 원자와 원소의 개념을 배우고 난 후에 감상하면 더욱 깊이 있게 이해할 수 있을 거야.

원자의 전자도 얻거나 잃을 수 있을까?

화학 결합을 통해 안정적인 전자 배치를 이루려는 옥텟 규칙

모든 물질은 원자로 이루어져 있어. 원자는 원자핵과 전자로 구성되어 있지.
전자는 얻거나 잃을 수도 있다.

학습 키워드　#이온 #이온식
교과 연계　중2 과학 > Ⅳ. 물질의 구성

안정적인 전자 배치를 이루려는 옥텟 규칙

원자핵의 전하량과 전자의 전하량이 동일한 중성의 원자가 전자를 잃은 것은 '양이온', 원자가 전자를 얻은 것은 '음이온'이라고 해. 이를 돌턴의 원자 모형으로 표현한다면 옆 그림과 같

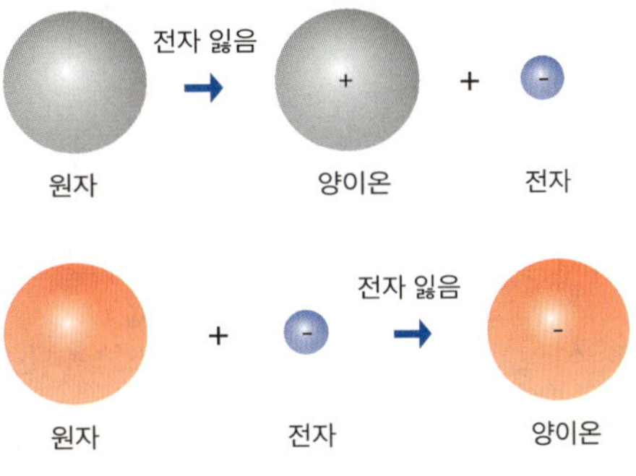

아. 만약 보어의 원자 모형으로 표현하고 싶다면 어떻게 그리면 될까? 그러려면 먼저 다음 그림을 이해하고 충분히 연습해야 해.

보어의 원자 모형에서 금속은 전자를 잃고 양이온이 되려는 성질이 있어. 반대로 비금속은 전자를 얻어 음이온이 되려는 성질이 있지.

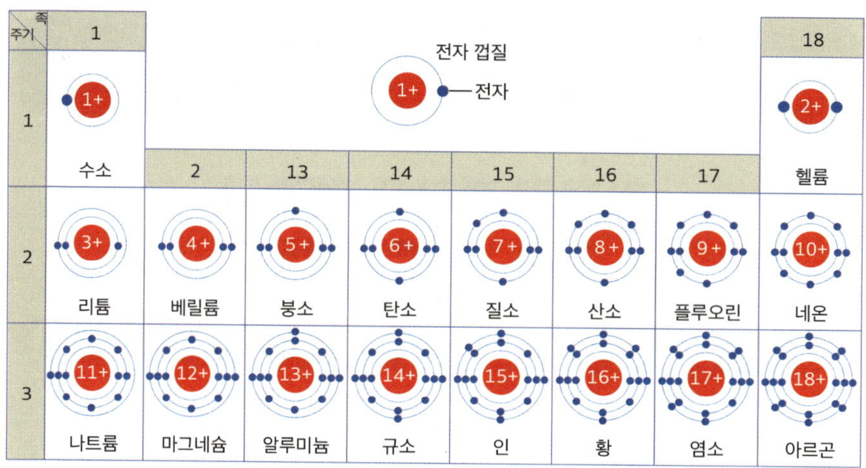

왜 이런 성질이 나타나는 걸까? 답은 '옥텟 규칙' 때문이야. 옥텟 규칙이란 18족 이외의 원소들이 화학 결합을 통해 안정적인 전자 배치를 이루려는 규칙을 말해. 18족 원소들은 비활성 기체라서 원자가 전자가 0개로 안정적인 전자 배치를 보이고 있어. 그래서 18족 이외의 원소들도 모두 비활성 기체처럼 원자의 전자수가 0개인 방향으로 화학 결합을 시도하려고 하는 거지. 물론 예외도 존재하지만, 옥텟 규칙은 화학 결합이라는 현상을 설명하기에는 충분해.

리튬을 한번 살펴볼까? 리튬은 원자가 전자 수가 1개니까 7개를 얻어서 네온처럼 되는 것보다 1개를 잃어서 헬륨처럼 되는 것이 좋아. 그래서 금속 원자는 전자를 잃고 옥텟 규칙을 만족시키게 되는 거지. 반대로 플루오린은 원자가 전자가 7개라서 전자 1개를 더 얻어서 네온이 되

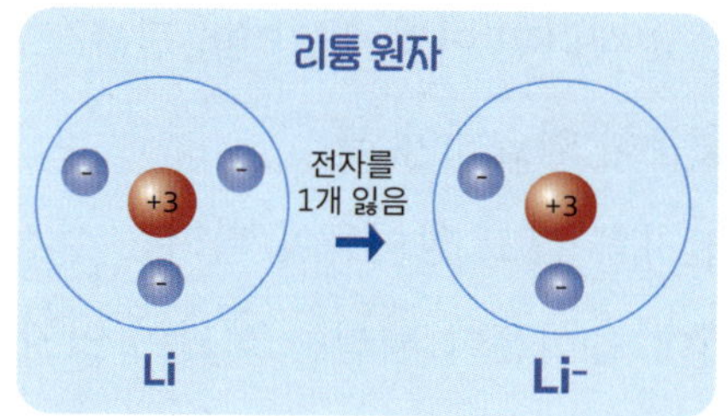

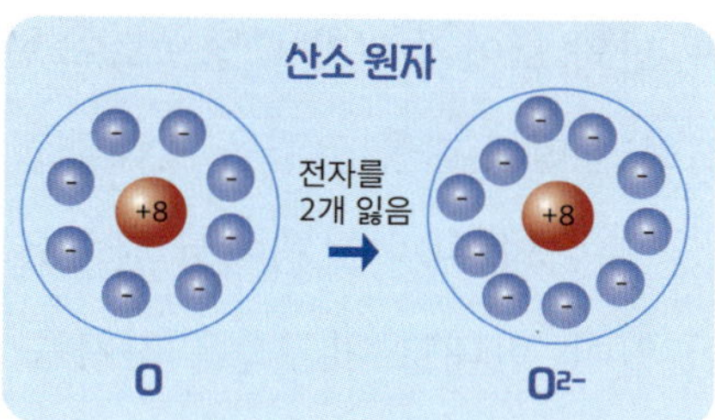

려고 해. 전자를 7개 잃는 것보다 1개 얻는 것이 수월하기 때문이지! 이렇게 비금속 원소는 전자를 얻어서 옥텟 규칙을 만족시키게 되는 거야.

이온식과 표시 방법

이온을 표시할 때는 원소 기호 오른쪽 위에 이온이 띠고 있는 전하의 종류와 잃거나 얻은 전자 수를 함께 나타내는 데, 이를 '이온식'이라고 해. 이온의 이름을 부를 때는 양이온은 원소 이름 뒤에 '-이온'을 붙이고, 음이온은 원소 뒤에 '-화 이온'을 붙이면 돼.

Mg^{2+} (마그네슘 이온), S^{2-} (황화 이온), K^+ (칼륨이온), F^- (플루오린화 이온)

1은 생략하고, 원소 기호의 오른쪽 위에 얻거나 잃은 전자 수 다음에 이온이 띠고 있는 전하의 종류를 적어야 한다는 걸 꼭 기억해야 해.

이온 중에는 마그네슘 이온이나 황화 이온처럼 원자 한 개로 이루어진 경우도 있지만 NH_4^+(암모늄 이온)처럼 여러 개의 원자가 모여 이루어진 것들도 있어. 이런 이온은 '다원자 이온'이라고 해.

이온이 전하를 띠는 것을 확인하려면 '간이 전기 전도계'를 활용하면 돼. 전기 전도계란 어떤 용액에 전기가 통하면 소리와 빛이 들어오는 기계야. 순수한 물인 증류수와 이온 음료가 컵에 담겨 있을 때 간이 전기 전도계를 담가 보면 이온 음료에만 전기가 통하는 걸 알 수 있어. 이온 음료에 들어 있는 이온이 전하를 띠고 있기 때문이야. 전기가 통한다는 말은 전기를 통하게 만드는 매개체인 전하를 띠는 물체가 있다는 거고, 이온이 그 전하를 운반하는 역할을 하고 있는 거지. 이렇게 기계를 활용하면 이온이 전하를 띠고 있는지 쉽게 확인할 수 있단다.

1. 산소 원자가 산화 이온이 되는 과정을 그림으로 표현해 보자.

예) 수소 원자

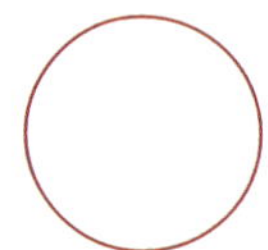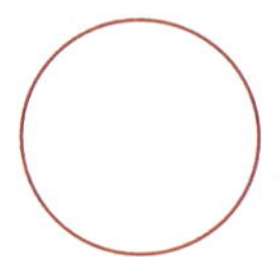

2. 다음 이온 음료의 영양 성분표를 보고 물음에 답해 보자.

1) 이 이온 음료에는 몇 종류의 이온이 들어 있을까?

2) 각 이온의 이름은 뭐라고 부르면 될까? 아래에 이온식과 이름을
   적어 보자.

구분	이온식	이름
1		
2		
3		

3. 다음 빈칸 (가)~(바)에 들어갈 말을 써 보자.

양이온의 이름	이온식	음이온의 이름	이온식
마그네슘 이온	(가)	황화 이온	(라)
(나)	NH_4^+	수산화 이온	(마)
(다)	H^+	(바)	F^-

더 알고 싶어 119

📖 도서 ▷ 영상 🔍 사이트

📖 『NASA 연구원에게 배우는 중학 과학 개념 65』(케이티 메키시크, 서효령 옮김, 매직사이언스, 2020)

NASA 연구원이 알려 주는 중학교 과학 개념을 담은 책이야. 원자에 대한 개념은 처음 배우는 사람은 당연히 어려울 수 있거든. 만약 배운 적이 있는데도 어렵다는 느낌이 들면 이 책을 읽어 보면 도움이 될 것 같아. 원자 개념은 익숙해지는 것이 중요해.

원자끼리 결합한다고?

원자는 물질을 이루는 기본 입자야. 혹시 이산화탄소라는 단어, 들어 본 적 있니?
이산화탄소라는 원소는 어떻게 표현하는지 한번 알아보자.

학습 키워드　#공유결합　#이온결합　#금속결합
교과 연계　중2 과학 › Ⅳ. 물질의 구성

공유 결합과 이온 결합

이산화탄소는 CO_2라는 분자식으로 표현해. C(탄소)와 2개의 O(산소)가 결합한 물질이라는 뜻이지. 또 우리가 음식에 간을 맞출 때 첨가하는 소금 NaCl은 Na(나트

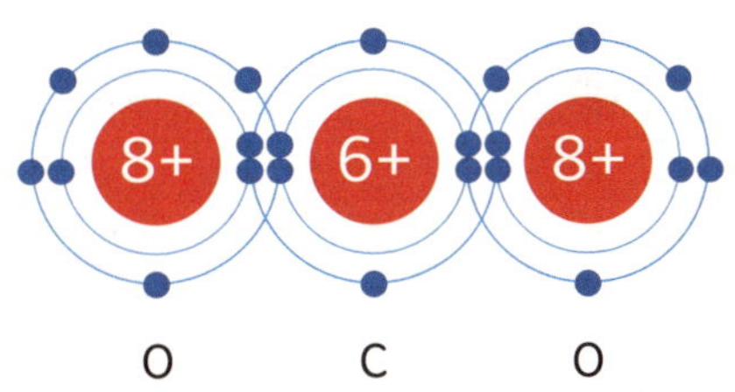

륨)와 Cl(염소)이 결합한 물질이야. 이걸 보니 한 가지 궁금증이 떠오르지 않니? CO_2와 NaCl의 원자들은 어떤 방식으로 결합한 걸까? 사실 두 물질은 서로 다른 방식으로 결합하고 있어. 이산화탄소의 C와 O는 공유 결합을 하고, 소금은 Na와 Cl이 이온 결합을 하고 있지.

먼저 공유 결합이란 원자끼리 전자쌍을 '공유'하는 결합을 말해. 전

자쌍은 전자 2개라는 뜻이지. "쟤네 둘은 쌍으로 떠드네!"라고 할 때처럼 쌍이라는 말은 2개를 뜻해. 우리는 보어의 원자 모형에서 탄소, 산소 원자를 표현하는 방법을 익혔어. 탄소는 14족 원소로 4개의 원자가 전자를 가지고 있고, 산소는 16족 원소로 6개의 원자가 전자를 가지고 있었지. 각각의 원자들은 18족 원소가 되고 싶어 한다고 했던 거 기억나니? 그래서 이 원자들은 공유라는 방식으로 결합하기로 서로 합의했어. "공유 결합해서 18족 원소가 되어 보자!"라고 한 거지. 공유 결합의 특징은 대부분 비금속 원소들끼리 결합할 때 나타난다는 거야. 대부분 주기율표의 오른쪽에 있던 원자들끼리의 결합이지.

한편 이온 결합이란 한 원자가 양이온이 되면서 잃어버린 전자를 다른 중성 원자에게 주면서 이온을 만든 다음, 양이온과 음이온이 인력으로 결합하는 것을 말해. 공유 결합과 달리 서로 이온이 되면서 안정을 찾는 게 특징이야. 주기율표에서 Na는 1족 원소로 원자가 전자 1개를 갖고 있어. Cl은 17족 원소로 원자가 전자 7개를 갖고 있지. 이 둘은 18족 원소의 전자 배치를 이루기 위해 이온 결합을 하려고 해. 대표적인 이온 결합 물질인 NaCl을 보어의 원자 모형으로 나타내면 다음과 같아.

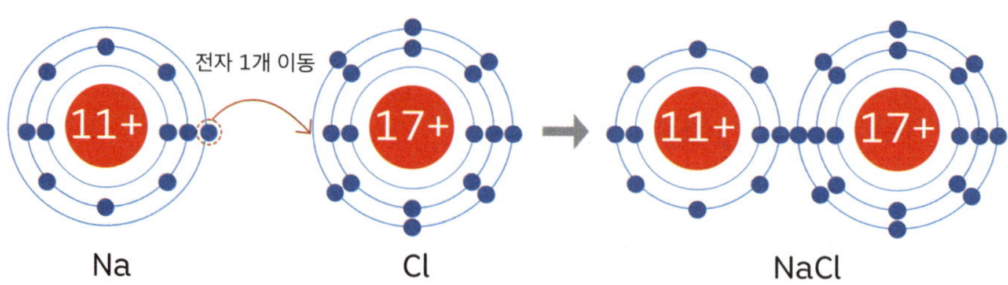

이 이온 결합은 금속 원자 하나, 비금속 원자 하나끼리 결합하는 특징이 있어. 주기율표에서 대부분 왼쪽에 있었던 금속 원자와 오른쪽에

위치한 비금속 원자들끼리의 결합이지. 마찬가지로 이들도 한 이온씩 살펴보면 18족 원소 형태를 띤다는 것을 알 수 있어.

이 세상의 모든 화합물은 모두 다 옥텟 규칙을 만족시키는 방향으로 형성되지는 않아. BH_3라는 물질은 안타깝게도 수소 3개와 결합하지만 B 스스로는 옥텟 규칙을 만족시키지 못해. 하지만 자연에서 만들어질 수 있는 물질이지. 이런 예외도 분명히 존재하고 있단다.

금속 결합과 자유 전자

공유 결합이나 이온 결합 외에 금속 결합이라는 것도 있어. 금속 결합은 금속 원자끼리의 결합을 뜻해. 이제 비금속과 금속으로 쌍을 만들 수 있는 경우의 수가 모두 나왔어. 비금속-비금속(공유 결합), 비금속-금속(이온 결합), 금속-금속(금속 결합)이야. 금속 결합은 Na_2라는 식으로 표현하지 않아. 왜냐하면 Cl_2는 비금속-비금속으로 공유 결합을 하고, 두 원자끼리 결합하면서 옥텟 규칙을 만족하는 것으로 보지만 Na는 다른 Na와 아무리 결합한다고 해도 옥텟 규칙을 만족하기가 쉽지 않지. 그래서 Na는 무수히 많은 Na와 결합하는 특이한 결합을 하는데, 그 구조는 결정격자 형태를 이룬다고 이야기해. Na 하나당 전자 하나씩은 꼭 화학 결합에 참여하기 때문에 우리는 이를 '자유전자'라고 해. 자유롭게 Na 사이를 돌아다니는 전자라는 뜻이야. 자유 전자의 이런 특징 때문에 금속 결합 화합물은 전도성이 매우 높다는 특징이 있어.

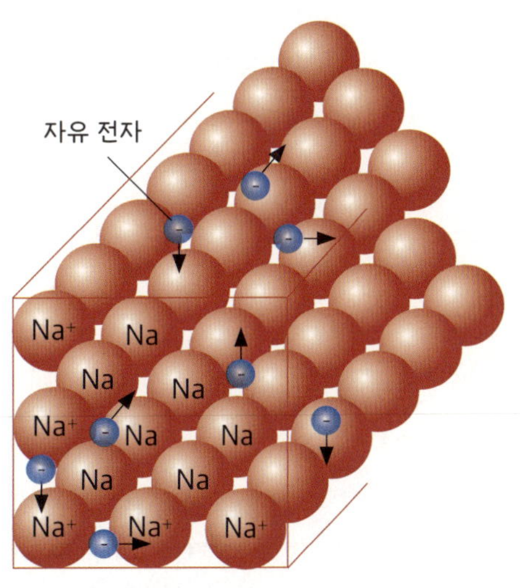

↑ 금속결합(나트륨)

1. 다음 원소 중에서 이온 결합을 형성하는 원소 쌍은? (답 2개)

   ① Na와 Cl   ② C와 O   ③ H와 F   ④ Mg와 O

2. 다음 글은 화재감지기나 토스트기 등에 활용되는 바이메탈에 관한 내용이야. 이 글로 부터 알 수 있는 사실을 3가지만 정리해 보자.

> 바이메탈의 '바이(bi)'는 '2'라는 뜻이고 '메탈(metal)'은 '금속'이라는 뜻이다. 그래서 바이메탈은 두 가지 다른 종류의 금속이 붙어 있는 것을 말한다. 이 두 금속은 서로 다른 성질을 가지고 있어서 특별한 일을 할 수 있다. 이 움직임은 열팽창이라는 과학 원리 때문이다. 열팽창은 물체가 따뜻해지면 부피가 커지는 현상인데, 두 금속은 열을 받으면 서로 다른 정도로 팽창을 해서 바이메탈이 휘어지는 것이다.

힌트 답은 없어! 글에서 처음 알게 된 사실을 글로 적어 봐.

3. 공유 결합과 이온 결합 물질이 녹은 물에 간이 전도계를 담그면 전기가 통할까? 통하지 않을까? 전기를 통하게 하려면 어떤 요소가 필요할까?

힌트 간이 전도계는 용액에 전기가 전달되는지(전도되는지)보는 기계야.

 **더 알고 싶어 119**

📖 도서   ▷ 영상   🔍 사이트

▷ **나의 두 번째 교과서-과학 6강 화학 결합, 소금은 부서지고 금은 빛나는 이유 (ebs 교양)**
여태까지 배웠던 원자의 특성에 대해 총정리해 볼까? 그렇게 하고 싶다면 다음 영상을 한 번 시청해 보자. 소개했던 개념뿐만 아니라 이온 결합이 부서지는 특성과 금이 빛나는 이유에 대해 시각 자료로 설명해 주고 있어. 책에서 봤던 내용을 더 확장해서 공부하고 싶다면 도전해 보자.

화합물도 성질을 가진다고?

화학적으로 결합한 형태인 화합물의 특징

이산화탄소는 CO_2라는 분자식을 가지고 있어.
이렇게 원소가 2개 이상 결합한 물질을 화합물이라고 해.

학습 키워드 #이온결합화합물 #공유결합화합물
교과 연계 중2 과학 > IV. 물질의 구성

화합물의 종류

혼합물은 소금물처럼 소금의 특성과 물의 특성이 그대로 혼합된 거라서 그 성질을 잃지 않아. 반면 화합물은 화학적으로 결합한 형태이기 때문에 그 성질이 반응하기 전의 물질과 완전히 다를 수 있단다.

화합물은 화학 결합의 종류에 따라 이온 결합 화합물, 공유 결합 화합물, 금속 결합 화합물로 나눌 수 있지. 이온 결합 화합물은 비교적 딱딱하고, 상온에서는 고체이면서 용융점(녹는점)이 꽤 높은 편이야. 물에서 용해*되는 것들이 많고(다 용해되는 건 아냐!) 고체 상태인 이온 결합 물질은 전기가 잘 통하지 않지만 용융되거나 용해된 수용액은 전기가 잘

---

* 용해: 용매에 용질이 녹는 것, 예를 들어 물(용매)에 소금(용질)이 녹는 것을 말해.

통해. 고체 상태에서는 양이온과 음이온이 정전기 때문에 잘 결합해 있어서 이온이 이동할 수 있었거든.

용융되어 있거나 수용액일 때 전기가 잘 통하는 이유는 입자들의 상태 때문이야. 전기가 통한다는 말은 −극과 +극을 연결했을 때 이온이 전하를 운반시키는 매개체가 된다는 말이거든. 수용액은 이온 결합을 했던 화합물이 다시 이온화되어 존재하기 때문에 반대 전하를 띠는 전극 쪽으로 이온이 이동하지.

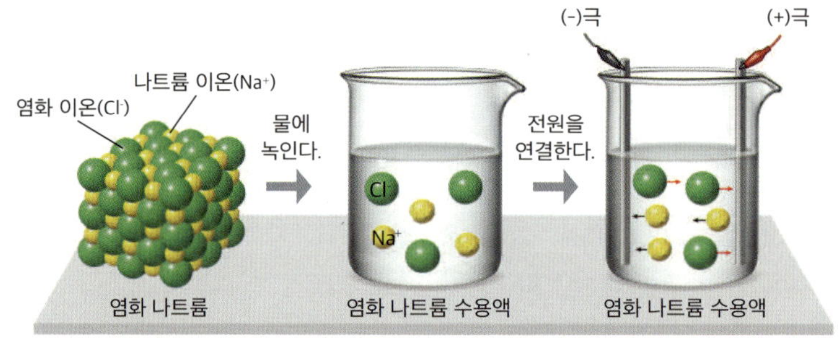

따라서 용융된 상태에서도 고체 입자보다 액체 입자들이 더 잘 움직이기 때문에 이온이 이동하면서 전하를 운반할 수 있는 거야.

공유 결합 물질은 그 질량이 작은 물질과 높은 물질에 따라 조금 달라. 질량이 작은 공유 결합 물질은 상온에서 고체, 액체, 기체 상태로 다양하고, 용융점이 200도 이하이며, 대체로 물에 잘 녹지 않아. 전기 전도성과 열 전도성도 없는 것이 많지. 질량이 큰 공유 결합 물질은 고체이고, 용융점이 매우 높으며, 물에 잘 녹지 않고 전기 전도성은 없는 편이야. 공유 결합 물질이 전기 전도성이 없는 이유는 이온 결합 화합물과 마찬가지로 존재하는 형태 때문이야. 대표적인 공유 결합 물질인 설탕을 예로 들면 설탕은 물에 녹이더라도 이온화가 되지 않고 중성인 분자 상태로 존재해. 따라서 설탕 수용액에 전원을 연결하더라도 설탕 분자들이

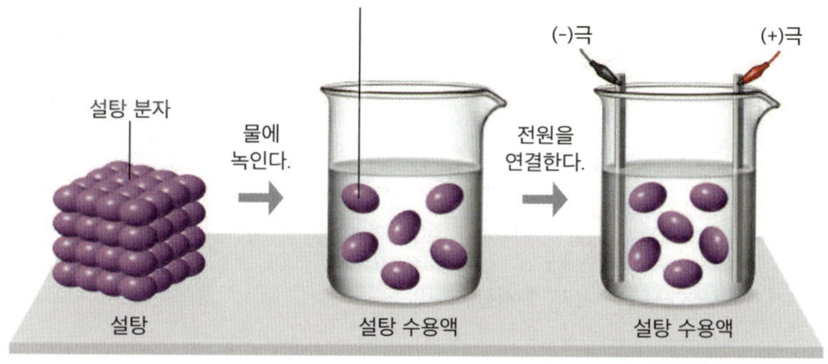

어느 쪽으로도 이동하지 않아서 전류가 흐르지 않지. 반면 다이아몬드나 석영처럼 열 전도성이 있는 물질도 있어.

이온 결합 물질과 전해질

금속 결합 물질은 상온에서 고체이고 용융점은 수은을 제외하면 실온보다는 높은 편이야. 대표적인 물질로는 금, 은, 구리, 알루미늄 등이 있어. 이온 결합 물질과 비슷한 게 바로 전해질이야. 전해질은 물에 넣었을 때 녹으면서 이온으로 나뉘는 물질을 말해.

그렇다면 이온 결합 물질과 전해질은 같은 걸까? 만약 이온 결합 물질을 물에 넣었을 때 자발적으로 녹는다면 그것은 전해질이라고 볼 수 있지만 모든 이온 결합 물질이 강한 전해질은 아니야. 전해질은 물에 들어갔을 때 완전히 100% 이온화되느냐 그렇지 않냐를 기준으로 약전해질과 강전해질로 나눌 수 있어. 앙금을 예로 든다면 $AgCl$(염화수은), $CaCO_3$(탄산칼슘), $CaSO_3$(황산칼슘), $BaCO_3$(탄산바륨), $CaSO_4$(황산바륨)과 같은 앙금은 이온 결합 화합물이지만, 물에 잘 녹지 않는 약전해질이야. 반면 공유 결합 물질이지만 물에 잘 녹는 물질도 있어. 강산인 HCl(염화수소)나 H_2SO_4(황산)이 그 주인공이지.

1. 다음 실험 결과를 보고 물음에 답해 보자.

물질	전구 밝기
NaCl 수용액	밝게 켜짐
설탕 수용액	켜지지 않음
식초(아세트산)	약하게 켜짐

1) NaCl 수용액에서 전구가 밝게 켜진 이유는?

2) 설탕 수용액에서 전구가 켜지지 않은 이유는?

3) 식초에서 전구가 약하게 켜진 이유는?

2. 전해질의 정의에 대한 설명으로 옳지 않은 것은?

① 전해질은 물에 넣었을 때 이온으로 나누어지는 물질이다.
② 모든 이온 결합 화합물은 강한 전해질이다.
③ 전해질은 약전해질과 강전해질로 나눌 수 있다.
④ 전해질은 전기 전도성을 가진다.

3. 다음은 공유 결합에 대한 설명이 적혀 있는 카드들이다. 올바른 설명의 카드를 조합하면 어떤 단어가 나오는지 적어 보자.

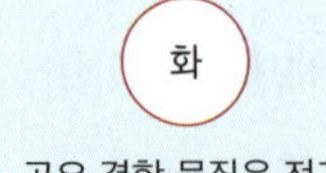

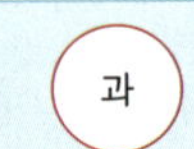

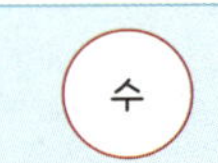

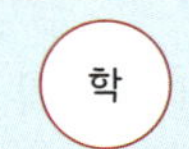

📖 도서 ▷ 영상 🔍 사이트

더 알고 싶어 119

▷ **영화 〈플러버〉** 이 영화는 고무 같은 물질의 '플러버'가 등장해. 플러버는 전기 전도성을 가진 물질인데 다양한 실험을 통해 전기적 특성이 어떻게 활용되는지 느낄 수 있어. 약혼녀인 사라와의 결혼식도 두 번이나 놓칠 정도로 연구에 몰입하는 이 주인공은 괴짜 같은 과학자야. 그가 새로운 물질 연구에 몰입하며 어떻게 과학계에 새로운 바람을 불러일으키는지에 관심을 두고 보면 좋을 것 같아.

물질끼리 반응할 때 식으로 나라낸다고?

물리 변화와 화학 변화

화학은 물질의 성질과 구조의 변화 및 그에 따른 에너지 변화를 연구하지.
물리는 물건과 그것의 운동, 에너지와 힘 등을 연구하는 학문이야.

학습 키워드	#화학 #화학 반응식
교과 연계	중3 과학 〉 I. 화학반응의 규칙성

요리의 핵심은 정확한 비율이지. 가령 다음 레시피에서 만약 밀가루만 많이 넣으면 계란이 부족해서 반죽이 되지 않고, 계란만 많이 넣으면 밀가루가 부족해서 팬케이크를 만들지 못하겠지.

> **팬케이크 레시피**   밀가루 2컵 + 계란 1개 + 우유 1컵 = 팬케이크 6개

이 레시피의 비율대로 만약 팬케이크 12개를 만들려면 밀가루와 계란, 우유는 각각 얼마나 필요할까? 맞아. 재료를 2배로 늘려 밀가루 4컵, 계란 2개, 우유 2컵이 필요할 거야. 화학 반응도 요리책과 같아. 이제 물리 변화와 화학 변화가 무엇인지 알아보고 화합물을 만들 때 어떻게 레시피를 써야 하는지 알아볼까?

물리 변화와 화학 변화

물질의 변화에는 '물리 변화'와 '화학 변화'라는 두 종류의 변화가 있어. 먼저 화학 변화의 화학은 한자로 化學(될 화, 학문 학)이라고 해. 화학은 물질의 성질과 구조의 변화 및 그에 따른 에너지 변화를 연구하는 자연과학의 한 분야야. 화학의 화化에는 화학반응이 일어나면 새로운 물질이 된다는 뜻이 들어 있지. 한편 물리 변화의 물리는 한자로 物理(물건 물, 이치 리)라고 써. 물리는 물건과 그것의 운동, 에너지와 힘 등을 연구하는 자연과학의 한 분야지.

그렇다면 물리 변화와 화학 변화는 각각 무엇을 뜻할까? 물리 변화는 물질의 형태, 즉 부피나 질량 등에는 영향을 주지만 그 물질의 화학적 성질은 변하지 않는 변화를 뜻해. 설탕을 예로 들어 볼게. 각설탕이 가루 설탕이 되거나(모양), 각설탕이 커피에 녹는(용해) 변화는 모두 설탕의 맛과 같은 물질 자체의 성질이 변하는 것이 아니기 때문에 물리 변화라고 할 수 있어. 아버지에게서 술 냄새가 나는 것(확산)이나 차가운 얼음 컵에 물이 맺히는 현상도 물이나 술 냄새 입자의 성질이 변하는 것이 아니기 때문에 물리 변화라고 할 수 있지.

화학 변화는 입자의 성질 자체가 변하는 걸 뜻해. 예를 들어 철문이 녹슬어서 붉은색을 띠는 현상은 철 성분이 공기 중의 산소와 만나서 녹이 슬기 때문에 화학반응이 일어난 거야. 색깔이 변하는 것뿐이니까 물리 변화일 것 같다고? 화학 변화는 화학반응식으로 적을 수 있어. 설탕은 $C_{12}H_{22}O_{11}$이란 화학식을 갖고 있는데, 커피에 설탕이 녹는 경우 그 반응식은 $C_{12}H_{22}O_{11}(s) \rightarrow C_{12}H_{22}O_{1}(aq)$로 나타낼 수 있지. 화학식 옆의 (s)는 고체 상태라는 뜻이고, (l)은 액체, (g)은 기체, (aq)는 수용액 상태라는 뜻이야. 즉 설탕이 커피에 녹는 상황의 화학식에서는 상태만 변할 뿐 화학식이 변하지 않았기 때문에 물리 변화인 거야. 설탕이 물에 녹는다고 소금 맛으로 변하거나 아예 아무 맛도 안 나는 건 아니니, 즉 성질이 변하지 않았으니 물리 변화지. 각설탕이 가루 설탕이 되는 것도 형태만 달라질 뿐 설탕이라는 기본 속성은 달라지지 않았어. 확산 현상과 증발 현상도 술 냄새 입자의 성질이 달라지는 게 아니니까 물리 변화지. 차가운 얼음 컵에 물이 맺히는 현상은 $H_2O(g) \rightarrow H_2O(l)$라는 반응식으로 나타낼 수 있어. 마찬가지로 물이라는 기본 속성이 변하지 않았으니까 물리 변화야. 하지만 철문이 녹스는 현상은 $4Fe(s)+3O_2 \rightarrow 2Fe_2O_3$ 라는 화학반응식으로 정리할 수 있어. 철이 산소와 반응해서 산화철이 된 거야.

화학반응식을 적는 방법

그렇다면 $4Fe(s)+3O_2(g) \rightarrow 2Fe2O_3(s)$에서 4, 3, 2와 같은 숫자를 적는 이유는 무엇일까? 화학반응식을 적는 방법에 대해서 알아보자. 반응을 하기 전의 물질은 반응물, 반응 후의 물질은 생성물이라고 불러. 화학반응이 일어날 때는 원자의 배열만 달라질 뿐 원자의 종류와 수는 변하지 않아.

'물H_2O이 전기분해되어 산소 기체O_2와 수소 기체H_2가 되었다'는 문장을 화학반응식으로 바꿔 보자.

> 1. 원소 기호를 이용해 분자들을 화학식으로 적는다.
> 2. 반응 전과 후의 원자 수가 동일하도록 맞춘다.

앞의 계수는 실제 개수는 아니지만 분자들의 상대적인 비율을 나타내는 거야. 만약 물 분자의 개수가 10개였다면, 충분한 전기분해 후의 산소 기체와 수소 기체의 수는 각각 5개, 10개라는 걸 기억하자.

1. 다음 상황이 물리 변화인지 화학 변화인지 아래 박스에 번호를 넣어 구분해 보자.

① 얼음이 녹아 물이 되는 과정　　② 철이 녹슬어 붉은색으로 변하는 현상

③ 설탕이 물에 녹는 과정　　④ 나무가 타서 재가 되는 과정

힌트 입자의 성질이 변하는지 변하지 않는지를 중점에 두고 생각해 보자.

물리 변화	화학 변화

2. 다음 반응을 화학반응식으로 나타내 보자.

힌트 53페이지를 보며 순서대로 해 보자. 화학반응식을 쓸 때는 질량 보존 법칙에 따라 반응 전 후 각 원자의 개수가 같아야 해.

1) 수소 기체와 산소 기체가 반응하여 물이 생성되는 반응

2) 메테인(CH_4)이 산소와 반응하여 이산화탄소와 물이 생성되는 반응

3) 염산(HCl)과 수산화나트륨($NaOH$)이 반응하여 물(H_2O)과 염화나트륨($NaCl$)이 생성되는 반응

4) 마그네슘(Mg)과 산소(O_2)가 반응하여 산화마그네슘(MgO)이 생성되는 반응

더 알고 싶어 119　　📖 도서　▷ 영상　🔍 사이트

▷ **'5원소 문명의 기원' 〈3부 물, 위대한 순환〉 (EBS 다큐프라임)**
세계 물의 날은 3월 22일이야. 물은 정말 신비한 물질이야. 먹는 물이 부족해지는 시대가 오자 UN이 물의 소중함에 대한 경각심을 일깨우기 위해 지정한 날이지. 물은 순환할 때 상태 변화를 하는데 이때 화학적 성질이 변화하지 않기 때문에 비가 내려도 물의 기능을 이용해 살아갈 수 있어. 이 위대한 순환을 다큐멘터리를 보면서 느껴 봐.

과학자를 양성하는
과학 교사

과학은 단순한 학문이 아니라 우리 삶의 모든 면에 깊이 연관되어 있어. 과학은 우리 국가와 사회를 발전시키기 위해 정말 중요하니까 어릴 때부터 잘 배워 둬야 국가가 성장하는 데에 큰 도움이 되겠지?

우리는 매일매일 과학과 함께 생활하고 있어. 과학은 지구의 다양한 문제를 해결하고 왜 자연현상이 발생하는지 탐구하는 학문이야. 과학과 관련된 직업 중 우리 주변에서 가장 가깝게 볼 수 있는 게 바로 학교에 계시는 과학 선생님이지.

과학 교사가 하는 일

과학 교사는 단순히 과학 지식을 전달하는 일만 하는 게 아니야. 학생들에게 과학에 대한 호기심과 문제 해결 능력을 키우도록 북돋우면서 실험과 탐구를 통해 과학적 사고를 기를 수 있게 돕는 역할을 하지. 학원이나 인터넷을 통해서는 경험하기 힘든 과학 실험이나 활동을 함께하면서 학생들이 과학에 관심을 가질 수 있도록 도와 주고 계신단다. 학생들이 실험을 하면서 반응 과정을 관찰하고 그 결과를 분석하는 건 과학적 사고를 기르는 데 매우 중요한 경험이거든.

과학 교사의 자세

과학 교사가 되고 싶다면 빠르게 변하는 과학교육 트렌드를 파악하는 게 좋을 거야. 요즘에는 강의식 수업보다 실험 중심형 교육이나 온라인 학습, 최신 기술을 활용한 수업, 프로젝트 기반 학습, 다양한 발명 교육 등을 하는 게 트렌드거든. 가상 현실(VR)을 이용한 우주 탐사 체험 프로그램도 많이 개발되고 있대. 이런 프로그램들은 학생들이 과학을 더 쉽게 이해하고 흥미를 느끼도록 도와줄 거야. 과학 교사는 이런 변화에 발맞춰 어떻게 교육과정 안에 있는 개념들을 기술과 접목시켜 가르칠 수 있는지에 대해 계속 공부해야 해.

과학 교사가 갖춰야 할 것

과학 교사에게 필요한 가장 중요한 역량은 교과 지식이야. 기초 개념부터 최신 연구 및 기술 동향을 잘 이해하고 있어야 해. 또 교수법에 대한 지식도 필요해. 실험/프로젝트 기반 학습/협동 학습 등 다양한 방법이 있어. 그냥 수업을 하는 것이 아니라 적합한 교수 모형을 적용해서 수업을 한다면 학생들이 더 효과적으로 학습 목표를 달성할 수 있기 때문이야.

시대에 따라 요구하는 교사의 역량과 자질은 다양해지고 있어. 사회가 계속 변화하기 때문이지. 그래서 교과 지식을 가르치는 것뿐만 아니라 사회에서 요구하는 역량을 갖춰 가치를 전수할 수 있도록 계속 연구해야 해. 또 학생들이 과학에 대한 흥미를 잃지 않도록 지속적으로 격려하고 인내심을 갖고 지도할 수 있는 열정이 필요해. 외부 활동을 함께 나가거나 실험 수업을 준비하려면 현재에 안주하지 않고 주변 선생님들과 함께 계속 공부해야 하지. 교육청이나 교육부에서 제공하는 연수를 들으며 새롭게 등장하는 기술을 받아들이고 온라인 자료, 가상 실험실, 소프트웨어 등을 활용할 수 있도록 해야 해.

과학 교사가 되는 방법

과학 교사가 되려면 먼저 전공부터 정해야 해. 과학은 물리/화학/생명과학/지구과학으로 전공이 나뉘어 있으니까 이 중에서 정해서 과학교육 자격증을 딸 수 있는 대학교의 학과를 졸업하면 돼. 교육과정 중 교육실습은 필수야. 실습을 나가면 대학교에서 배웠던 교육적 지식을 적용해 보는 경험을 쌓을 수 있어. 자격증을 얻었다면 전국 예비 교사와 경쟁하는 교원임용시험을 치른 다음 합격해서 정교사가 되거나 사립 학교에서 치르는 시험을 보고 정교사가 될 수 있지.

물질의 변화, 숨겨진 세계를 파헤치다

물질끼리 반응할 때도 규칙이 있다고?

화학반응의 세 가지 규칙

굉장히 다양하고 많기만 할 것 같은 화학반응에도 일정한 규칙이 있어.
화학반응의 세 가지 규칙에 대해 알아보자.

학습 키워드 #질량보존법칙 #일정성분비법칙 #기체반응법칙
교과 연계 중3 과학 〉Ⅰ. 화학반응의 규칙성

질량 보존 법칙이란?

물질은 세 가지 규칙에 따라 변한다고 해. 법칙의 이름만 들으면 어렵게 느껴질 수 있으니까 예를 들어서 쉽게 설명해 볼게! 이제 곧 질량 보존 법칙, 일정 성분비 법칙, 기체 반응 법칙을 설명할 거야.

질량 보존 법칙은 간단한 실험을 통해 알아볼 수 있어. 각설탕을 가루 설탕으로 만들어서 둘을 비교해 볼게. 먼저 각설탕 1개를 전자저울 위에 올려놓고 질량을 재 보자. 그다음에 다른 각설탕 1개를 비닐봉지 안에 넣고 망치로 빻아 보자(이때 비닐봉지가 터지지 않도록 주의해야 해). 그런 다음 전자저울에 가루로 변한 설탕을 부어서 질량을 재 보자. 어때? 각설탕과 가루 설탕의 질량이 같지? 이렇게 반응물의 총질량과 생성물의 총질량이 같은 걸 질량 보존 법칙이라고 해.

질량 보존 법칙은 물리 변화뿐만 아니라 화학 변화로도 설명할 수 있어. 앙금이 만들어질 때의 화학반응을 한번 살펴볼까? 화학반응에서 앙금이란 액체의 바닥에 가라앉는 물질을 뜻해. 석회수에 빨대로 날숨을 불어넣으면 뿌옇게 흐려지는 건 날숨에 있는 이산화탄소와 석회수가 반응해서 생기는 탄산칼슘$CaCO_3$ 앙금 때문이지. 반응 후의 용액이 뿌옇고 불투명하게 보이는 건 물에 앙금이 풀어져 있기 때문이야.

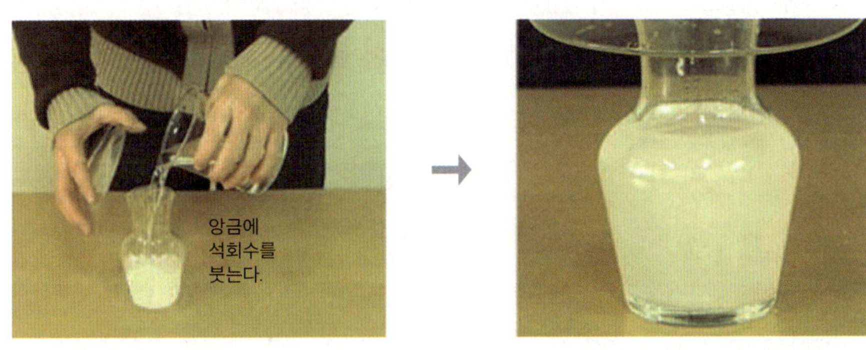

이런 앙금 생성 반응 실험을 통해서 질량 보존 법칙을 증명할 수 있어. 두 유리병에 10% 탄산나트륨 수용액과 10% 염화칼슘 수용액을 각각 $20ml$씩 넣고 마개를 닫은 다음 이 두 유리병을 전자저울에 올려놓고 질량을 측정해 봐. 두 수용액을 섞은 뒤에 일어나는 변화를 충분히 시간을 두고 관찰한 다음 섞인 수용액에 더 이상 변화가 없으면 마개를 닫은 두 유리병을 전자저울에 올려놓고 질량을 측정해 보면 돼. 두 개를 비교해 보면 질량이 똑같다는 걸 알 수 있어. 이 반응에서 생성된 앙금은 탄산칼슘$CaCO_3$이야.

기체 생성 반응을 통해서도 질량 보존 법칙을 확인할 수 있어. 기체 생성 반응이란 반응물에는 기체가 없었는데 생성물에는 기체가 있는 반응을 말해. 예를 들어 탄산칼슘과 염화수소가 만나 염화칼슘과 물, 이산화탄소가 만들어지는 반응이 있어. 염화칼슘이나 물의 상태는 다 액체인데 이산화탄소만 기체야. 이 경우도 마찬가지로 반응 전과 후의 질량이 같지. 이때 주의해야 할 점은 마개를 꼭 닫은 채로 실험을 진행해야 한다는 거야. 왜냐하면 기체는 고체나 액체 입체보다 빠르게 움직이기 때문에 뚜껑을 열어 두면 기체가 다른 곳으로 막 빠져나가 버려서 질량 보존 법칙이 성립하지 않을 수 있어.

마지막으로 금속이 연소되는 경우를 생각해 볼까? 앞서 다뤘던 철의 부식 과정을 예로 들어 볼게. 불로 가열하지는 않았지만, 산소와 결합하는 과정을 우리는 연소라고 불러. 산소와 결합하는 $4Fe(s)+3O_2(g) \rightarrow 2Fe_2O_3(s)$에서는 질량이 어떻게 변할까? 맞아. 변하지 않아. 마개를 닫은 상태로 실험을 실시한 경우에서만! 만약 마개를 닫게 된다면 실험에 반응물로 사용했던 산소 입자가 밖으로 빠져나가 질량 보존 법칙이 성립되지 않기 때문이야.

이 모든 실험을 통해 밀폐된 공간에서 진행된 화학반응은 질량이 보존된다는 것을 알 수 있어. 질량 보존 법칙이 성립되는 이유는 화학 변화가 일어날 때는 물질을 구성하는 원자들의 종류와 개수가 달라지지 않고 배열만 변하기 때문이야. 각 원자의 질량은 일정하기 때문에 이런 결과가 나오는 거지.

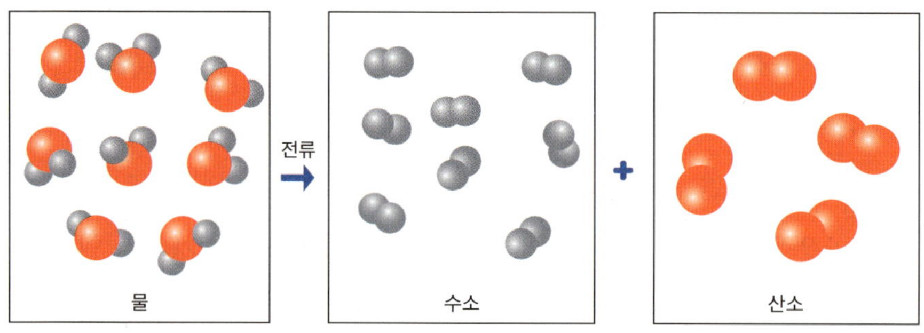

↑ 물에 잔류를 흘려 주었을 때의 변화를 나타낸 모형

일정 성분비 법칙이란?

다음으로 일정 성분비 법칙이야. 일정 성분비 법칙이란 이름부터 어렵게 느껴질 수 있지만 '성분 원소 사이에는 일정한 질량비가 성립한다'라는 말을 줄인 거라고 생각하면 돼. 화학반응에서는 반응물과 생성물의 원자 비율이 항상 일정하기 때문이지. 물H_2O를 만들기 위해서는 수소 원자 2개와 산소 원자 1개가 반응해야 하는데, 이때 수소와 산소의 개수 비율은 항상 2:1이야. 이 법칙은 다양한 화학반응에서도 다 확인할 수 있어. 예를 들어 메테인CH_4과 산소O_2가 반응하면 이산화탄소CO_2와 물H_2O이 생성되는데 이 경우에도 메테인과 산소의 비율이 일정하게 유지되면서 이산화탄소와 물이 생기는 거야.

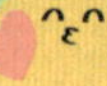

1. 간단한 화학반응을 관찰해 보고 질문에 답해 보자.

> **준비물** 식초(약 100ml), 베이킹소다 (2-3큰술), 투명한 유리컵이나 유리병, 계량
> 스푼 또는 숟가락, 종이 타올, 전자저울
> ① 투명한 컵 또는 유리병에 식초를 붓는다. 식초의 질량을 측정한다.
> ② 베이킹 소다의 질량을 측정한 뒤 베이킹 소다를 준비한 식초에 천천히 추가한다.
> ③ 반응이 일어나는 모습을 관찰한다. 이 때 기체가 발생하고 거품이 생성되는 걸
> 볼 수 있다.
> ④ 반응이 끝난 후(기체가 발생하는 것이 멈춘 후) 남은 용액의 양을 확인하고 남은 용
> 액의 질량을 측정한다.
> ⑤ 실험 후 남은 용액을 종이 타올로 닦아 깨끗하게 정리한다.

1) 실험 전 반응물의 질량의 합과 반응 후 질량을 기록해 보자.

반응 전 (식초 + 베이킹소다)	반응 후 질량

2) 반응 전과 반응 후의 질량이 일치하지 않는다면 그 이유는 무엇일까?

힌트 화학반응식을 써보고 기체를 골라 보자.

----

2. 물(H_2O)을 생성하기 위해 필요한 수소 원자와 산소 원자의 비율은?

힌트 화학반응식을 써 보자. 각 원소의 원자 개수가 양쪽에서 같아지도록 계수를 맞춰 보자.

----

3. 탄산나트륨(Na_2CO_3)과 염화칼슘($CaCl_2$)을 섞었을 때 생성되는 앙금의 화학식은?

힌트 앙금은 두 이온이 결합해서 물에 녹지 않는 물질이 생성될 때 만들어져. 탄산나트륨에서 나온 이온과 염화
칼슘에서 나온 이온을 각각 찾아보자.

📖 도서　▷ 영상　🔍 사이트

더 알고 싶어 119

▷ **해초 분말로 금을 만드는 실험 (YTN 사이언스)**
청해초 분말과 증류수, 질산납수용액을 활용하면 금이 만들어진대. 제목부터 매우 신비롭
지? 진짜 금을 만들 수 있는 건지 아니면 가짜 금을 만들었는데 제목을 저렇게 적은 건지,
궁금하지 않니? 영상을 보고 판단해 보자. 진짜 금이야, 가짜 금이야?!

산성과 염기성은 어떤 성질을 갖고 있을까?

산성과 염기성의 특성

물질은 산성과 염기성이라는 성질을 띠고 있어.
산성, 염기성 물질의 특징과 이 물질들의 성질을 알 수 있는 지시약에 대해 알아보자.

학습 키워드 #산성 #염기성 #지시약
교과 연계 중3 과학 > Ⅰ. 화학반응의 규칙성

산성 물질의 특징

약산성 클렌징 폼이라고 들어 봤니? 약산성이 우리 피부에 닿으면 피부가 수축되고 단단해지면서 수분을 더 많이 갖게 되어 촉촉한 느낌이 든다고 해. 아래 그림은 '약산성'이라고 검색했을 때 나오는 기사들의 핵심단어들을 모아 워드클라우드를 만든 거야. 약산성을 내세워 화장품이

많이 개발되어서 소비자들이 관심을 많이 가지고 있다는 걸 알 수 있어. 반대로 약염기성 클렌징 폼을 사용하면 노폐물 배출이 더 잘 되어서 피부가 부드러워진대. 그렇다면 산성과 염기성이란 무엇일까?

산성은 수용액에서 이온화할 때 수소 이온을 내놓는 물질이야. 대부분 신맛이 나는 특징이 있지. 수소 이온은 H^+를 말해. 산에는 아세트산, 염산, 레몬즙 같은 것들이 있어. 이들이 가진 공통적인 특징을 산성이라고 해. 푸른색 리트머스 종이에 산성 물질을 대면 종이가 붉게 변해. 또 마그네슘 리본을 산성 물질에 담그면 수소 기체가 발생하고, 달걀껍데기(탄산칼슘)를 넣으면 이산화탄소 기체가 발생하지. 페놀프탈레인 용액이라는 지시약을 떨어트리면 색 변화가 없고 말이야. 모든 산성 물질은 이러한 특징을 갖고 있어.

수소 이온을 많이 내놓으면 강산, 적게 내놓으면 약산이야. 화학에는 염산, 질산, 황산이라는 3대 강산이 있어. 식초를 구성하는 아세트산까지 화학반응식으로 표현해 볼게.

염산	$HCl \rightarrow H^+ + Cl^-$
질산	$HNO_3 \rightarrow H^+ + NO_3^-$
황산	$H_2SO_4 \rightarrow 2H^+ + SO_4^{2-}$
아세트산	$CH_3COOH \rightarrow H^+ + CH_3COO^-$

염기성 물질의 특징

염기성은 수용액에서 이온화할 때 수산화이온(OH^-)을 내놓는 물질이야. 대부분 쓴맛이 나지. 또 단백질을 녹이는 성질이 있어서 미끈거린다는 특징도 갖고 있어. 염기가 가지고 있는 공통적인 성질을 염기성이라고 해. 염기성 물질에는 베이킹 소다나 세제 등이 있어. 염기성 물질에 붉은색 리트머스 종이를 대면 푸르게 변하지. 마그네슘 리본을 넣거나 달걀껍데기(탄산칼슘)를 넣으면 변화가 없고, 페놀프탈레인 용액을 떨어트리면 붉은색으로 변하지. 마찬가지로 수산화 이온을 많이 내놓으면 강한 염기이고 적게 내놓으면 약한 염기라고 불러. 수용액에서 수산화 이온을 내놓는 것을 화학반응식으로 표현하면 다음과 같아.

수산화나트륨	$NaOH \rightarrow Na^+ + OH^-$
수산화칼륨	$KOH \rightarrow K^+ + OH^-$
수산화칼슘	$Ca(OH)_2 \rightarrow Ca^{2+} = 2OH^-$

세상에 있는 모든 물질들의 산성과 염기성을 알 수는 없어. 그래서 우리는 지시약이라는 물질을 이용해서 어떤 물질이 어떤 성질을 띠고 있는지 확인하곤 해. 지시약은 용액에 떨어트려 색상에 따라 용액이 산성인지, 중성인지, 염기성인지 알게 해 주는 시약이야.

	산성	중성	염기성
페놀프탈레인	무색	무색	빨간색
메틸 오렌지	빨간색	주황색	노란색
BTB용액	노란색	초록색	파란색

많은 수소 이온과 수산화 이온을 내놓을수록 강한 산성과 염기성을 띤다고 했었지? 그렇다면 화학반응식에서 2개의 수소 이온과 수산화 이온을 내놓는 황산과 수산화칼슘은 가장 강한 산성과 염기성일까? 꼭 그렇지는 않아. 수용액에서 이온을 내놓는 양은 수용액의 농도나 물질의 종류에 따라 달라지기 때문이지.

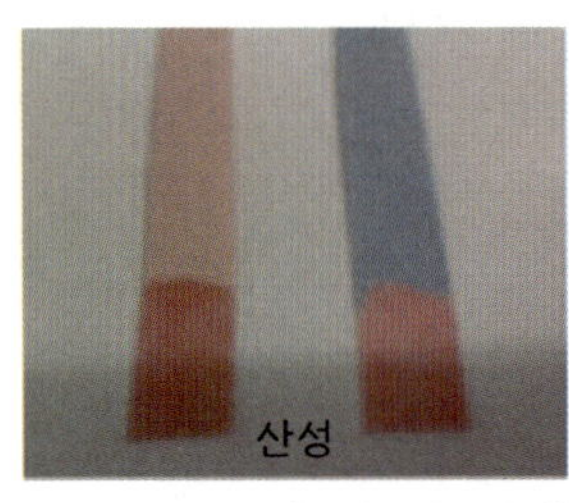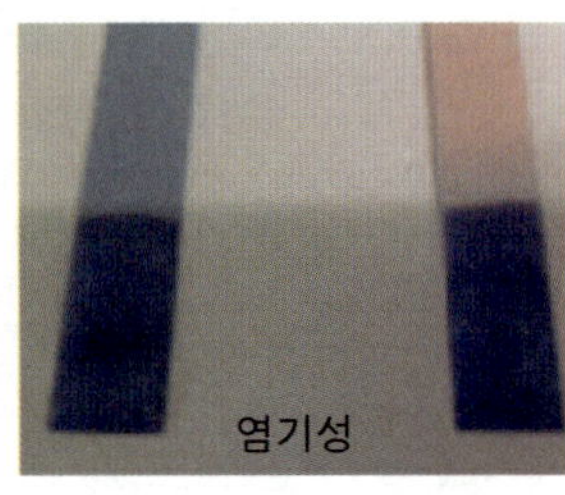

↑ 리트머스 종이를 대었을 때 색 변화

산성 물질에 푸른 리트머스 종이를 대었을 때 붉게 변하는 것을 쉽게 기억하려면 '산은 푸른데 불이 나면 붉게 변한다.'라고 기억하면 잘 외워지겠지?

온도계는 온도를 측정하는 기계야. '~계'가 뒤에 붙는 것은 기계를 뜻한다고 생각하면 돼. 전류계는 전류를 측정하는 기계이고, 전압계는 전압을 측정하는 기계겠지. 그렇다면 전기 전도계는? 맞아. 전기 전도도를 측정하는 기계야. 전기 전도계는 전기가 통하는지, 안 통하는지를 측정한대. 이 전기 전도계를 산성 물질과 염기성 물질에 담그면 어떤 현상이 나타날까? 전기 전도계는 전기가 통하면 소리를 내거나 빛을 내는 특징을 갖고 있어. 그래서 둘 다 삐 소리가 나거나 빛을 낸대. 이러한 현상이 나타나는 이유는 둘 다 이온이 존재하기 때문이야. 이온이 전하를 이동시키는 역할을 한다고 했던 거 기억하고 있지? 무슨 이온 때문일까? 그렇지! 산성 물질의 수소 이온, 염기성 물질의 수산화 이온이 존재한다는 걸 알 수 있겠네.

1. 다음 〈보기〉를 산성 물질과 염기성 물질로 나눠 보자.

> **보기** 베이킹 소다, 염산, 수산화나트륨, 세제, 식초, 탄산음료, 비누, 석회수,
> 암모니아수

산성 물질	염기성 물질

2. 지시약의 종류는 본문에서 소개한 페놀프탈레인, 메틸 오렌지, BTB 용액뿐만 아니라 무척 많아. 다음의 지시약에 색연필로 색을 칠해 보면서 지시약의 색이 얼마나 다양한지 살펴보자.

	산성	변색 범위(pH)	염기성
메틸 레드	적색	3.1~4.4	황색
페놀 레드	황색	6.8~8.4	???
리트머스 용액	적색	6.0~8.2	청색
티몰블루 용액	적색	1.2~2.8	황색
티몰프탈레인 용액	무색	9.3~10.5	청색

1) 변색 범위란 무엇일까? 생성형 AI에게 물어보고 답변을 적어 보자.

2) 지시약의 종류는 왜 이렇게 많은지 생성형 AI에게 물어보고 답변을 적어 보자.

더 알고 싶어 119

📖 도서　▷ 영상　🔍 사이트

▷ **우리 생활 속 꼭 필요한 산성과 염기성 제품 (YTN 사이언스)**
레몬즙, 사이다, 우유부터 락스, 베이킹파우더까지! 우리가 매일 사용하는 제품들의 pH를 직접 측정해 봐. 생선 비린내를 레몬즙으로 없애는 생활 꿀팁부터 산성 물질이 묻었을 때 염기성으로 중화하면 안 되는 이유도 실험으로 확인해 볼 수 있어. 동영상을 참고해 보자.

▷ **산성과 염기성의 성질을 이용한 과학 실험 (YTN 사이언스)**
수산화나트륨(염기성) 용액이 드라이아이스(이산화탄소, 산성)를 만나면? 파란색에서 초록색 그리고 주황색으로 변하는 마법 같은 순간을 볼 수 있어. 달걀 껍데기를 염산에 넣으면 거품이 부글부글하기도 하고, 두부를 수산화나트륨에 오랫동안 담가 두면 단백질이 녹아 버리기도 하지. 직접 눈으로 확인해 봐.

식초는 먹을 수 있는데, 염산은 왜 먹으면 안 될까?

강산과 약산, 강염기와 약염기의 차이

강한 산성을 띤 강산과 약한 산성을 띤 약산,
그리고 강염기와 약염기에 대해 알아보자.

학습 키워드   #강산 #약산 #강염기 #약염기
교과 연계   중3 과학 〉Ⅰ. 화학반응의 규칙성

강산과 약산의 차이

염산은 피부에 닿으면 화상을 입게 되는 아주 위험한 물질이야. '염산 테러'라고 검색만 해 봐도 범죄에 이용되는 매우 위험한 물질이란 걸 알 수 있지. 황산과 질산도 역시 위험한 물질이지만 모든 산성 물질이 좋지 않다고 생각하면 안 돼. 사실 염산은 위에서 음식물을 분해해 주고 살균하는 위산과 거의 같은 물질이거든. 아세트산도 음식에 신맛을 낼 때 사용하는 식초의 주성분인 물질이지. 그러니 산성 물질이 무조건 위험하다거나 나쁘다고 생각하면 안 돼.

그렇다면 아세트산은 먹어도 되지만 염산은 먹으면 안 되는 이유는 뭘까? 그건 강산이냐 약산이냐에 달려 있어. 산성 물질마다 강하고 약한 정도가 다르거든.

강산은 수용액에서 수소 이온을 많이 내놓는 물질이고, 약산은 수소 이온을 적게 내놓는 물질이야. 그런데 산성 물질 속 수소 이온은 피부 속 수분을 빨아들이면서 뜨거운 열을 만들어 순식간에 피부를 타게 만들어. 강한 산성 물질일수록 피부의 단백질 구조를 파괴하거나 세포를 파괴시킬

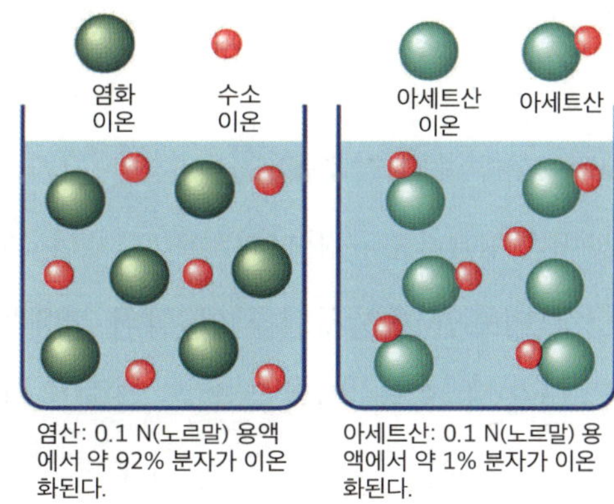

염산: 0.1 N(노르말) 용액에서 약 92% 분자가 이온화된다.

아세트산: 0.1 N(노르말) 용액에서 약 1% 분자가 이온화된다.

↑ 강산과 약산의 모형. 염산은 물에서 분자가 대부분 이온화하는 강산이고 아세트산은 일부만 이온화하는 약산이다.

수 있는 거지. 그래서 염산과 닿은 피부나 눈에는 심각한 손상을 일으킬 수 있어. 이렇게 위험한 산성 물질은 조심히 관리하면서 사용해야 해. 염산은 균을 죽이기 위해 식품이나 약품에 아주 조금 넣기도 하고 철의 녹을 없애는 데 쓰이기도 하거든.

그런데 이런 염산도 사실 약산으로 만들어 사용하면 유용할 수 있어. 농도가 중요해서야. 10% 정도의 묽은 염산은 실험실에서 조심히 사용한다면 보호장비를 착용하고 사용하기에 좋아. 그런데 35~37%정도의 진한 염산인 경우엔 진한 염산에서 발생하는 증기도 위험할뿐더러 피부에 닿으면 즉시 화상을 입어 매우 위험해. 술에 비유한다면 소주와 맥주의 차이 같은 거야. 주말 저녁에 우리 집에 손님이 왔어. 아빠가 손님께 "맥주 드실래요? 소주 드실래요?"라고 물어봤어. 손님은 소주는 너무 세서 맥주를 달라고 했어. 같은 알코올인데 어떤 건 세다고 이야기하는 이유가 무엇일까? 맞아. 농도가 핵심이야. 순수 알코올은 알코올 농도 100%라고 이야기하는데 시약병에 보면 그 비율도 정확히 나와있어.

맥주나 소주, 위스키 등은 알코올 농도가 다 다르기 때문에 도수가 높을수록 많이 세다고 이야기해. 몸에 좋다고 많이 알려져 있는 비타민C조차도 하루 권장량 100mg 정도면 건강하게 섭취할 수 있는 정도이지만 한번에 10,000mg씩 섭취하면 설사나 복통을 일으킬 수 있고, 소금도 적당량 먹으면 괜찮지만 과다 섭취 시에는 탈수나 혈압이 상승하는 문제를 낳을 수 있지. 이렇듯 같은 물질도 농도에 따라 안전하기도 하고 위험하기도 해.

마찬가지로 물에 넣었을 때 수산화 이온을 많이 내놓는 물질을 강염기, 물에 넣었을 때 수산화 이온을 적게 내놓는 물질을 약염기라고 한다는 것도 기억해 두자.

↑ 여러 가지 물질의 pH

강염기의 종류로는 LiOH, NaOH, RbOH, CsOH, $Ca(OH)_2$, $Sr(OH)_2$, $Ba(OH)_2$가 있어. 강염기도 위험한 물질이야. 수산화나트륨이 피부에 닿으면 미끈미끈한 느낌이 들거든. 그게 단백질을 분해하는 느낌인데 그러다가 따끔해지면서 화학적인 화상이 발생하게 돼. 그럴 때는 산으로는 절대 중화시키면 안 되고, 즉시 흐르는 물로 15분 이상 씻어 준 다음 병원에 방문해야 해. 약염기들은 세제나 의약품으로 쓰긴 하지만 이런 강염기들은 공업용으로 쓰거나 세척용으로 쓴다는 점을 알아 둬.

1. 다음 글은 pH에 대한 설명이야. 읽어 보고 질문에 답해 보자.

> pH란 수소 이온(H^+)의 농도를 나타내는 척도를 말해. 두 용액의 액성을 비교하거나 할 때 어떤 용액이 강한 산성/염기성인지 알 수 있어. 계산식은 $-\log[H^+]$여서 pH값이 낮을수록 강한 산성이고 pH값이 높을수록 강한 염기성이야. pH는 0~14 범위로 pH가 7보다 작으면 산성, pH가 7이면 중성, pH가 7보다 크면 염기성으로 분류해.

1) 다음을 보며 빈칸을 채워 보자. 산성일까, 중성일까, 염기성일까?

pH 0~6	pH 7	pH 8~14

2) 다음과 같이 1~3번까지 세 용액이 있어. 각각의 용액을 산성, 중성, 염기성으로 구분해 보자.

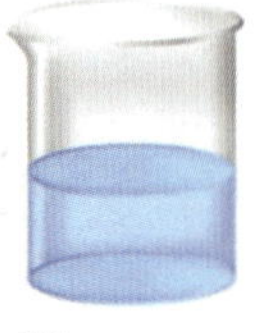

1번. _______　　2번. _______　　3번. _______

- 1번 용액에 페놀프탈레인을 떨어트렸더니 빨간색으로 변했어.
- 2번 용액을 pH 측정 기계로 재어 보니까 pH가 1로 나타났어!
- 3번 용액은 7.0에 가까운 것 같아.

2. 강염기와 약염기의 차이에 대한 설명으로 옳은 것은?

① 강염기는 수산화 이온을 적게 내놓는다.
② 약염기는 수산화 이온을 많이 내놓는다.
③ 강염기는 수산화 이온을 많이 내놓는다.
④ 약염기는 수산화 이온을 전혀 내놓지 않는다.

더 알고 싶어 119

📖 도서　▷ 영상　🔍 사이트

▷ **양배추 지시약으로 산성과 염기성 구분하기 (YTN사이언스)**

양배추 지시약은 붉은 양배추의 즙을 이용해 만들 수 있는데 실험실에서 만든 게 아니라 자연적으로 만들어져. 안토시아닌이라는 색소가 붉은 양배추에 들어 있기 때문이야. 양배추 잎을 잘라 물에 담가 끓이기만 하면 자연 지시약 생성 완료! 동영상을 참고해 만들어서 다양한 물질에 떨어뜨려 보자.

산과 염기가 반응을 한다고?

산과 염기에서의 중화 반응

산성과 염기성을 갖고 있던 물질들이 혼합되면서
그 물과 염이 생성되는 중화 반응에 대해 알아보자.

학습 키워드   #산 #염기 #중화반응
교과 연계   중3 과학 〉 I 화학반응의 규칙성

실생활에서 사용되는 중화 반응

매운맛을 중화시킨다는 말 들어 본 적 있니? 매운 음식을 먹고 혀가 아플 때 "매운맛을 중화시켜야 해!" 하고 우유로 누그러뜨리는 것처럼 말이야. '중화'라는 말은 서로 다른 성질의 물질이 서로 융합했을 때 서로의 특징이나 작용을 잃는 것을 뜻하는 화학적 용어야.

산과 염기에서의 중화 반응은 산성과 염기성을 갖고 있던 물질들이 혼합되어 물과 염이 생성되는 반응이야. 이를 우리는 산염기의 중화 반응이라고 불러. 산염기 중화 반응은 실생활에서 많이 이용되곤 하지.

1. 생선 비린내를 제거하기 위해 식초를 넣은 물에 생선을 담가 두는 건 중화 반응을 이용하는 거야. 생선 비린내의 원인은 염기성 물질인데, 이를 산성인 레

몬즙이나 식초로 중화시킬 수 있기 때문이지. 생선회를 먹을 때에도 레몬을 뿌리면 생선회의 비린 맛을 제거할 수 있어.

2. 위산 때문에 속이 쓰릴 때 제산제를 먹는 것도 중화 반응을 이용하는 거야. 위산은 0.5%의 염산을 포함하고 있어. 위산이 너무 많이 분비되면 속이 쓰리기 때문에 수산화 마그네슘$Mg(OH)_2$과 수산화 알루미늄$Al(OH)_3$이 포함된 제산제를 먹으면 속이 쓰린 증상을 완화시킬 수 있어.

3. 산성화된 땅을 회복할 때도 중화 반응을 이용해. 같은 농작물을 계속 심거나 산업화로 발생한 매연이 땅에 쌓이면 땅의 성질이 산성으로 변해. 산성화된 땅은 채소나 토착 식물, 야생 동물에게 부정적인 영향을 미칠 수 있고 우리 생태계에도 악영향을 미칠 수 있어. 그래서 염기성 물질인 석회 가루를 땅에 뿌려서 중화시키는 거야.

4. 충치를 예방하기 위해 치약을 사용하는 것도 중화 반응을 이용하는 거야. 입 속에 있는 세균은 입속에 남아 있는 음식물을 분해해서 산성 물질을 만들어 낸다. 이 산성 물질이 치아의 표면을 손상시켜 충치가 생기는 거지. 이를 막기 위해서 염기성 물질이 들어 있는 치약을 쓰는 거란다.

5. 곤충의 독은 대부분 산성이야. 따라서 곤충에게 물렸을 때 염기 성분의 약을 발라 주면 좋아. 예외적으로 말벌의 독은 염기성이기 때문에 오히려 식초를 바르는 게 더 좋대.

6. 오래된 김치의 신맛을 줄이기 위해 소다를 넣는 것도 중화 반응의 일종이야. 김치의 산 성분이 소다의 염기 성분과 만나면 신맛이 줄어들고 김치 특유의 단맛을 강조할 수 있어.

산염기 반응을 확인하려면 지시약을 쓰면 돼. 염기성 용액을 준비하고 알맞은 지시약을 떨어트려 준 다음 산성 지시약을 조금씩 떨어트려 준다면 용액의 색이 변하겠지? 이때 용액의 액성이 염기성에서 중성으로, 그리고 산성으로 변하는 것을 색깔로 확인할 수 있어. 산과 염기를 섞을 때 나타나는 변화는 액성뿐만 아니라 온도 변화도 있어. 중화 반응이 일어날 때 발생하는 열을 '중화열'이라고 하는데, 반응하는 수소 이온과 수산화 이온의 수가 많으면 많을수록 중화열이 많이 발생해.

다음은 산인 염산과 과염기인 수산화나트륨이 반응했을 때의 화학 반응식이야. 산성과 염기성 물질이 반응해서 물을 생성하고 염NaCl을 만들어 냈지.

$$HCl \longrightarrow H^+ + Cl^-$$
$$NaOH \longrightarrow Na^+ + OH^-$$
$$HCl + NaOH \longrightarrow H_2O + Na^- + Cl^-$$

중화 반응에서 수소 이온과 수산화 이온은 1 : 1로 반응하기 때문에 같은 개수의 수소 이온과 수산화 이온이 반응하면 중성이 되는 거야. 온도와 농도가 같은 묽은 염산과 수산화 나트륨 용액을 부피를 다르게 해서 혼합시키는 경우는 어떨까?

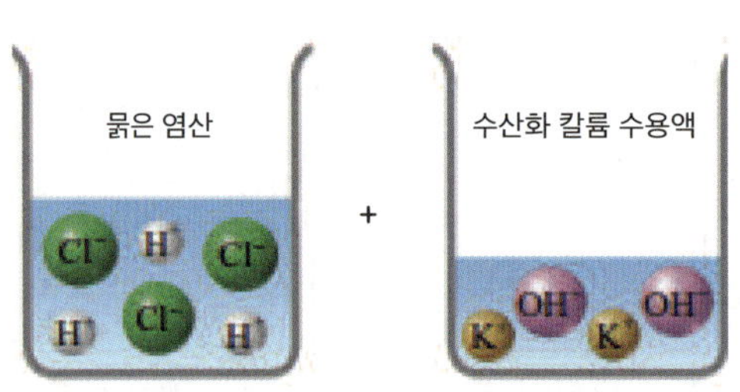

↑ 묽은 염산의 부피 = 수산화 칼륨 수용액의 부피

만약 최종 혼합물에서 수소 이온의 개수가 수산화 이온의 개수보다 많다면 최종 혼합 용액은 산성 용액이 되겠지. 또한 수소 이온의 개수와 수산화 이온의 개수가 같다면 혼합 용액은 중성이 되는 거지. 한편 수소 이온의 개수보다 수산화 이온의 개수가 더 많으면 염기성 용액이 되는 거야.

1. 다음은 산과 염기를 섞었을 때 pH를 측정하는 실험 보고서야.

[실험 준비물] 같은 농도의 묽은 염산, 묽은 수산화나트륨, 비커, pH 측정기, 유리 막대

[실험 방법]

① 먼저 비커에 묽은 염산 20mL를 넣는다. 처음 비커의 pH를 측정한다.

② 묽은 수산화나트륨을 1mL씩 최대 30mL까지 넣으면서 pH의 변화를 측정한다.

　주의) 수산화나트륨을 넣을 때마다 비커 안을 유리 막대로 잘 젓고 pH를 측정한다.

[실험 결과]

수산화나트륨 총 부피 (mL)	0	2	4	6	8	10	12	14	16	18	20	22	24	26	28	30
용액의 pH	1.0	1.2	1.5	1.9	2.5	5.0	10.0	11.5	12.0	12.5	12.8	13.0	13.1	13.2	13.2	13.3

1) 실험 보고서를 충분히 읽어 보고 그래프를 그려 보자. 가로축을 수산화나트륨 총 부피(mL), 세로축을 용액의 부피(pH)로 하여 각각의 점을 찍고 점들을 선으로 이어 보자.

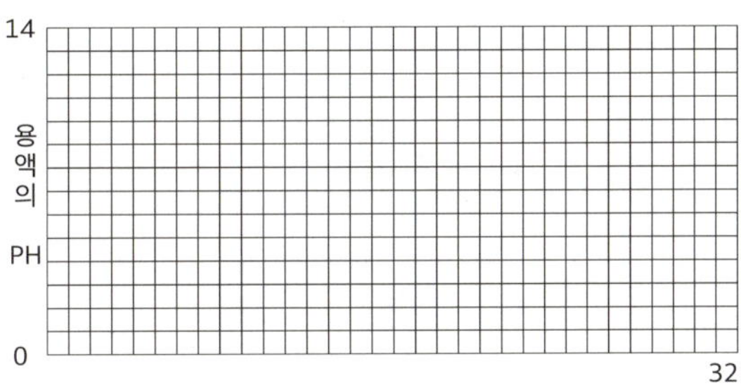

2) 그래프에서 pH가 7에 가장 가까웠던 지점은 수산화나트륨을 총 몇 mL 넣었을 때인지 찾아 보자.

- -

3) 그래프를 통해 중화반응이 일어날 때 어떤 경향을 띠는지 2가지 특징을 적어 보자.

힌트 그래프의 모양에 주목해! 그냥 쭉 수산화나트륨을 가해도 용액의 pH가 똑같게 일자로 나타날 수도 있으니 독특한 포인트들을 찾아봐.

- -

- -

👍 더 알고 싶어 119

▤▤ 도서　▷ 영상　🔍 사이트

▷ **생선회를 먹기 전에 왜 레몬즙을 뿌릴까? (LG사이언스랜드)**

생선회를 먹을 때 혹은 초밥을 먹을 때 레몬즙을 뿌리면 좋아. 물론 레몬을 안 주는 가게도 꽤 있지만 레몬을 준다면 "오! 센스 있네."라고 생각하곤 해. 글로 읽는 것보다 영상으로 보면 더 와닿을 거니까 영상으로도 보면서 기억해 보자.

물질은 어떻게 산화되고 환원될까?

산화와 환원 반응

산화란 산소를 얻거나 전자를 잃는 반응을 뜻하고
환원은 산소를 잃거나 전자를 얻는 반응을 말해.
산화-환원 반응에 대해 자세히 알아보자.

학습 키워드　#산화 #환원
교과 연계　중3 과학 〉 Ⅰ. 화학반응의 규칙성

산화-환원 반응이란?

우리는 지금까지 많은 화학반응들을 생각해 보았잖아? 도시가스 불을 이용해 음식을 만들 때, 숨을 쉬면서 포도당을 분해해 에너지를 만들 때, 깎아 둔 사과를 공기 중에 두었는데 갈색으로 색이 변할 때. 이 세 가지 모두 화학반응의 한 종류인 산화-환원 반응이 일어나는 사례야.

철이 공기 중의 산소와 반응해서 붉은색 녹이 끼거나, 누렇게 변한 옷을 세탁할 때 표백제를 넣으면 하얗게 되는 것도 산화-환원 반응이지.

철을 제련하는 과정도 마찬가지야 용광로에 철광석과 코크스C를 넣고 가열하면 코크스가 산소와 반응해 일산화탄소CO가 생겨 나. 철광석의 주성분인 산화철FeO이 일산화탄소와 반응하면 산화철이 산소를 잃고 철이 되고, 일산화탄소는 산소를 얻어서 이산화탄소가 된대. 이것도 산화-

환원 반응이 일어나는 사례야. 그렇다면 왜 이런 사례들에서 산화-환원 반응이 일어나는지 알아볼까?

산화는 영어로 Oxidation이라고 하는데 Oxygen(산소)에서 비롯된 용어야. 초창기에는 산화는 산소를 얻는 것이고, 환원은 산소를 잃는 것이라고 정의했어. 그런데 명백히 산화-환원이지만 산소가 관여하지 않는 반응이 있었대. 그래서 산화-환원 반응의 정의를 조금 더 확장하기로 했어. 화학반응에서 산화는 전자를 잃는 것, 환원은 전자를 얻는 것으로 정의하게 되었지.

산소를 얻는 것과 전자를 잃는 것은 어떤 관계이길래 동일하다고 볼 수 있는 걸까? 마그네슘을 가열해서 산화 마그네슘으로 반응하는 과정을 살펴보자. 이때 반응물은 마그네슘Mg과 산소O_2이고, 생성물은 MgO야. 이 반응의 화학반응식은 다음과 같아.

$$2Mg + O_2 \rightarrow 2MgO$$

이 반응에서 산화하는 물질은 어떤 것이고, 환원된 물질은 어떤 걸까? 맞아. 산소를 얻은 마그네슘이 산화했고, 산소를 잃은 산소 분자가 환원했어. 이를 좀 더 자세히 뜯어볼게.

$$Mg \longrightarrow Mg^{2+} \text{ (2개의 전자)}$$
$$+ \quad O_2 + \text{(2개의 전자)} \longrightarrow O^{2-}$$
$$\overline{2Mg + O_2 \longrightarrow 2MgO}$$

이 반응은 궁극적으로 Mg → Mg^{2+} + (2개의 전자) , O_2+(2개의 전자) → $2O^{2-}$를 더한 거라는 의미가 돼. 따라서 산소를 얻는 마그네슘은 전자를 잃는 것으로 볼 수 있고, 산소를 잃는 산소 분자는 전자를 얻는 것으로도 볼 수 있어. 그래서 각각을 산화-환원으로 보는 거야.

우리는 일상생활에서 산화제와 환원제라는 용어를 사용하곤 해. 소화제는 소화가 안 돼서 속이 더부룩할 때 먹는 약이잖아. 즉 소화를 '시켜 주는' 약이라는 뜻이지 그러므로 산화제는 산화를 시켜 주는 물질, 환원제는 환원을 시켜 주는 물질이라고 생각하면 돼.

$2Mg + O_2 \rightarrow 2MgO$ 반응에서 산화제는 산화를 시켜 주는 물질이니까 마그네슘을 산화시키는 산소 분자가 산화제겠네? 환원제는 환원을 시켜 주는 물질이니까 산소가 환원해 주는 마그네슘이 환원제가 되겠다.

산화-환원 반응 연습하기

1. 도시가스 불을 이용해 음식을 만들 때: 도시가스의 주성분인 메테인이 연소할 때는 산소와 반응해 이산화탄소와 물을 발생시켜. 이때 많은 열이 생기기 때문에 음식을 조리하거나 난방하는 데 사용하는 거야.

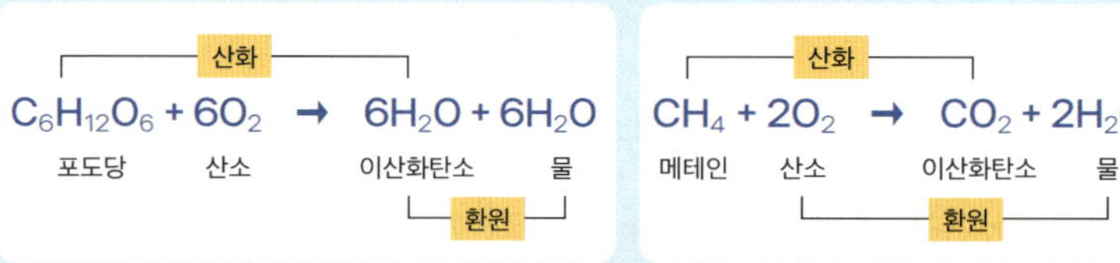

2. 숨을 쉬면서 포도당을 분해해 에너지를 만들 때: 우리가 섭취한 탄수화물은 몸속에서 여러 소화과정을 거쳐 탄수화물로 만들어지는데

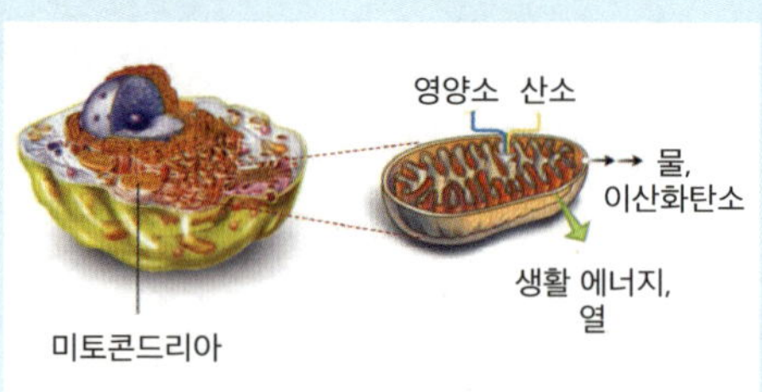

세포 안의 미토콘드리아에서 포도당과 산소를 반응시켜 이산화탄소와 물을 생성하고 그 과정에서 우리에게 필요한 에너지를 만들어 내지. 이 에너지는

우리가 살아가는 데 꼭 필요한 거야.

3. **깎은 사과를 공기 중에 두었는데 갈색으로 색이 변할 때:** 갈변 현상이 일어나는 과일에는 사과 말고도 배나 바나나도 있어. 이 과일에는 항산화물질인 폴리페놀$^{Poly-phenol}$과 폴리페놀 옥시데이즈$^{Polyphenol\ Oxydase}$라는 효소가 들어 있지. 과일 껍질이 벗겨지면 이 폴리페놀 옥시데이즈라는 효소가 폴리페놀 물질의 산화를 촉진시키기 때문에 갈변 현상이 일어나.

4. **철이 공기 중의 산소와 반응해서 붉은색 녹이 끼는 것:** 철^{Fe}이 공기 중의 산소와 물에 반응해서 붉은 녹$^{Fe_2O_3 \cdot 3H_2O}$이 생기는 현상이야.

$$Fe(OH)_2(s) + O_2(g) \rightarrow 2Fe_2O_3 \cdot H_2O(s) + 2H_2O(L)$$

1. 산화-환원 반응에서 산화의 정의로 옳은 것은?

① 산소를 얻는 과정
② 전자를 잃는 과정
③ 에너지를 방출하는 과정
④ 물질이 고체 상태로 변하는 과정

2. 다음 반응에서 산화제와 환원제를 구분해 보자.

$$2Cu + O_2 \rightarrow 2CuO \qquad 4P + 5O_2 \rightarrow P_4O_{10}$$

산화제	염화제

1) 왜 그렇게 생각했는지 써 보자.

더 알고 싶어 119

📖 도서   ▷ 영상   🔍 사이트

▷ **[교과서 속 숨은 과학 찾기] 산화·환원 반응 (YTN 사이언스)**
산화-환원 반응을 굉장히 다양하게 실험하는 것을 볼 수 있는 영상이야. 책에서 소개된 것
외에도 또 다른 산화-환원 반응을 볼 수 있어. 각 실험에서 산화제와 환원제가 무엇인지 살
펴보았으면 좋겠어.

불은 물질일까?

에너지의 종류와 상태 변화

불은 어떤 물질일까? 불은 어떤 상태로 존재하는 걸까?
불을 통해 열에너지에 대해서 알아보자.

학습 키워드 #에너지 #상태
교과 연계 중1 과학 〉 IV. 물질의 상태 변화

불은 물질이 아니라 현상

'에너지'라는 말을 처음 쓴 사람은 영국의 의사이자 물리학자였던 토마스 영이야. 물리학에서는 에너지를 '일을 할 수 있는 능력'이라고 정의하고 있어. 실제로 energy는 in을 뜻하는 en과 work(일)를 뜻하는 그리스어 ergon의 합성어야.

우리가 아침에 스마트폰을 켜서 시간을 확인하거나, 밥과 국을 만들어 먹는 것 모두 에너지를 사용해서 이뤄지는 것들이야. 우리가 살아가는 동안 에너지를 사용하지 않는 경우는 거의 없어. 에너지는 다양한 형태로 이 지구상에 존재하고 있지.

흔히 물질은 고체, 액체, 기체 상태로 존재한다고 하잖아. 고체는 일정한 모양과 부피가 있는 돌이나 나무 같은 것들을 말하고, 액체는 모양

은 없지만 부피는 있는 우유나 물 같은 물질의 상태를 말해. 기체는 일정한 모양도 부피도 없는 상태의 물질이고 말이야.

그렇다면 불은 어떤 상태로 존재하는 물질일까? 물질이 불에 의해 타는 것을 연소 반응이라고 해. 연소 반응이 일어나기 위해서는 타는 물질이 있어야 하고, 발화점이라는 불이 일어날 수 있는 온도, 산소 등이 필요하지. 이 중 한 가지 조건이라도 빠지면 연소 반응은 절대 일어날 수 없어. 소방관이 불을 끌 때, 소화기를 뿌리는 순간 불이 꺼지잖아. 그건 온도를 낮추는 효과도 있지만 타는 물질 주위의 공기를 차단해서 산소를 제거해 주기 때문에 불을 끌 수 있는 거야. 이렇게 타는 물질이라는 조건이 있어도 산소라는 조건을 없애니까 불을 끌 수 있는 거지. 이를 통해 우리는 불이라는 것이 에너지를 빛과 열 형태로 방출하는 과정이라는 것을 알 수 있어. 즉 불은 어떤 상태의 물질이 아니라 현상이라는 거지. 파도와 바람을 손에 담을 수 없듯, 현상은 물질과 달리 손에 담을 수 없어.

에너지의 형태

물질과 에너지가 다르다는 거, 이해할 수 있겠니? 에너지의 형태에는 여러 가지가 있지만, 여기서는 상태가 변화할 때 발생하는 열에너지에 대해서 설명해 볼게. 독감에 걸리거나 몸살기가 있을 때 몸에 열이 나는 기분이 들 때 있지? 열에너지는 다양한 방식으로 방출되거나 흡수되지만 상태가 변할 때도 열에너지가 생기거나 사라질 수 있어.

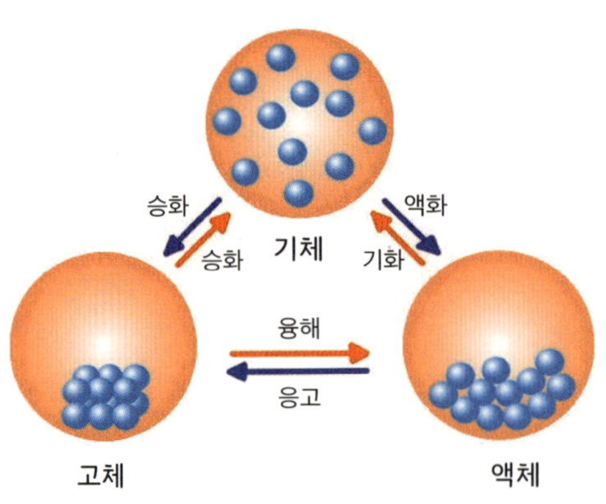

앞 페이지 그림을 한번 봐. 고체와 액체, 기체는 입자의 배열이 달라. 고체는 단단하다는 특징이 있기 때문에 입자들 사이의 간격이 좁고 액체는 흐르는 성질이 있어서 고체보다는 입자 사이의 거리가 조금 떨어져 있지. 기체는 흐르는 특징이 있어서 입자 사이의 거리가 매우 멀단다.

그런데 이 세 가지 상태가 변화하는 과정에는 열에너지가 관련이 있어. 보통 입자가 불규칙한 방향으로 상태가 변할 때는 열에너지가 흡수되고, 규칙적인 방향으로 상태가 변할 때는 열에너지가 방출돼. 그 이유는 입자 간에도 서로 당기려고 하는 인력이 있어서야. 그걸 극복하고 입자의 형태가 불규칙해지기 위해서는 그 인력을 극복하기 위한 만큼의 에너지를 얻어야 하기 때문이지.

예를 하나 들어 볼게. 더운 여름날 마시기 위해 얼음물을 챙겼어. 그런데 주변의 따뜻한 온도 때문에 얼음물이 천천히 녹기 시작해. 이때 고체 상태의 얼음물은 주변의 따뜻한 열을 흡수해서 인력을 극복하고 더

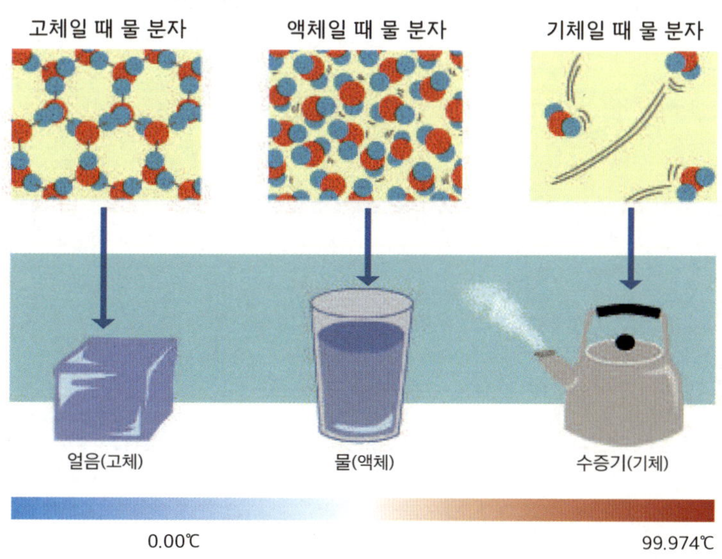

불규칙한 입자 배열인 액체 상태의 물로 상태가 변화하는 거야. 이때 일어나는 열에너지의 변화는 흡수라고 할 수 있지. 안경을 끼고 있을 때 추운 곳에서 따뜻한 곳으로 들어가면 안경에 김이 서리잖아. 장소를 옮기면 차가운 안경에 맺혀 있던 수증기가 열에너지를 빼앗겨 액체 상태의 김이 되는 거지. 열에너지는 다양한 에너지의 형태 중 하나야. 에너지에는 열에너지뿐만 아니라 운동에너지, 퍼텐션에너지, 전기에너지, 화학에너지, 핵에너지, 빛에너지, 태양에너지 등이 있어.

이 에너지들은 다양한 형태로 전환되기도 해. 휴대폰을 충전할 때는 전기에너지가 화학에너지로 변하는 거고, 스피커로 노래를 들을 때는 전기에너지가 소리에너지로 변하는 거야. 식물이 광합성을 하는 것은 빛에너지로 화학에너지를 만드는 과정이고, 반딧불이가 빛을 내는 것은 반딧불이 몸속에 있는 화학에너지가 빛에너지로 전환되는 거란다.

1. 연소 반응이 일어나기 위해 필요한 조건이 아닌 것은?

① 타는 물질　　　② 발화점　　　③ 산소　　　④ 냉각제

2. 아래의 글을 읽고 에너지의 근원은 무엇인지 적어 보자.

여러분! 아침에 눈을 뜨고 잠자리에 들 때까지 우리 몸을 움직이는 힘을 위한 에너지는 어디에서 오는 걸까요? 사실 이 모든 에너지의 근원은 바로 하늘에 떠 있는 반짝이는 태양에 있습니다. 태양은 우리에게 밝은 빛과 따뜻한 열을 선물해 줍니다. 이 태양의 빛 속에 어마어마한 에너지가 숨어 있어요. 초록색 햇살 냉장고인 나무나 풀 같은 모든 식물은 태양의 빛을 받아 자랍니다. 식물은 햇빛, 물, 이산화탄소를 이용해 자신만의 영양분을 만들고 에너지를 자기 몸 속에 꾹꾹 저장해요. 식물은 살아 있는 작은 햇살 저장고와 같은 셈이지요. 우리가 먹는 밥, 과일, 채소들은 모두 식물에서 왔거나 식물을 먹고 자란 동물에서 온 거죠? 그래서 우리가 음식을 먹으면 그 음식 속에 저장되어 있던 태양에너지가 우리 몸 속으로 들어와요.

아주아주 먼 옛날, 지구에 살았던 식물과 동물들이 땅속 깊이 묻히면서 엄청난 열과 압력을 받았어요. 오랜 시간 동안 이들은 '석탄', '석유', '천연가스'같은 에너지로 변했답니다. 이 연료들을 '화석연료'라고 부르는데 결국 이것들도 수억 년 전에 식물과 동물이 받았던 태양에너지가 변해서 만들어진 거예요. 이 화석연료를 이용해 난방을 하고, 자동차를 타고 하는 거죠.

바람이 불고, 비가 내려 강물이 흐르는 것도 다 태양의 역할이 커요. 태양이 지구를 따뜻하게 데우면 공기가 움직여서 바람이 되고, 태양 때문에 바다의 물이 증발해서 구름이 되고 비가 내리는 거기 때문이죠. 이렇게 불어오는 바람의 힘(풍력)이나 흐르는 물의 힘(수력)으로도 전기를 만들 수 있어요.

더 알고 싶어 119

📑 도서　▷ 영상　🔍 사이트

▷ **에너지는 어디에서 오는 걸까? (EBS 컬렉션-사이언스)**
50만 년 전 인류가 처음 불을 발견한 순간부터 시작하여 에너지를 해석해 보자. 불은 사실 위험할 때도 있지만 지구에게 주어진 선물이야. 불은 물질이 아니라 에너지 전환의 과정이라는 것을 역사적 관점에서 느껴 보자.

▷ **에너지란 무엇인가? (한화에너지가 알려 주는 에너지 이야기)**
에너지의 어원부터 열, 빛, 운동 에너지의 다양한 형태를 일상 속 예시로 알아보자. 음식을 먹고 뛰어다니는 것도 화학 에너지가 열에너지와 운동에너지로 전환되는 것이 참 신기해.

물질이 반응할 때 왜 온도가 변할까?

열에너지는 다양한 화학반응을 일으키고 있어.
목욕탕에 들어가거나 얼음을 손에 쥐거나 하는 것들도 열에너지가 이동하면서
생기는 화학반응이야.

학습 키워드　#흡열 반응　#발열 반응　#물질대사　#이화 반응　#동화 반응
교과 연계　중1 과학 > Ⅳ. 물질의 상태 변화
　　　　　　중2 과학 > Ⅴ. 식물과 에너지, Ⅵ. 동물과 에너지

열을 흡수하거나 방출하는 화학반응

온도란 뜨겁고 차가운 정도를 숫자로 나타낸 것이고 열에너지는 열 형태의 에너지를 뜻해. 어떤 물질이 열에너지를 흡수하면 그 물질의 온도는 높아지고 물질 주변 공간의 온도는 낮아져. 어떤 물질이 열에너지를 방출하면 그 물질의 온도는 낮아지고 물질 주변 공간의 온도는 높아지지. 예를 들면 체온이 36도인데 뜨거운 물이 담겨 있는 탕 속에 들어가면 몸이 뜨거운 물이 갖고 있는 열에너지를 흡수하면서 체온을 높여. 0도의 얼음을 손으로 만졌을 때도 손의 열에너지를 얼음이 빼앗아서 손은 차가워지고 얼음은 열에너지 때문에 녹아. 이런 현상은 우리가 일상에서 흔히 볼 수 있는 열을 흡수하고 방출하는 반응들이야.

화학반응을 할 때에도 당연히 열에너지가 교환돼. 앞에서 산과 염기

가 반응해서 물과 염을 생성하는 화학반응을 중화 반응이라고 했잖아. 중화 반응이 일어날 때는 중화열이 발생해서 주변 온도가 높아진 거 기억나지? 이렇게 열에너지가 교환되거나 출입하는 것은 물질이 변화할 때 일어나는 자연스러운 모습이야.

동화 작용과 이화 작용

화학반응은 우리 몸속에서도 '물질 대사'라는 방식으로 일어나고 있어. 물질 대사란 생명체 내에서 물질이 분해되거나 합성되는 모든 화학 반응을 뜻해. 물질 대사는 동화 작용과 이화 작용으로 나눌 수 있어. 동화 작용은 작은 분자가 큰 분자가 되는 합성 반응을 말해. 광합성이나 단백질을 합성하는 반응이지. 반대로 이화 작용은 큰 분자에서 작은 분자가 되는 분해 반응이야. 세포 호흡과 소화 등이 이화 작용이지. 동화 작용이나 이화 작용을 할 때 열에너지가 흡수되거나 방출되는 이유는 반응물과 생성물이 갖고 있는 에너지 때문이야.

예를 들어 광합성 반응에서 반응물은 이산화탄소와 물이고, 생성물은 포도당과 산소야. 이산화탄소, 물, 포도당, 산소 각각은 분자를 이뤄 존재할 수 있는 에너지를 갖고 있어. 분자나 원자가 결합해서 존재하려면 그만큼의 에너지가 필요한 법이야. 따라서 반응물과 생성물의 에너지 차이가 열에너지의 방출과 흡수를 결정하는 거지. 만약 반응물의 에너지가 생성물의 에너지보다 작으면 열에너지를 주변에서 흡수하는 반응이 일어나고, 반대라면 열에너지를 주변에 방출하는 반응이 일어나.

다음 그래프의 x축은 반응의 진행으로, 오른쪽으로 갈수록 반응물에서 생성물로 변하는 걸 가리켜. y축은 에너지로 물질이 갖고 있는 에너지를 숫자로 나타낸 거야. 왼쪽 그래프에서는 반응 물질이 생성 물질

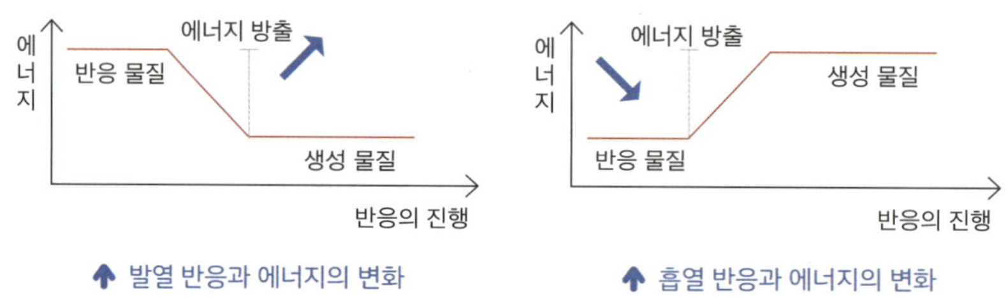

↑ 발열 반응과 에너지의 변화

↑ 흡열 반응과 에너지의 변화

보다 에너지가 높은 상황이야. 그래서 에너지가 많은 반응물에서 에너지가 적은 생성물로 변할 때 에너지를 방출하면서 열을 방출하는 발열 반응이 일어나는 거지. 오른쪽의 경우는 그 반대라서 주변으로부터 에너지를 흡수하는 흡열 반응이 일어나는 거고 말이야.

추운 날 쓰곤 하는 일회용 핫팩이 바로 발열 반응을 이용해서 만든 거야. 핫팩 안에 든 철가루나 소금이 봉지를 뜯자마자 산화철로 변하는 산화 반응이 일어나면서 열이 발생하는 거야.

흡열 반응의 예로는 어떤 것들이 있을까? 이산화탄소가 빛에너지를 흡수해 포도당과 산소를 만드는 광합성이 바로 흡열 반응으로 일어나는 거야. 빛에너지를 이용해 더 높은 에너지를 가진 생성물을 만드는 것도 흡열 반응이지. 냉각 팩도 흡열 반응을 이용해서 만든 거야. 질산암모늄이 물에 용해되면 열을 흡수하면서 질산이온과 암모늄이온으로 분리되는 원리를 이용한 거지.

$$NH_4NO_{3(S)} \xrightarrow{H_2O} NH_4^+ + NO_3^-$$

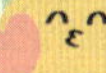

1. 물질이 열에너지를 흡수하면 어떤 결과가 발생할까?

　① 물질의 온도가 낮아진다.

　② 물질의 온도가 높아진다.

　③ 주변 공간의 온도가 높아진다.

　④ 물질의 상태가 고체로 바뀐다.

2. 다음 표를 채우면서 물질의 변화와 주변 온도의 변화를 체크해 보자.

	주변에서 물질이 열을 흡수하는 경우	주변으로 물질이 열을 방출하는 경우
	열 물질	열 물질
물질의 변화	보다 (높은, 낮은) 에너지로 변화하거나 물질의 온도가 올라간다.	보다 (높은, 낮은) 에너지로 변화하거나 물질의 온도가 내려간다.
주변 온도의 변화	☐ 올라간다　☐ 내려간다	☐ 올라간다　☐ 내려간다

3. 화학반응이 일어날 때 에너지 교환이 발생하는 이유는?

　① 반응물이 가진 에너지 차이 때문

　② 온도가 일정하기 때문

　③ 물질이 고체 상태이기 때문

　④ 반응물이 고농도일 때만 반응하기 때문

더 알고 싶어 119

📖 도서　▷ 영상　🔍 사이트

▷ **이번에는 폭염과 동거하는 법을 배워야 한다? (알쓸별잡)**
지구적인 에너지는 정말 규모가 큰 에너지야. 지구의 평균 온도가 손 쓰기 어려울 정도로 계속 높아지고 있는데, 이 에너지라는 것이 지구를 이해할 때 얼마나 중요한지 이 영상을 보고 느껴 보면 좋겠어.

효소는 우리 몸에서
어떤 역할을 할까?

효소의 정체와 역할

효소는 우리 몸에 반드시 필요한 요소야. 대부분 촉매 작용을 하고 있지.
효소와 그 역할에 대해 알아보자.

학습 키워드　#효소

교과 연계　중2 과학 〉 V. 식물과 에너지, VI. 동물과 에너지
　　　　　　　중3 과학 〉 I. 화학반응의 규칙성

우리 몸속의 효소

밥을 씹으면 왜 달콤해질까? 밥이 변신한 걸까 아니면 내 혀가 이상한 걸까? 비밀은 침 속에 있어. 침 속에는 아밀레이스Amylase라는 물질이 있는데 이게 바로 오늘 배울 효소야. 효소는 화학 반응을 빠르게 만드는 촉매야. 원래 밥(녹말)은 포도당이 수천 개씩 비엔나처럼 이어져 있는 구조인데 너무 커서 우리의 혀는 단맛을 못 느껴. 그러다가 아밀레이스가 효소로 작용해서 잘게 자르면 포도당처럼 작은 당이 되어 단맛이 느껴지는 거지. 만약 효소가 없으면 녹말이 포도당으로 분해되는 데 며칠이 걸릴 거야. 그래서 효소가 부족하면 건강 이상 증세가 나타나기도 해.

놀랍게도 세제에도 효소가 들어 있어. 세제 뒷면 성분표에는 프로테아제Protease, 리파아제Lipase 등도 들어 있는 경우가 있어. 효소는 우리

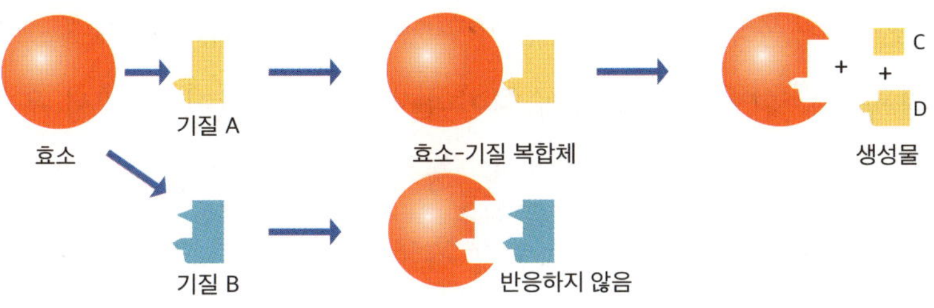

▲ 효소의 기질 특이성(열쇠와 자물쇠 모델)

생물 몸 안에만 있는 거 아니었냐고? 아니야. 효소는 단백질로 만들어진 분자라 세제 같은 공산품에도 넣을 수 있어.

효소는 온도에 매우 민감해. 효소는 단백질이기 때문에 너무 차가우면 움직임이 느려지고 너무 뜨거우면 변성되어 작동이 불가능해. 그래서 효소는 적당한 온도에서 가장 활발하게 활동할 수 있어. 미지근한 물에 빨래를 할 때 때가 잘 빠지는 것도 그런 이유야. 우리 몸도 똑같아. 우리 몸이 37℃인 이유도 바로 효소가 가장 잘 작동하는 온도이기 때문이지.

우유만 마시면 배가 아픈 친구 있어? 요새는 소화 잘 되는 락토프리 우유가 나오기도 하지만 일반 우유를 먹으면 배가 아픈 친구들 아마 있을 거야. 우유 속에는 유당Lactose라는 당이 들어 있는데, 이걸 분해할 때 락테이스 효소가 필요하기 때문이야. 그런데 어떤 사람들은 락테이스 효소가 부족하다고 해. 특히 동양인은 성인의 75%가 락테이스가 부족하대. 락테이스가 부족하면 유당이 소장에서 흡수가 잘 되지 않아서 유당이 대장까지 내려가게 되고 대장 속 세균들이 유당을 발효시켜 가스가 발생하거나 설사, 복통이 나타나는 거지. 시중에 파는 락토프리 우유는 미리 락테이스 효소를 넣어 유당을 분해해 놓은 우유야.

효소는 촉매의 한 종류인 셈인데, 촉매는 다시 정촉매와 부촉매로 나눌 수 있어. 정촉매는 낮은 온도에서도 화학반응이 일어날 수 있게 하고 부촉매는 높은 온도여도 화학반응이 일어나지 않게 해. 정촉매 효소가 없다면 몸속에서 화학반응이 쉽게 일어나지 않을 수 있어. 그래서 우리 몸에는 생체 촉매가 반드시 있어야 해. 생체 촉매가 없다면 소화가 얼마나 오래 걸릴지 몰라. 많은 효소 연구가 효모를 기반으로 이루어졌어. 효소라는 이름도 효모에서 비롯되었지. 효모는 맥주나 빵, 와인 같은 발효 음식과 음료를 제조하는 데 쓰이는 미생물이야.

생체 효소는 한 가지 종류만 있는 게 아니라 무수히 많은 역할을 하고 역할에 따라 효소들이 정해져 있어. 우리 몸에서 전분, 단백질, 지방을 분해하는 효소는 각각 달라. 효소는 각 영양소를 구분하기 위해 특이한 구조를 갖고 있지. 효소가 작용하는 특정한 반응 물질을 기질이라고 해. 특정 효소는 마치 열쇠와 자물쇠처럼 특정한 기질에만 반응하지.

효소와 활성화 에너지

효소는 재사용도 할 수 있어. 반응이 끝난 효소는 생성물과 분리되거든. 낮은 온도에서 효소의 화학반응이 빠르게 일어날 수 있는 이유는 화학반응에 필요한 활성화 에너지와 관련 있어. 활성화 에너지란 반응물이 화학반응을 일으키기 위해 필요한 최소한의 에너지인데, 효소가 없을 때보다 효소가 있을 때 활성화 에너지가 작기 때문에 반응이 빠르게 일어나는 거지. 또 활성화 에너지를 낮춰서 낮은 온도에서도 일어날 수 있게 만들기도 해. 가령 돼지고기 편육을 먹을 때 새우젓과 함께 먹는 이유는 새우젓에 단백질 분해 효소와 지방 분해 효소가 들어 있기 때문이야. 치약에는 치아에 붙어 있는 탄수화물을 가수분해(물을 가하여 탄수화물을 분해)할 수 있는 효소가 들어 있지. 생활하수와 공장 폐수 속에 있는 오염 물질을 분해하기 위해 미생물이 갖고 있는 효소를 활용하기도 해.

1. 효소의 주된 역할은 무엇일까?

① 체온 조절   ② 화학반응 촉진   ③ 영양소 저장   ④ 세포 보호

2. 효소가 작용하는 특정한 반응 물질을 무엇이라고 부를까?

① 반응물   ② 생성물   ③ 기질   ④ 촉매

3. 아래 글을 읽고 왜 파인애플을 먹으면 입이 아린지 짧은 글을 써 보자.

힌트 어렵다면 '파인애플, 입 안, 혀, 단백질, 단백질 분해 효소' 같은 단어를 사용해서 써 봐.

> 파인애플을 먹고 나면 가끔 혀나 입 안이 조금 따갑거나 찌릿한 느낌이 들 때가 있었나요? 맛있는 과일에서 왜 이런 느낌이 나는 걸까요? 파인애플에는 고기를 부드럽게 만들어 주는 특별한 가위인 단백질 분해효소, 즉 브로멜라인이라고 하는 물질이 들어 있어요. 고기처럼 우리 혀와 입 안의 부드러운 살도 사실 단백질로 이루어져 있지요.
>
> 만약 우리가 파인애플을 냠냠 먹으면 파인애플 속의 단백질 분해 효소가 우리 입 안의 단백질을 아주 미세하게 건드리게 됩니다. 마치 작은 가위들이 입 안을 만지는 것과 같습니다. 그래서 따갑거나 찌릿한 느낌이 드는 거예요. 그런데 이 효소는 그렇게 강한 편은 아니라서 대개 아린 느낌은 금방 사라져요. 하지만 너무 많이 먹거나 예민한 친구들은 더 많이 느낄 수 있습니다. 아, 그리고 혹시 입이 아린 것 외에 두드러기나 기침이 난다면 알레르기 반응일 수 있으니 조심해야 합니다.

👍 더 알고 싶어 119

▤ 도서 ▷ 영상 🔍 사이트

▷ **[간장불고기] 30분만에 돼지고기 숙성하는 비법은? (MBN)**
질긴 돼지고기나 소고기를 부드럽게 만드는 것을 연육을 했다고 해. 요리할 때도 과학이 쓰이는 상황이지. 연육할 때는 효소가 필요해. 파인애플과 같은 과일에는 천연 단백질 분해 효소가 들어 있어. 그래서 파인애플을 곁들이는 음식들은 보통 고기가 있는 음식들이야.

감기는 왜 걸리는 걸까?

우리 몸 안의 미생물과 면역 반응

나쁜 미생물이 우리 몸에 들어오면 감기에 걸려.
우리 몸은 감기와 싸우기 위해 면역 반응을 일으키지.

학습 키워드 #미생물 #면역
교과 연계 중2 과학 > Ⅵ. 동물과 에너지

우리 몸 속 미생물과 세균

우리 몸에는 정말 많은 세균과 바이러스, 미생물들이 살고 있어. 어떤 미생물은 우리가 먹은 음식의 영양분을 받아먹고 기생하며 살기도 하지. 그런데 충격적인 사실 하나 알려 줄게. 너의 몸무게 중 약 3kg은 미생물이야! 60kg의 사람이라면 그중 3kg이 미생물, 즉 20분의 1정도가 미생물인 거지. 너의 몸은 100조 마리의 미생물이 사는 거대한 아파트인 거야. 특히 장 속에 미생물이 많이 살고 있는데 피부, 입, 코나 폐 눈에도 여러 미생물들이 있어. 눈속에는 심지어 눈물에도 있지. 미생물이 없는 곳은 거의 없고 미생물의 수가 갑자기 줄어들면 좋지 않은 질병이 생길 수도 있어.

우리와 함께 살아가고 있는 장 속 미생물 중에도 좋은 게 있고 나쁜 게 있어. 우리 몸에 이로운 균은 유익균이라고 하고, 해를 끼치는 균은 유해균

이라고 불러. 유해균에는 식
중독 같은 질병을 유발하는
병원균이나 살모넬라, 이질
균 등이 있어

우리 몸에 살고 있지만
해를 끼치거나 이롭지 않은
균은 무해균이라고 해. 사실
균형이 제일 중요해. 유익균
: 유해균 = 8 : 2 정도가 가
장 건강한 장이라고 해. 만
약 유해균이 늘어나면 피부
트러블과 면역력 저하도 나
타날 수 있어서 유산균을 먹
어 보충하는 거야.

감기를 일으키는 미생
물에는 박테리아 종류인 폐
렴구균, 마이코플라즈마가
있어. 바이러스 종류로는
코로나바이러스, 아데노바
이러스, 라이노바이러스 등
이 있지. 이런 미생물이 우
리 몸 안에 들어온다고 해서
무조건 감기에 걸리는 것은
아니야. 우리의 코나 입, 목

우리 몸의 유익균

이름	특징
락토바실러스	• 유산균 음료에 들어 있는 바로 그것 • 주로 소장에서 활동 • 장 건강과 면역력에 도움이 되는 유익균이 늘어나는 것을 돕고 병원균이나 발암물질 같은 유해균은 억제시키는 역할
비피도박테리움	• 아기 분유에 꼭 들어가는 균 • 주로 대장에서 활동 • 변비나 설사 같은 장에서 일어나는 질환을 나아지게 하는 효능이 있음. • 면역력 증진, 종양 억제, 알러지 완화 효과
박테로이데테스	• 날씬한 사람의 장 속에 많음 • 우리가 섭취한 음식의 소화를 돕고 인체의 영양분을 생성함 • 지방 흡수를 억제해 비만 예방
퍼미큐티스	• 이게 너무 많으면 살이 찔 수도? • 지방의 흡수를 촉진
클로스트리디움	• 염증성 장염 같은 장 질환, 아토피 같은 자가면역질환과 관련

안에 들어온 미생물의 숫자가 많아지면 감기에 걸리지. 우리 몸이 미생물과 싸우면서 얼마 안 가 콧물이나 열, 몸살 같은 감기 증상이 생기는 거야.

감기는 보통 코에서 시작되는 경우가 많아. 세균이나 바이러스는 적당한 온도와 적절한 습도, 영양분이 많은 환경을 좋아해. 우리 몸 중에 어느 정도 습도도 있고 체온이 잘 유지되는 부위가 바로 콧속이고, 몸 안으로 쉽게 침입해 들어오기도 쉬운 곳이야.

감기 vs 독감 vs 코로나 무엇이 다를까?

감기는 리노바이러스 등의 바이러스로 인한 것이고 독감은 인플루엔자로부터, 코로나19는 특정 바이러스라는 명확한 원인이 있어. 독감 백신을 매년 맞는 이유는 인플루엔자 바이러스가 매년 변형되기 때문이야. 작년 바이러스와 올해 바이러스는 달라서 작년 기억 세포로는 막지 못하기 때문에 새로운 백신을 맞을 필요가 있어. 반면 홍역이나 수두 백신은 바이러스가 거의 변하지 않기 때문에 한 번 맞으면 평생 효과를 볼 수 있지.

면역 반응이란?

나쁜 미생물이 몸속에 들어오면 우리 몸이 자신을 지키기 위해 면역 반응을 일으켜. 면역 반응을 일으키는 주인공은 항원과 항체야. '항원'은 세균이나 독소 같은 물질이고 '항체'는 항원이 몸 안에 들어오면 이를 막기 위해 핏속에서 만들어지는 물질이야. 면역 반응은 바로 항체와 항원이 서로 싸우면서 일어나는 현상이지. 즉 면역이란 특정한 항원에 대한 항체와 기억 세포가 생겨나서 저항성을 지니는 현상을 뜻해. 우리 몸은 T림프구에 의한 세포성 면역 반응과 B림프구에 의한 체액성 면역반응을 갖고 있단다.

1. 면역 반응에서 항원과 항체의 역할은?

① 항원은 몸을 보호하고 항체는 공격한다.

② 항원은 세균이나 독소, 항체는 이를 막기 위해 만들어진다.

③ 항체는 세균을 생성하고 항원은 이를 막는다.

④ 항원과 항체는 같은 물질이다.

2. 다음 미생물들을 유익균과 유해균으로 분류해 보자.

힌트 본문에 실린 미생물들의 예시를 잘 읽어 보자. 특히 대장균의 일부는 유해균이라는 설명이 있었는데 대장균 O157은 세포에 벽돌처럼 쌓여 대량의 독소를 생산하는 특징이 있어.

락토바실러스　　　폐렴구균　　　비피도박테리움　　　살모넬라
박테로이데테스　　대장균 O157

유익균

유해균

3. 감기, 독감, 코로나 19를 비교하는 표를 완성해 보자.

구분	감기	독감	코로나19
원인바이러스	리노바이러스 등 다양	(가)	SARS-CoV-2
주요 증상	콧물, 기침, 재채기, 코막힘 등	(나)	발열, 기침, 호흡곤란, 미각 후각 상실, 피로감
위험도	낮음	(다)	높음
백신유무	없음	(라)	있음
치료 방법	휴식	항바이러스제	(마)

👍 **더 알고 싶어 119**　　　📖 도서　▶ 영상　🔍 사이트

▶ **영화 〈컨테이전〉**

현대 사회에서 미생물이 어떻게 전파되고 그로 인해 발생하는 전염병이 어떤 위험을 미치는지 사실적으로 표현한 영화야. 전 세계를 위협하는 감염병의 발생과 이를 극복하기 위한 과학자들의 노력을 생생하게 그려냈어. 영화는 미생물학, 역학 그리고 공중보건의 중요성을 강조하고 있지. 단순한 스릴러를 넘어서 우리가 직면할 수 있는 현실적 위험과 과학의 힘을 보여 주고 있어.

방사성을 띠는 원소가 있다고?

모든 원자는 원자핵 주변을 전자들이 둘러싼 형태야.
이때 전자들도 에너지가 있는데, 에너지준위가 가장 낮은 상태인 것을 바닥 상태,
불안정한 상태에 놓인 것을 들뜬 상태라고 해.

학습 키워드　#핵물리학 #방사능물질
교과 연계　중2 과학 〉 Ⅳ. 물질의 구성

방사능과 방사성 물질

기본적으로 방사능은 우리와 주변에서 함께 공존하고 있지만 인체에 영향이 없는 소량이라서 살아가는 데에 특별히 문제를 일으키지는 않아. TV를 보거나 병원에서 CT를 찍을 때, 공항에서 검색대를 지날 때도 방사능의 영향을 받고 있지. 하지만 방사선에 노출되어 피해를 입을 수도 있어. 그걸 '피폭'이라고 해.

모든 원자는 원자핵 주변을 전자들이 둘러싼 형태의 구조이고, 전자들이 갖고 있는 에너지가 안정적이면 바닥 상태, 불안정하면 들뜬 상태라고 하지. 자연의 물질들은 들뜬 상태에서 바닥 상태로 가려는 성질이 있어. 그런데 외부에서 에너지를 들뜬 상태로 가도록 힘을 가하지 않아도 원자의 상태가 원래부터 불안정한 원소들이 있어. 그런 물질들을

방사성 물질이라고 해. 원자 번호가 큰 우라늄U, 92번, 라듐Ra, 88번, 라돈 Rn, 86번이 대표적이야. 이 물질들은 원자핵이 붕괴하면 방사선을 방출해.

방사선이란 물질을 투과할 수 있는 광선과 같은 높은 에너지의 전자파야. 알파선, 베타선, 감마선이 방사선 물질을 방출하는데, 인체에 침투하는 경우 알파선이 아주 큰 피해를 유발한다고 알려져 있어. 방사능은 방사선을 방출하는 능력을 말해.

우리 주변의 방사성 물질

바나나에는 칼륨K이 많이 들어 있어. 칼륨은 우리 몸에 꼭 필요한 무기 물질이지. 그런데 칼륨에도 여러 동위원소가 있는데, 동위원소는 원소의 종류는 같은데 중성자수가 다른 것을 말해. 칼륨-39K-39는 양성자 19개에 중성자 20개로 안정한 물질인데, 칼륨-40K-40은 양성자 19

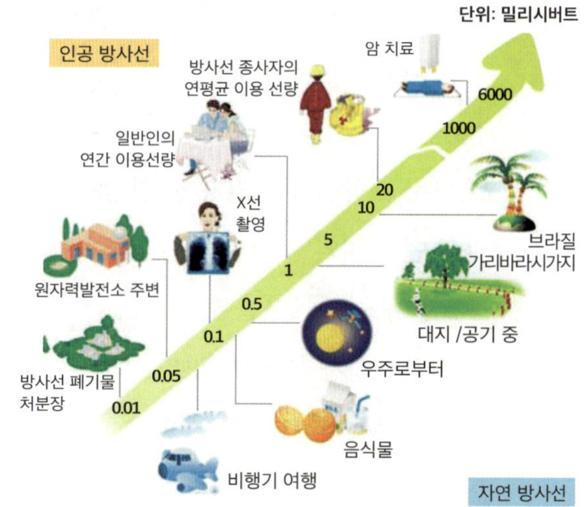

개에 중성자 21개로 불안정하다는 특징이 있어. 또 칼륨-41K-41은 양성자 19개에 중성자 22개인데 안정적이야. 칼륨-40은 불안정해서 천천히 붕괴하며 우리가 아는 방사선을 내. 그럼 바나나를 많이 먹으면 위험할까? 전혀 아니야. 오히려 과학자들은 바나나를 방사선 측정 기준으로 쓸 정도야. 비행기를 2시간 탑승하면 바나나를 10개 먹은 것과 같대. 흉부 X-ray를 찍게 되면 바나나 1,000개를 먹은 것이고 서울과 뉴욕을 왕복

하는 비행기를 탄 것도 바나나 1,000개를 먹은 것 정도라고 해. 즉 바나나 1개를 먹어서는 위험하지 않다는 이야기야. 이렇듯 자연 방사선은 어디에나 있어. 우주에서 날아오는 고에너지 입자로부터, 땅에서, 음식에서, 우리 몸에서도 자연 방사선은 항상 존재해.

방사능 물질에 노출되면 눈에 보이지 않는 총알 같은 강력한 에너지가 온몸을 관통하면서 우리 인체의 DNA를 끊어 내게 돼. 많은 양이 아니라면 세포 자체에서 회복이 이루어지지만 그 과정에서 돌연변이가 발생할 수도 있어. 돌연변이가 발생하면 암 발생률이 높아지고, 회복이 불가능한 양인 경우 세포가 죽거나 면역체계가 망가져서 신체가 녹아내리기도 해.

우리가 일상생활을 할 때 1년에 피폭받는 평균 방사선이 2.4mSv인 점을 감안해서 다음 자료를 살펴보자. 1986년 발생한 체르노빌 원전 사고로 당시 소방관과 작업자 중 상당수가 방사선 증후군으로 사망했고 그 후 몇십 년간 지역 주민과 자녀 세대에 걸쳐 암 발생률이 증가했어.

방사능을 연구한 과학자로는 퀴리 부부가 있어. 남편은 프랑스 출신의 물리학자 피에르 퀴리, 부인은 폴란드 출신의 화학자 마리 퀴리야. 퀴리 부부는 함께 방사선 연구를 하며 과학계에 위대한 업적을 남겼어. 1903년에 함께 노벨 물리학상을 받았지. 남편은 교통사고로 부인보다 먼저 숨을 거뒀지만 이후에도 퀴리 부인은 방사능에 대한 연구를 쉬지 않았어. 그 결과 방사능에 지속적으로 많이 노출되는 바람에 골수암, 백혈병 등이 발병해서 돌아가셨어.

사실 그 당시에는 방사선 물질의 위험성에 대해 잘 몰랐어. 라듐이라는 방사선 물질은 스스로 빛을 내니 신기해서 엄청 인기를 끌기도 했지. 1900~1920년대에 라듐은 야광 시계, 야광 페인트, 건강식품, 화장품에 사용되었어. 라듐이 건강에 좋다는 광고까지 나왔다고 해. 당시 시계 공장에서는 여성 노동자들이 라듐 페인트로 시계 숫자판을 그렸대. 붓에 라듐 페인트를 묻히고 입으로 붓 끝을 빨아 뾰족하게 만든 다음 시계 숫자를 그리다 보니 라듐을 점점 조금씩 섭취하게 되었지. 그래서 뼈암이 발병하거나 턱뼈가 녹아내리는 결과가 나타나서 이들을 라듐 걸스라고 부르게 했어. 엄청난 비극이었지.

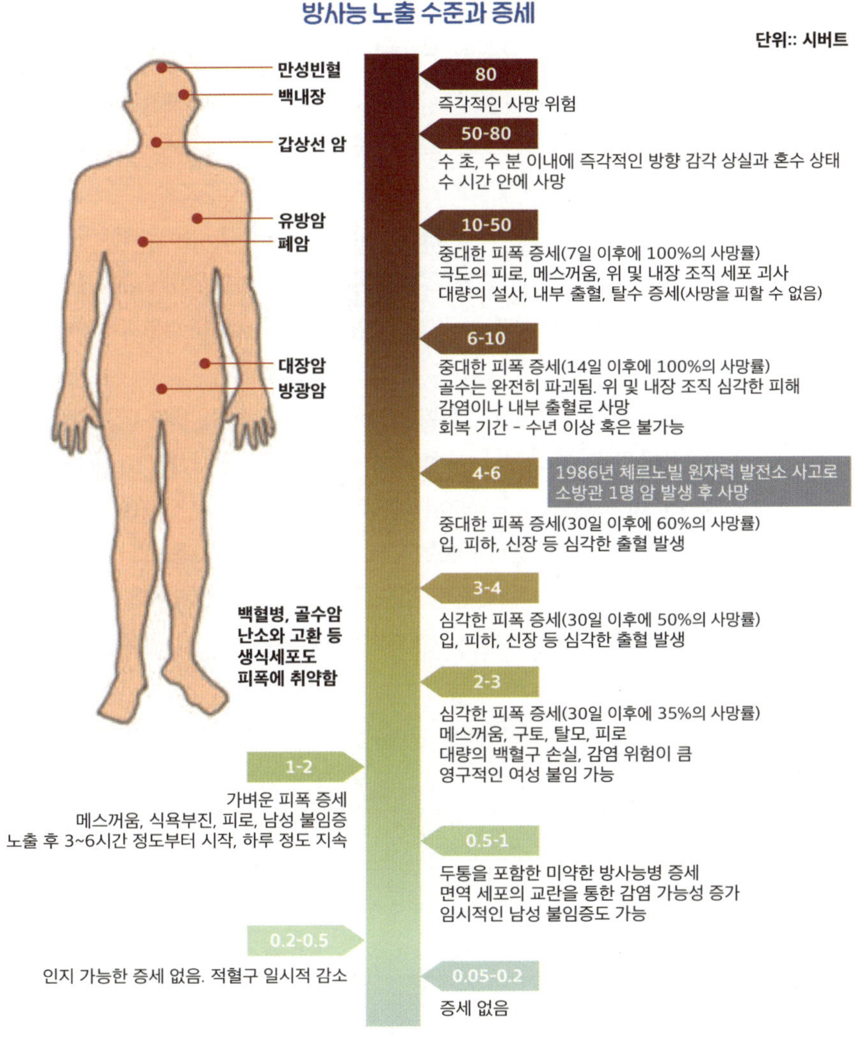

1. 방사성 물질의 예로 옳지 않은 것은?

① 우라늄　　　　② 라돈　　　　③ 수소　　　　④ 라듐

2. 다음 글을 읽고 인상 깊은 방사선을 적어 보자.

우리는 자연에서 배출하는 자연 방사선과 인간의 활동으로 인해 발생하는 방사선 속에서 살고 있어요. 방사선이 좋지 않은 물질인 것은 맞지만 이 정도는 인체에 유해하지 않은 수준이랍니다. 어떤 것에서 방사선이 나오는 지 알아볼까요?

먼저 자연 방사선이예요. 우주 방사선이 대표적인데 우주에서 지구로 쏟아지는 방사선입니다. 고도가 높을 수록 태양과 가깝기 때문에 노출 정도가 강해진다는 특징이 있어서 비행기에 타면 노출량이 증가합니다. 지각에서도 방사선이 발생하는데 이것을 지각 방사선이라고 해요. 땅이나 건축 자재 등에 포함된 우라늄, 토륨, 칼륨 등 자연 방사성 물질에서 나옵니다. 우리가 먹거나 마시는 음식에 포함된 칼륨에서 나오는 체내 방사선도 있어요. '라돈'이라고 하는 토양이나 건축 자재에서 나오는 무색무취의 자연 방사성 기체는 건물 내부에 축적되어 호흡기를 통해 인체에 노출될 수 있어요.

인공적으로 인간의 활동으로 인해 발생하는 방사선에 대해 알아봅시다. 먼저 의료 방사선이예요. 치과를 가거나 CT를 촬영하는 경우에도 방사선에 노출될 수 있어요. 인공 방사선 노출의 상당 부분이 이 의료 방사선인데 질병 진단과 치료에 필수적인 경우에는 노출에 대한 이익이 더 크다고 판단되어서 사용하고 있지요. 하지만 의료 방사선에 자주 노출되는 경우는 피해야겠지요? 산업/연구용으로 사용되는 방사선도 인공 방사선이고 원자력 시설의 방사선도 인공 방사선에 해당합니다.

인상 깊은 방사선	이유	더 알아보고 싶은 점

 더 알고 싶어 119

▣ 도서　▷ 영상　🔍 사이트

▷ 드라마 〈체르노빌〉

원자력 발전소 폭발 사고에 관한 드라마야. 피폭에 의한 인체의 증상도 엿볼 수 있고 방사능에 대해 깊이 이해할 수 있으니 시간이 난다면 꼭 봤으면 좋겠어.

과학을 이용해 범죄를 해결하는 법과학자

법과학이라고 들어 봤니? 법과학은 과학적 범죄 수사 방법을 말하는데 포렌식 수사라고도 해. 1979년 최초로 거짓말 탐지기를 범죄 수사에 도입하면서 우리나라에서도 본격적으로 과학 수사가 시작됐어. 법과학에는 법의학, 유전자 감식학 등 다양한 분야가 있지.

법과학은 범죄 수사와 법적인 문제 해결에 과학적 방법을 적용하는 학문이야. 법과학자는 범죄 현장에서 수집된 증거를 분석하고 그것을 통해 사건의 진실을 밝혀 내는 역할을 하고 있어. 증거를 분석할 때는 혈흔, 지문, 모발, 섬유 등 다양한 물질을 과학적으로 분석하지.

법과학자들이 하는 일

법과학자들은 정말 많은 일을 해. 범죄 수사와 관련된 학문을 적용하는 일은 그 범위와 종류가 많아서 나열하기도 어려울 거야. 그중에 우리가 친숙하게 알고 있는 것들을 소개해 보려고 해. 시신이 언제 사망했는지 정확한 시간을 파악하기 위해 보통은 시신의 부패 정도를 분석하지. 그런데 사망한 지 오래된 시신의 경우에는 시신에서 발견된 구더기들의 DNA를 분석하거나 사건 현장의 온도와 구더기 무리의 온도가 포함된 현장 기록지를 토대로 구더기의 성장 속도를 분석해서 시신의 사망 시점을 확인할 수 있어. 우리가 징그럽게만 생각했던 구더기를 이용해 시신의 사망 시간을 밝힌다니 정말 놀라운 일이지?

혈흔을 감식하는 것도 중요한 일이야. 핏방울이 많이 튄 사건 현장이 있을 때는 피가 튄 각도와 면적 등을 파악하면 현장에서 몇 차례 둔기를 휘둘렀는지 무기가 망치처럼 둔탁한 건지, 칼처럼 예리한 건지 등을 알 수 있대. 범인이 혈흔을 지우려고 청소를 했다면 어떻게 해야 할까? 루미놀 반응을 사용하면 돼. 루미놀 반응은 혈흔과 반응하면 청백색을 띠는데, 그 감도가 매우 뛰어나서 육안으로 보이지 않더라도 반응을 확인할 수 있어서 수사 현장에서 매우 유용하게 사용되고 있어. 깨끗하게 치운 방에서도 범죄의 증거를 확인할 수 있다니! 완전 범죄란 없겠다는 생각이 들지?

지문을 찾아야 할 때는 어떤 방법을 사용할까? 지문을 감식하는 방법에는 분말법, 액체법, 기체법 등이 있어. 분말법은 미세한 분말을 유리 등 표면이 평평하고 매끄러운 물체에 적용하고, 액체법은 화학적 반응을 일으켜서 지문을 검출하는 방법이야. 기체법은 아이오딘과 같은 승화성 물질을 이용해 지문을 검출하는 방법이지. 지문을 채취한 뒤에는 어떤 유형의 지문인지 분류해야 해. 지문은 크게 궁상문, 요측제상문, 척측제상문, 와상문이 있어. 내 엄지손가락은 어떤 유형인지 찾아보자.

만약 지문의 유형을 나눴다면 지문의 융선이나 간격, 형태, 단점(끊어지는 부분), 분기점(갈라지는 부분) 등 세밀한 부분까지 컴퓨터로 비교해서 지문의 주인을 찾을 수 있어.

법과학자가 되려면

만약 법과학자가 되고 싶다면 관련 전공을 선택하고 법학 관련 과목도 공부해야 해. 법과학 관련 학위를 취득해서 대학원까지 진학한다면 더욱 전문적인 지식을 쌓을 수 있을 거야. 실습 경험이 매우 중요하기 때문에 실제 사례를 경험하면서 실력을 쌓으면 좋겠지. 최근에는 범죄가 점점 더 교묘해지고 있어. 이에 따라 법과학자의 역할도 더욱 중요해지고 있지. 범죄 수사에서 정확한 증거를 분석하는 일은 사건 해결의 열쇠가 되기 때문에 법과학자의 수요는 계속 증가할 거야. 또한 최신 기술이 발전함에 따라 법과학의 범위가 넓어지고 있고, 새로운 수사법도 생겨나고 있어서 앞으로도 발전할 가능성이 높은 직업이야.

3부
에너지의 움직임,
힘과 변화를 만들다

우리 주변에는
어떤 에너지가 있을까?

다양한 에너지의 종류

지구에는 많은 에너지의 흐름이 만들어지고 있어.
태양에서 만들어진 에너지는 다양한 에너지로 변하면서
지구의 환경을 일정하게 유지시키는 역할을 하지.

학습 키워드　#에너지　#에너지의 흐름
교과 연계　중3 과학 〉 Ⅲ. 수권과 해수의 순환
　　　　　　　중3 과학 〉 Ⅳ. 운동과 에너지

에너지는 지구와 생명체가 존재하는 자연을 조용히 움직이고 있어. 태양에너지를 예로 들어 볼게. 태양에너지가 일으키는 현상에는 어떤 것들이 있을까? 태양에너지는 식물이 광합성을 하도록 도와주고 기온을 높여서 물이 얼지 않게 해 주고 있어. 그래서 생명체가 살기 위해 필요한 물을 적당한 상태로 유지해 주지. 또 태양을 이용해 전기에너지를 만들어 사용할 수도 있어. 지구에서 일어나는 많은 자연현상은 에너지의 흐름에 따라 나타나고 있는데, 대표적으로 태풍은 따뜻한 바다에서 해수가 증발하면서 발생하는 기상 현상이야.

태풍 에너지

기상 위성이 찍은 다음 사진은 약 3만 6,000km 상공에서 태풍을 내려다본 거야. 희고 둥근 덩어리가 태풍이고 중심에 있는 검은 부분이 태풍의 눈이지. 태풍은 적도 부근이 극지방보다 태양열을 더 많이 받으면서 생기는 열의 불균형을 없애는 역할을 해.

위도가 낮은 지방의 따뜻한 공기가 바다로부터 수증기를 공급받으면 강한 바람과 많은 비를 동반하면서 위도가 높은 곳으로 이동하는 것이 태풍이지. 태풍이 태양에너지를 지구 전체에 균등하게 이동시켜 주지 않으면 이상기후 같은 문제가 생길 수 있어. 위도에 따른 기온 차이가 많이 나면 생명체가 살아가기 곤란해질 수도 있지. 태풍은 수증기로 증발할 때(기화) 열에너지를 흡수하고, 수증기는 구름이 되면서(액화) 열에너지를 방출해. 전체적으로 보면 수권에서 기권으로 에너지가 흐른다는 걸 알 수 있지. 수권과 기권 등 지구의 권역은 뒤에서 살펴보도록 하자.

해류 에너지

마찬가지로 해류도 에너지를 순환시켜 주고 있어. 지속적이고 일정해서 비교적 따뜻한 해수의 흐름인 난류와 비교적 차가운 해수의 흐름인 한류가 서로 흐르면서 위도가 낮은 곳과 위도가 높은 곳의 에너지를 순환시키는 역할을 하고 있지.

물의 순환은 에너지의 흐름인 동시에 물질이 순환하는 방식 중 하

나라고 볼 수 있어. 이때의 물의 순환은 해류와는 좀 다른 관점이야. 강이나 바다, 호수 등의 물은 태양에너지를 흡수해서 수증기가 되고, 이 수증기는 대기로 상승해서 구름을 만들지. 구름은 다시 비나 눈이 되어 지상에 내리면서 물을 지권이나 수권으로 이동시키는 거야. 지표로 스며든 물은 지하수가 되어 우리가 사용할 수 있는 수자원이 되고, 많은 생명체들이 생명을 유지하는 데 이용하지. 이 과정에서 생긴 각 권역의 물을 얻은 양과 물을 잃은 양이 평형상태를 이루기 때문에 지구 전체의 물의 양이 변하지 않는 거야.

태양에너지

우리 지구에서 가장 큰 영향을 미치는 에너지는 단연 태양에너지야. 태양에너지를 활용해 전기에너지를 만들어 사용하는 것만 봐도 알 수 있지. 전기에너지는 조력발전으로도 생산할 수 있어. 조력발전은 해수면의 높이가 일정한 주기로 높아졌다가 낮아졌다 하는 현상을 이용해서 발전기를 돌려 에너지를 얻는 거야. 밀물로 해수면의 높이가 높아지는 만조와 썰물로 인해 해수면 높이가 낮아지는 간조는 하루에 약 2번씩 일정한 패턴에 따라 일어나고 있어. 그래서 조력발전은

그 발전량을 예측하기가 쉬운 편이야.

풍력 에너지와 수력 에너지

바람을 이용한 풍력발전은 발전량을 예측하기가 어려워. 풍력발전은 공기의 흐름(바람)으로 발전기를 돌려서 에너지를 만들기 때문에 석유와 같은 연료를 소비하지 않고도 발전할 수 있고, 폐기물도 적게 나오는 편이야. 하지만 날씨에 따라 발전량이 들쭉날쭉하다는 단점이 있지.

수력에너지는 흐르는 물로 회전하는 터빈을 작동시켜 전기를 얻는 방법이야. 보통 댐을 만들어 가둬 둔 물을 수문을 통해 흘려보낼 때 통로에 설치한 터빈으로 발전기를 돌려서 전기를 얻고 있어. 요즘에는 폐기물을 활용한 에너지도 신재생에너지로 떠오르고 있지. 폐기물 중 불에 잘 타거나 유기물인 폐기물을 이용해 생산한다고 해.

이런 큰 에너지들은 우리 몸의 에너지에도 영향을 미쳐서 우리가 운동도 공부도 할 수 있게 해 주는 거야. 즉 에너지는 일도 할 수 있게 만들어 준단다.

1. 조력 에너지는 달과 태양의 인력에 의해 작용해. 다음 글을 읽고 문제를 풀어 보자.

> 태양에너지는 지구 시스템의 에너지원 중 가장 많은 양을 차지하고 지구 시스템의 모든 근원과 요소에 영향을 미치고 있어. 이외에도 지구 시스템에 다양한 현상을 일으키는 에너지원에는 '조력 에너지'도 포함되어 있지. 만약 태양에너지가 지구 에너지의 99.9%를 차지한다면 조력 에너지는 0.002%정도 차지한대.
>
> 이 조력 에너지는 밀물과 썰물을 일으켜서 해수면의 높이를 변하게 하고 해양 근처의 생태계나 지형 변화에 많은 영향을 주고 있어. 달과 태양은 중력이 커서 지구의 바닷물을 잘 끌어당기기 때문에 이런 일이 발생하는 거야. 달이 지구의 바닷물을 끌어당기는 힘은 해보다 2배 정도 크대. 그렇다면 달의 위치에 따른 조력을 한 번 생각해 보자. 만약 달이 지구의 반대편에 위치한다면 태양과 지구가 일직선이 될 때 달과 태양이 함께 중력을 발생시키니까 조차가 엄청 커지겠지. 마찬가지로 달이 지구와 태양 사이에 위치할 때도 조차가 커질 테고. 상현달과 하현달 시기에는 상대적으로 작아지는데 달과 태양이 지구를 기준으로 직각에 가깝게 배치되기 때문에 중력이 한 방향으로 집중되지 않아서 그런 거야.

1) 다음 그림의 빈칸을 채워 보자.

힌트 상현달,하현달,보름달,초승달,그믐달의 위치를 보며 조석 차이를 비교해 보는거야.

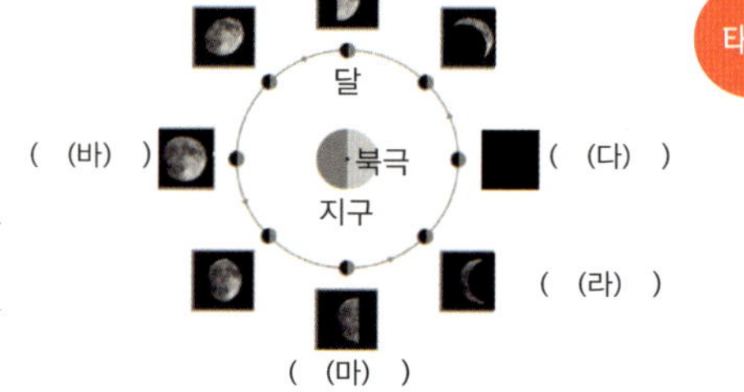

2) 아래 표를 작성해 보자.

	달의 위치	달의 모양
조력이 클 때	(가)	(나)
조력이 작을 때	(다)	(라)

더 알고 싶어 119

📖 도서　▶ 영상　🔍 사이트

▶ **매년 조금씩 지구에서 멀어지는 달-달이 사라지면 지구는 어떻게 될까? (EBS 컬렉션-사이언스)** 달의 인력으로 인한 조석 현상과 달이 매년 3.8cm씩 지구에서 멀어지는 이유, 그리고 달이 사라졌을 때 지구에 일어날 재앙적 변화를 실감나게 보여 주는 영상이야. 캐나다 펀디만의 16m 조수 차 현장과 텍사스 천문대의 레이저 거리 측정 실험 등 생생한 자료가 가득해. 조력 에너지의 중요성을 이해하는 데 최고의 영상이야.

🔍 **국립해양조사원** 스마트 조석 예보를 찾아보고 밀물과 썰물 예보를 살펴보자.

우리가 던진 공도 에너지를 가지고 있을까?

일과 에너지의 전환

운동에너지는 질량과 속도의 영향을 받고, 위치에너지는 높이와 질량의 영향을 받고 있어.
위치에너지는 중력의 영향을 받기 때문에 중력도 고려해야 해.

학습 키워드   #운동에너지 #위치에너지 #역학적에너지
교과 연계   중3 과학 〉 Ⅳ. 운동과 에너지

운동에너지와 위치에너지

앞에서 에너지는 '일을 할 수 있는 능력'이라고 했었잖아. 과학에서 일이란 '물체에 힘을 가했을 때 그 힘의 방향으로 물체가 이동하는 것'을 말해. 힘이 작용했지만 이동거리가 0인 경우, 또는 물체가 이동했지만 작용한 힘이 0이거나 물체에 작용한 힘과 물체의 이동 방향이 수직인 경우는 일이라고 보지 않아. 그렇다면 우리가 던진 공은 어때? 일을 하고 있다고 볼 수 있을까? 맞아. 공은 일을 하고 있어. 그렇다면 공은 어떤 에너지를 갖고 있는 걸까?

공이 갖고 있는 첫 번째 에너지는 '운동에너지'야. 운동에너지는 운동하는 물체가 갖고 있는 에너지를 말하지. 운동하는 수레가 물체와 충돌할 때 수레의 운동에너지는 물체를 미는 일을 했다고 볼 수 있어. 운

동에너지는 질량과 비례하고 속력의 제곱과 비례해. 다음과 같은 식으로 정리할 수 있지.

$$E_k = \frac{1}{2}mv^2$$

E의 밑에 쓰인 k는 kinetic이라는 용어의 줄임말로 동작 또는 움직임을 뜻해. 즉 운동에너지는 영어로 kinetic energy라고 쓰지.

공이 갖고 있는 두 번째 에너지는 위치에너지야. 위치에너지는 중력이 있는 곳에서 기준면보다 높은 곳에 놓여 있는 물체가 가진 에너지를 뜻하지. 물체를 들어 올릴 때 중력에 대해 한 일의 양만큼 위치에너지가 증가해. 물체를 높이 들어 올릴수록 아래로 뚝 떨어질 수 있으니까 아직 떨어지지 않았다고 보기 때문에 잠재적 에너지라고도 부른단다. 영어로는 potential energy, 기호로 E_k라고 하는 거야. 위치에너지는 높이에

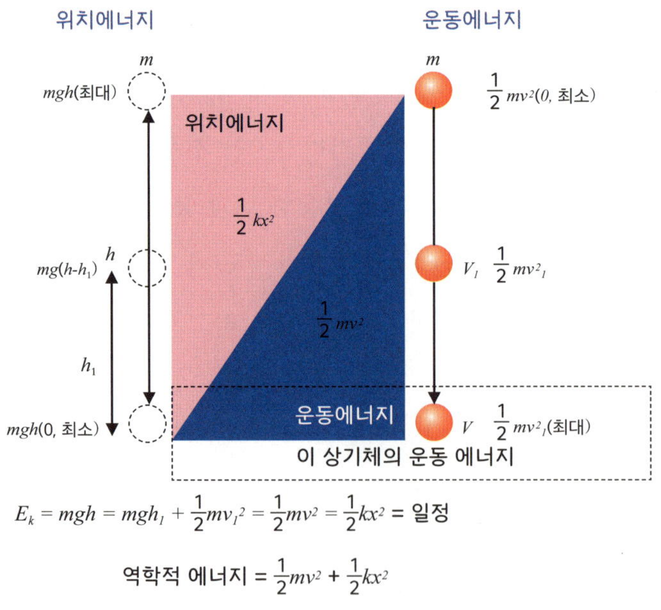

$$E_k = mgh = mgh_1 + \frac{1}{2}mv_1^2 = \frac{1}{2}mv^2 = \frac{1}{2}kx^2 = \text{일정}$$

$$\text{역학적 에너지} = \frac{1}{2}mv^2 + \frac{1}{2}kx^2$$

비례하고 물체의 질량에 대해서도 비례해. 달과 지구는 각각 중력이 다르기 때문에 같은 높이로 들어 올려도 갖고 있는 에너지가 달라. 그래서 중력가속도라는 값도 고려해야 해. 지구에서는 중력가속도가 $9.8m/s^2$야. 따라서 지구에서의 위치에너지를 식으로 나타내면, $E_k = 9.8 \times m \times h$이지.

역학적 에너지는 운동에너지와 위치에너지를 합한 것을 이야기하는 거야. 운동에너지와 위치에너지는 서로 전환될 수 있어. 가장 높은 곳에 있는 공은 위치에너지가 가장 많고 운동에너지는 0이야. 가장 낮은 곳에 있는 공은 위치에너지가 가장 작고 운동에너지는 최대값이지. 그래서 이론적으로 마찰력이나 공기저항이 없는 경우면 가장 높이 있는 공이 아래로 내려갈수록 위치에너지는 감소하는데, 그 위치에너지의 감소량만큼 운동에너지는 증가해. 그러므로 위치에너지와 운동에너지를 더한 역학적 에너지가 보존된다고 이야기하지. 여기서 마찰력이나 공기저항이 없는 경우라는 조건을 단 이유는 무엇일까? 그렇지. 마찰력과 공기저항이 있는 경우 역학적 에너지가 다른 에너지로 전환될 수 있으니까 실험을 했을 때 역학적 에너지가 보존되지 않아서야.

역학적 에너지를 이용한 전기 생산

태양열이나 태양광, 풍력 같은 에너지를 이용해서 전기에너지를 만들어 내는 것처럼 위치에너지나 운동에너지를 이용해서 전기를 생산할 수도 있어. 물레방아가 그 예야. 물레방아는 예전 우리 조상들이 사용한 기구로

↑ 물레방아

높은 곳에서 떨어지는 물(위치에너지)을 이용해 물레방아를 돌렸어(운동에너지)! 물레방아는 큰 바퀴를 물의 힘으로 돌려서 곡식을 찧는 방아야. 논에 물을 대어 주는 역할도 했지. 큰 나무 바퀴가 돌아가면서 방아채를 움직이게 하거든. 물레방아는 물이 떨어지는 양이 많을수록 회전하는 속도가 빨라져. 속도가 빨라지면 운동에너지가 높아지면서 곡식을 더 잘 찧을 수 있고, 방아채 끝에 달려 있는 공이가 무겁고 높이 달려 있을수록 위치에너지가 더 커져서 곡식을 잘 찧을 수 있지. 이를 통해 우리는 어떤 사실을 알 수 있을까? 맞아. 운동에너지는 질량과 속도의 영향을 받고, 위치에너지는 높이와 질량에 영향을 받는다는 걸 알 수 있어. 위치에너지는 중력에 의해 떨어지는 것이기 때문에 중력도 고려해야 해. 이러한 각각의 변화 원인을 통해 각각의 에너지를 계산할 수 있어. 다만 운동에너지는 지면, 공기 등에 의한 마찰 손실이 없고 가속도가 일정한, 등가속도 운동을 하고 있다고 가정해야 해. 그래서 운동에너지를 계산하는 공식은 $\frac{1}{2}mv^2$이고, 위치에너지는 mgh야. 여기서 m은 질량, v는 속도, g는 중력가속도, h는 높이지. 중력가속도는 중력의 크기에 영향받기 때문에 지구에서는 $9.80665m/s^2$로 계산하고, 지구 중력의 약 $\frac{1}{6}$인 달에서는 $1.63m/s^2$로 계산해. 수력발전도 물레방아와 같은 원리로 에너지를 얻는 거야. 물을 댐에 가두어 두었다가 수문을 열어서 하류로 물을 떨어뜨리면 위치에너지를 가지고 있던 물이 터빈을 돌리는 운동에너지로 전기에너지를 생산하는 방식이지.

이렇듯 에너지로 직접 일을 만들어 내고, 또 일을 하면서 새로운 에너지를 만들어 낸다는 것을 알 수 있어. 이를 두고 일과 에너지는 서로 전환될 수 있다고 이야기하는 거야.

1. 역학적 에너지 보존 법칙에 대한 설명으로 옳은 것은?

① 운동에너지와 위치에너지는 항상 일정하다.

② 위치에너지가 증가하면 운동에너지는 감소한다.

③ 운동에너지는 항상 위치에너지보다 크다.

2. '일 = 힘 X 이동 거리'는 일에 대한 공식이다. 빈칸을 채워 일의 정의를 정리해 보자.

> 과학에서의 일은 물체에 __________(이)가 작용하여 힘의 방향으로 물체를 __________시킨 경우이다.

3. 빈칸을 채워 일이 아닌 경우를 정리해 보자.

> - __________(이)가 작용하지 않은 경우
> - 이동 거리가 _______인 경우 (움직이지 않은 경우)
> - 힘과 이동 방향이 __________인 경우

4. 다음 중 일을 한 경우를 찾아 보자.

힌트 답은 1개

> **보기** ㄱ. 힘든 부모님을 대신해 집안일을 도와드렸다.
>
> ㄴ. 무거운 가방을 들고 복도를 걸었다.
>
> ㄷ. 무거운 가방을 들고 계단을 올라갔다.
>
> ㄹ. 가방을 들고 가만히 서 있었다.
>
> ㅁ. 지구가 태양을 돈다.

더 알고 싶어 119

📖 도서　▷ 영상　🔍 사이트

▷ **롤러코스터는 어떻게 만들까? (EBS 컬렉션-사이언스)**
역학적 에너지 보존의 대표적인 사례로는 롤러코스터가 있어. 롤러코스터는 운동에너지와 위치에너지가 나타나는 예시야. 동영상에서 롤러코스터에 담겨 있는 힘과 원리를 익혀 보자.

🔍 **역학적 에너지 보존 법칙이란? (YTN 사이언스)**
위치에너지와 운동에너지가 헷갈린다고? 그럼 이 영상의 실험을 이해해 보자. 롤러코스터라는 친숙한 소재로 역학적 에너지 보존에 대해 이해할 수 있을 거야.

전기는 어떤 원리로 작동할까?

전기의 기본 원리

전기는 우리가 세상을 살아가는 데 꼭 필요한 에너지야.
그렇다면 전기는 언제 발견되었고 그 기본 원리는 무엇일까?

학습 키워드　#전류 #전압 #저항
교과 연계　중2 과학 > VII. 전기와 자기
　　　　　　　중3 과학 > IV. 운동과 에너지

↑ 에디슨

전기는 자연 세계에서 오랫동안 존재해 왔어. 이를 이해하고 활용하기 시작한 것은 비교적 최근의 일이라고 볼 수 있지. 에디슨이라는 과학자 혹시 알고 있어? 에디슨은 1879년에 실용적인 전구를 발명했는데, 이것이 현대 전기 시스템의 기반이 됐어. 우리나라는 1900년 4월 10일을 종로에서 최초로 세 개의 가로등이 켜진 날을 기념하는 '전기의 날'로 정했어. 〈미스터 선샤인〉이라는 드라마에서도 주인공들이 만나는 장면에서 종로에 처음 전등이 켜졌던 날이 아름답게 묘사되었지. 가정에 전기가 들어온 것은 가로등이 등장하고 약 한 달 후였다고 해.

전기의 원리

전기의 원리를 이해하려면 먼저 전기적 개념부터 알아야 해. 우리 주위의 많은 것들은 원자로 구성되어 있어. 원자를 구성하는 입자인 양성자는 +전하를, 전자는 −전하를 갖고 있지. 이는 모두 전기적인 성질이야. 그렇다면 전자랑 전하, 전기는 어떻게 다른 걸까? 가장 작은 개념인 '전하'는 전자의 양 또는 음의 정도를 말하는 거야. '전자'는 전하를 띠는 입자, '전기'는 전자의 이동으로 인해 발생하는 에너지를 뜻해. 각각의 용어에 담긴 뜻을 알아야 헷갈리지 않겠지?

'전류'란 전하의 흐름을 말하고 단위는 A(암페어)야. 전류는 I라는 약자 기호로 표시하지. 전류가 세다는 것은 전선을 통해 많은 전자들이 흐른다는 뜻이야.

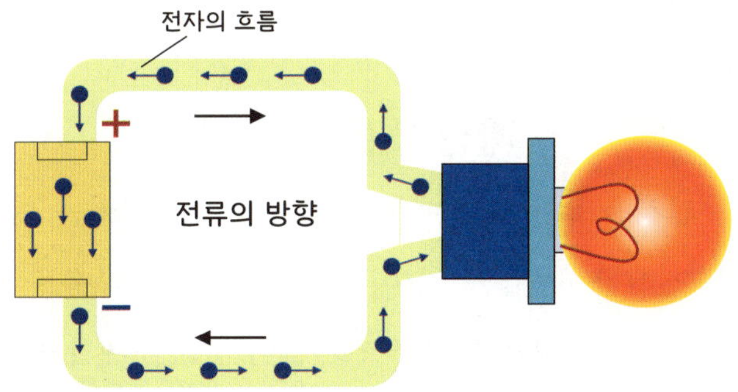

전압은 전류를 흐르게 하는 원인으로 전압이 높을수록 더 많은 전자들이 전선을 따라 흐르는 거야. 전구에 어떤 특정 전압을 가진 건전지를 연결하면 전구 내부에 있는 필라멘트에 전압을 가하게 되지. 전력의 단위는 볼트이고, 전압은 V라는 약자 기호로 나타내. 위 그림에서 전구에 불이 켜진 이유는 전압을 가진 건전지에서 전자를 − 방향으로 밀어내기 때문이야. 이 전자가 금속으로 이루어진 전선을 따라 이동하면서 전하를

운반하기 때문에 전구에 불이 켜지는 거란다. 만약 전류가 흐르지 않는다면 전자들이 전선 안에서 여러 방향으로 불규칙하게 움직이겠지. 하지만 전류가 흐르면 전자들이 한 방향으로 이동해.

앞의 그림에서 전자의 이동 방향과 전류의 이동 방향을 살펴보면 전자는 -에서 +로, 전류는 +에서 -로 흐르고 있는 걸 알 수 있어. 그런데 이상하네? 전류는 전하의 흐름이고 전자가 그 흐름을 만들어 준다고 했는데 왜 반대 방향으로 움직이는 걸까? 그건 전류라는 개념이 전자의 이동보다 먼저 생겼기 때문이야. 전자는 몇백 년 뒤에야 생겨났어. 사람들이 오랜 시간 동안 전류를 전기의 흐름이라고 이해하고 있었기 때문에 이것을 싹 다 고치기가 너무 힘들어서 그냥 쓰자고 합의했다고 해. 그러니 전자의 이동 방향을 먼저 기억하고 전류의 이동 방향은 그 반대라고 기억하는 게 좋을 거야.

저항과 옴의 법칙

전압은 전자를 밀어내기 때문에 전류를 발생시키는 힘이 됐어. 반면에 저항은 전류를 방해하는 힘이야. 도선도 사실 금속 원자로 구성되어 있는데, 그 금속 원자들은 다른 전자들이 밀려들어 오면 방해물 역할을 하기 때문에 전류를 방해하는 전기 저항이 생기는 거야. 구슬로 채워진 관에 물이 밀려들어 온다고 상상해 봐. 구슬이 물의 흐름을 방해하잖아. 이 저항의 정도는 전선을 구성하는 물질의 재료에 따라 달라질 수 있어. 나무와 같은 절연체는 저항이 커서 전자가 잘 이동하지 못하지만 금속은 그에 비해 저항이 적어서 전자가 잘 이동하지. 그래서 전선을 나무가 아닌 금속으로 만들어 쓰는 거야. 저항은 R이라는 기호를 사용하고, 단위는 Ω(옴)을 사용해. 그 모양이 자갈치 과자처럼 생기지 않았니? 만약 어떤 물질이 있고 전기를 통하게 하는 상황을 생각해 보자. 그 물체의 단면적이 넓을수록 저항이 클까, 좁을수록 저항이 클까? 그렇지! 단면적이 좁을수록 전자가 좁은 곳을 비집고 들어가야 하니까 저항이 커질 수밖에 없어. 그렇다면 물질의 길이가 길수록 저항이 클까, 짧을수록 저항이 클까? 맞아. 길수록 전자가 도선을 지날 때 원자와의 충돌 횟수가 많아지니까 저항이 크겠지. 따라서 전기 저항은 물질의 길이에 비례하고 단면적에 반비례한다고 이야기할 수 있어.

우리는 전류와 전압, 저항 간의 관계를 설명하는 법칙을 '옴의 법칙'이라고 불러. 회로에 흐르는 전류는 위의 관계 때문에 전압에 비례하고 저항에 반비례하지. 공식으로 정리하면 $V=IR$이야.

자, 이제 다이소에 휴대폰 충전기를 사러 간다고 생각해 보자. $15W$짜리 충전기랑 $25W$짜리 충전기가 있는데 둘 다 5,000원이고, 고속 충전기라고 적혀 있어. 빨리 충전하는 걸 사야 하는데 둘 중 어떤 걸 사야 할까? 맞아. $25W$ 충전기를 사야 해. 왜일까? W(와트)란, 일률을 표시하는 데 쓰는 단위야. 1s(초)에 1J(줄)의 일을 하는 일률을 1W(와트)로 정했어. 또는 1V(볼트)의 전압으로 1A(암페어)의 전류가 흐를 때의 전력 크기라고도 하지. 이 전력(W)은 '전압(V)×전류(A)'야. 보통 일반 충전기는 $15W$ 미만, 고속 충전은 $15W$ 이상, 초고속 충전은 $25W$ 이상이 기준이야. 요즘 휴대폰은 고용량 배터리를 가지고 있어서 초고속 충전은 선택이 아니라 필수야. 그런데 일반 충전기를 사용하면 배터리 완충까지 6시간 가까이 걸릴 수 있어. 이런 전기기구에 대한 상식을 알아 두면 일상생활에서 편리하게 사용할 수 있겠지?

1. 전압이 1V인 전지에 저항이 150Ω인 전구를 연결한 회로가 있어. 이 회로에 흐르는 전류의 세기는 몇 mA일까?

2. 전기는 어떻게 생산할 수 있을까? 다음 글을 읽고 답해 보자.

> '발전소'에서 전기를 만든다는 것은 많이 들어 봤을 거예요. 발전소에는 아주 커다란 '발전기'라는 기계가 있어서 이 기계를 돌려 전기를 만들어 낸답니다. 그런데 이 발전기가 전기를 만드는 방식도 전자기 유도라는 과학적 원리 덕분이예요.
>
> 전자기 유도는 자석과 구리선처럼 전기가 잘 통하는 선을 빙글빙글 감아 놓은 코일이 만나 전기가 생기는 신기한 현상을 말합니다. 자석은 우리 눈에는 보이지 않는 힘을 가지고 있습니다. 그런데 이 자석을 코일 근처에서 움직이거나 반대로 코일을 자석 근처에서 움직이면 신기하게도 전기가 '유도'되어 흐르게 됩니다! 발전소의 큰 발전기도 이런 원리를 사용해요.

1) 그림의 빈칸을 채워 보자. 전류가 흐르는 경우는?

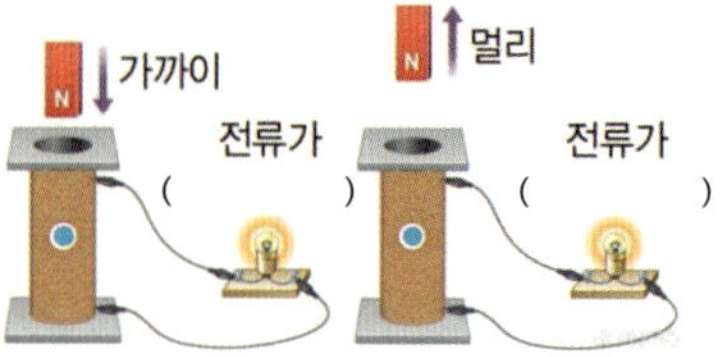

2) 전자기 유도의 예시를 인터넷에 찾아보고 간단한 설명을 적어 보자.

전자기 유도 예시	설명

더 알고 싶어 119

▤ 도서   ▷ 영상   🔍 사이트

▷ **드라마 〈미스터 선샤인 2화〉**
미스터 선샤인의 시대적 배경은 19세기 후반부터 20세기 초반이야. 1879년에 발명된 전구가 우리나라에 보급되기까지 꽤 오래 걸린 것 같기도 하고, 동/서양의 역사적 흐름이 느껴지기도 할 거야.

▷ **발명왕 에디슨의 호기심! 다양한 발명품을 남긴 에디슨은 어떻게 자랐을까? (YTN 사이언스)** 전기를 발명한 에디슨은 우리의 삶을 편리하게 만들어 준 과학자야. 그는 어떤 삶을 살았을까? 에디슨의 인간적인 삶이 궁금하지 않니?

힘이란 무엇일까?

힘은 물체의 모양이나 운동 상태를 바꿔 주는 물리량을 뜻해.
질량에 가속도를 곱한 것이지. 세상에 존재하는 힘에 대해 자세히 알아보자.

학습 키워드　#뉴턴 #중력 #자기력 #탄성력 #마찰력
교과 연계　중3 과학 〉 Ⅳ. 운동과 에너지

네 가지 힘

너희는 힘이 뭐라고 생각해? 힘을 과학적으로 정의하면 물체의 모양이나 운동 상태를 바꿔 주는 물리량을 뜻해. 힘의 단위는 N(뉴턴)이야. 힘을 정의한 아이작 뉴턴이란 과학자의 이름을 딴 거지. 힘은 질량에 가속도를 곱한 것이고, $1N=1kg\times m/s^2$로 정의할 수 있어. 즉 $F=ma$라고 표현하지.

$$F=ma$$

F : 힘(Force), m : 질량(mass), a: 가속도(acceleration)

세상에는 중력, 전기력, 자기력, 탄성력, 마찰력 등의 힘이 존재하고 있어. 우리 힘의 근원인 우주의 관점에서 본다면 중력, 전자기력, 약력,

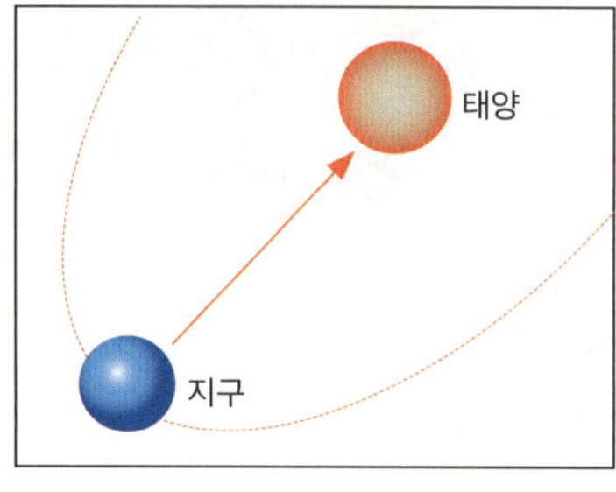

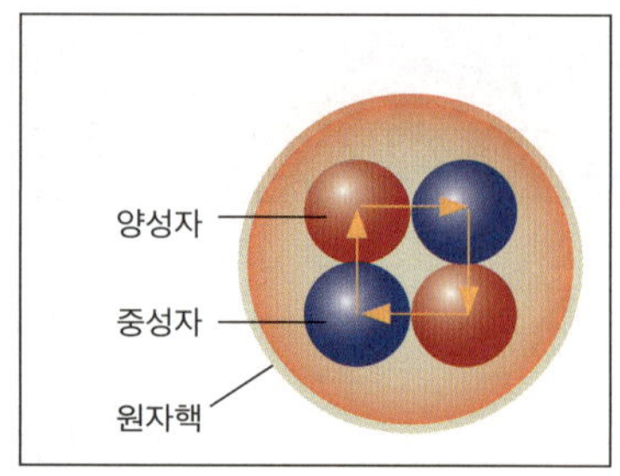

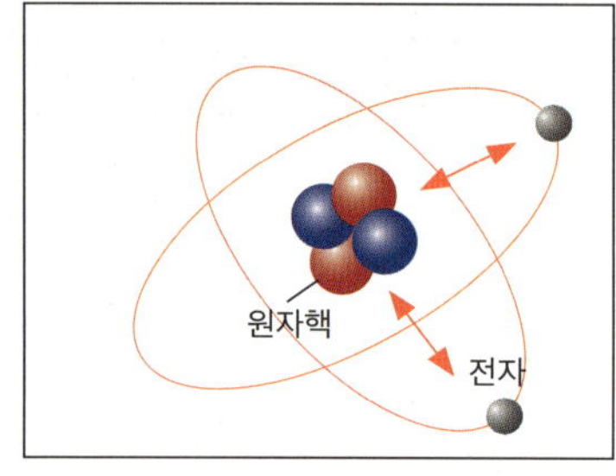

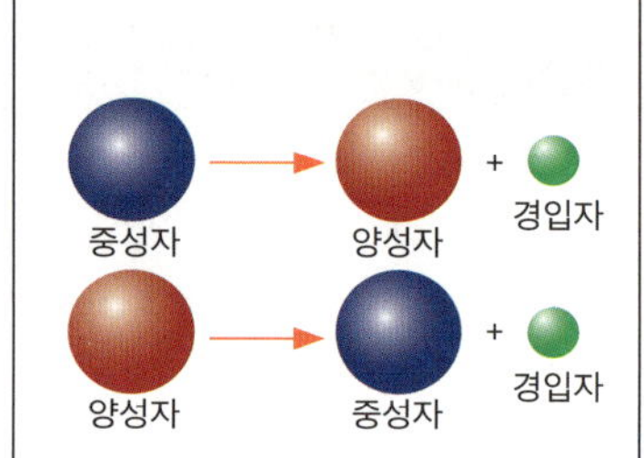

강력의 네 가지로 나눌 수 있지.

'중력'은 질량을 가지고 있는 두 물체 사이에서 일어나는 힘이야. 지구의 중력이 우리를 끌어당기기 때문에 우리는 땅 위에 서 있을 수 있어. 위치에너지도 그 때문에 나타나는 거지.

'전자기력'은 두 전하 사이에서 일어나는 힘이야. 같은 전하를 띠는 입자는 서로 밀어내는 척력이 작용하고, 다른 전하를 띠는 입자는 서로 끌어당기는 인력이 작용해. '강력'은 양성자와 중성자를 묶어서 꽉 붙들어 주는 힘이야. 아주 강한 힘으로 양성자와 중성자가 서로 떨어지지 않게 하지. '약력'은 강력과는 달리 붕괴를 일으키는 핵력이야. 우주를 지배하는 이 네 가지 힘 중에서 가장 강한 힘은 강력이지.

중력, 전기력, 자기력, 탄성력, 마찰력

우리가 쉽게 느낄 수 있는 힘들은 대부분 전자기력이야. 중력, 전기력, 자기력, 탄성력, 마찰력 중 중력을 제외한 나머지가 다 전자기력을 응용한 힘이라고 볼 수 있어.

'중력'은 우리 지구 중심 방향으로 작용하고, 물체의 질량에 그 크기가 비례해. 사과에서 나무가 떨어지거나 물이 위에서 아래로 흐르는 현상, 낙하하는 물체가 점점 속력이 빨라지는 현상 모두가 중력 현상이지.

'전기력'은 전기를 띤 물체 사이의 힘을 말해. 같은 종류의 전기를 띠는 두 물체 사이에 작용하는 힘을 척력, 다른 종류의 전기를 띤 물체 사이에 작용하는 힘을 인력이라고 하지. 물체가 갖고 있는 전기의 양이 많을수록, 거리가 가까울수록 크단다. 머리를 빗으면 빗에 머리카락이 달라붙는 현상이나 옷에 문지른 고무풍선에 종이가 달라붙는 현상을 들 수 있어.

'자기력'은 자석과 자석 또는 자석과 금속 사이에서 작용하는 힘을 말해. 같은 극인 N극과 N극, S극과 S극 사이에서 작용하는 힘을 척력, 다른 극인 N극과 S극 사이에서 존재하는 힘을 인력이라고 하지. 자기력은 자석의 세기가 세거나 자석 사이의 거리가 가까울수록 큰데, 냉장고에 붙이는 자석, 나침반, 자기부상열차가 자기력을 사용한 것들이야.

'탄성력'은 변형된 물체가 원래의 상태로 되돌아가려는 힘을 말해. 용수철을 잡아당겼다가 놓으면 원래대로 돌아가려고 하잖아. 원래대로 되돌아갈 때 작용하는 힘이 바로 탄성력이야. 탄성력을 이용한 기구에는 활이나 용수철 저울, 컴퓨터 자판, 침대 용수철 등이 있어. 탄성력은 탄성체의 변형된 정도가 클수록 더 크다고 해. 탄성력은 물체를 원래 상태에서 변형된 상태로 만들 때 든 힘과 동일한 크기만큼 작용하지.

'마찰력'은 물체와 접촉면 사이에서 물체의 운동을 방해하는 힘이야. 마찰력은 물체끼리의 접촉이 아니어도 생길 수 있어. 유성(별똥별)이 빛나는 것도 공기와의 마찰로 열이 생겨서 그런 거야. 마찰력은 물체의 무게가 무거울수록 접촉면이 거칠수록 커지지만, 접촉면의 넓이와는 상관이 없어.

1. 자연에 존재하는 기본 4가지의 힘은 아래와 같이 정리할 수 있어. 각 크기 차이를 비교해 보자.

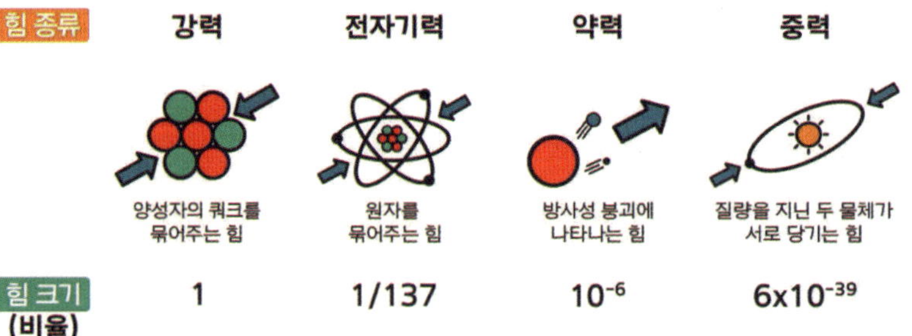

1) 힘의 크기가 가장 큰 순서대로 나타내 보자.

- -

2) 기본 힘 4가지의 설명 중 약력은 방사성 붕괴에 의해 나타나는 힘이라고 하는데, 이게 무슨 말일까? 우리가 배운 방사선이 어떻게 붕괴한다는 것이지, 책이나 인터넷을 검색해 보고 생각을 마인드맵으로 정리해 보자.

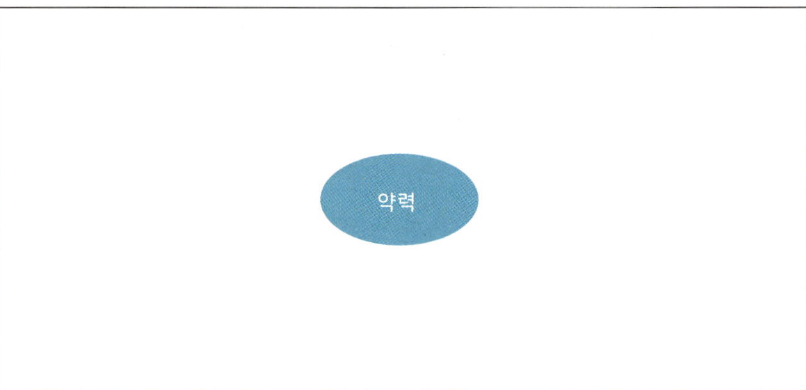

더 알고 싶어 119

📖 도서 ▷ 영상 🔍 사이트

▷ **새처럼 자유롭게 하늘을 날다, 비행기의 역사 (YTN 사이언스)**
인간은 자유롭게 날아다니는 새를 보면서 마치 신과 같았던 태양을 향해 날아가고 싶다는 생각을 했다고 해. 비행기의 발명 역사를 한번 살펴보자!

▷ **거대한 배는 어떻게 바다에 뜨는 것일까? [핫클릿] (YTN 사이언스)**
바다에 들어갈 때 안전을 위해 구명조끼를 입잖아. 그때 우리는 부력의 힘을 받아 중력과 반대 방향으로 둥둥 뜰 수 있는 거야. 부력은 도대체 무엇일까? 영상을 보며 익혀 보자.

물체의 운동을 이해해야 하는 이유는 뭘까?

물체의 운동과 속력, 속도

물체가 운동하는 기본 원리를 알려면 속력이나 속도의 차이,
가속도가 뭔지 먼저 이해해야 해.
물체의 다양한 운동에 대해서도 살펴보자.

학습 키워드　#운동 #속력 #속도 #등속 직선 운동 #등가속도 직선 운동
교과 연계　중3 과학 〉 Ⅳ. 운동과 에너지

속력과 속도, 가속도

우리가 물체의 운동을 이해해야 하는 이유는 무엇일까? 우리 눈에 잘 보이지 않는 입자나 지구 밖 천체의 운동 원리를 알기 위해서는 먼저 물체가 운동하는 기본 원리부터 알고 있어야 하기 때문이야.

물체가 운동하는 단위를 나타내는 속력과 속도가 어떤 뜻인지부터 알아보자. '속력speed'은 단위 시간 동안 이동한 거리를 나타내는 물리량이야. 보통 m/s를 많이 사용하지만, 상황에 맞게 적절한 단위를 이용할 수 있어. '속도velovity'는 단위 시간 동안의 물체의 빠르기를 나타내는 물리량이야.

속력과 속도는 일상에서 비슷하게 사용하지만 정확하게는 같은 물리량이 아니야. 단위는 속력과 동일하지만 속도는 속력과 달리 이동한

방향과 함께 나타낸다는 점이 다르지. 즉 속력은 크기만 표현하지만 속력은 크기와 방향을 함께 포함하고 있어. 크기만 가진 물리량을 스칼라량, 크기와 방향 둘 다 가진 물리량을 벡터량이라고 해.

스칼라량	벡터량
시간, 길이, 이동 거리, 부피, 온도, 에너지, 질량, 속력 등	속도, 가속도, 변위, 힘(중력, 마찰력, 전기력 등), 운동량, 충격량

다음으로 가속도accelerariion는 속도의 변화량에 단위 시간을 나눈 것으로 단위 시간 동안의 속도 변화 정도를 말해. 보통 m/s^{2}을 사용하지. 만약 한 방향으로 직선 운동하는 물체의 속력이 증가하면 나중 속도가 처음 속도보다 크기 때문에 + 가속도를 갖고, 반대로 속력이 점차 감소하는 운동을 하면 - 가속도를 갖게 되는 거야. 가속도도 속력과 방향을 둘 다 가지기 때문에 앞에 +와 -를 꼭 붙여야 해.

여러 가지 운동에 대해

운동에는 여러 종류가 있지만, 여기서는 등속 직선 운동과 자유 낙하 운동, 등가속도 직선 운동 등에 대해 알아볼 거야.

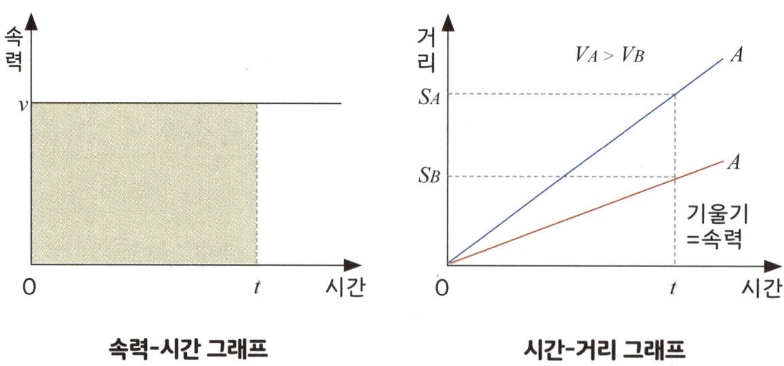

속력-시간 그래프   시간-거리 그래프

'등속 직선 운동(등속도 운동)'이란 물체가 운동할 때 속력과 방향이 변하지 않는 일정한 운동을 말해. 물체가 일정한 속력으로 꾸준히 운동하기 때문에 이동 거리는 '속력×시간'으로 나타낼 수 있고 이동 거리는 시간에 비례한다는 것을 알 수 있어.

왼쪽의 '속력-시간' 그래프에서 그래프의 밑넓이는 이동 거리이고, 오른쪽의 '거리-시간' 그래프에서 기울기는 변하지 않는 직선인 속력을 뜻해. 그래프에서 기울기는 $\dfrac{y변화량}{x변화량}$인데, 왼쪽 그래프에서는 기울기가 $\dfrac{속력}{시간}$이니까 가속도라는 걸 알 수 있어. 이 운동은 속력이 일정하기 때문에 가속도가 0인 상황이지. 그래서 기울기가 없는 일정한 그래프인 거야. 밑넓이는 사각형의 넓이이기 때문에 'x변화량×y변화량'이야. 즉 시간× 속력이기 때문에 밑넓이는 이동 거리임을 알 수 있지. 오른쪽 그래프도 같은 방식으로 이해할 수 있어. 기울기는 $\dfrac{y변화량}{x변화량}$이니까 $\dfrac{거리}{시간}$는 속력이야.

'자유 낙하 운동(등가속도 운동)'은 중력의 영향을 받아 떨어지는 물체가 갖는 운동을 말해. 지구의 중력에 따라 낙하하는 물체는 공기저항과 마찰 등을 무시한다는 가정하에 중력의 영향만 받기 때문에 등가속도 운동을 하는 거야.

'등가속도 직선 운동'은 자유 낙하 운동과 같은 운동이야. 일정한 방향으로 운동하는 물체의 속력이 시간에 따라 일정하게 증감할 때의 운동, 즉 가속도가 일정한 운동이지.

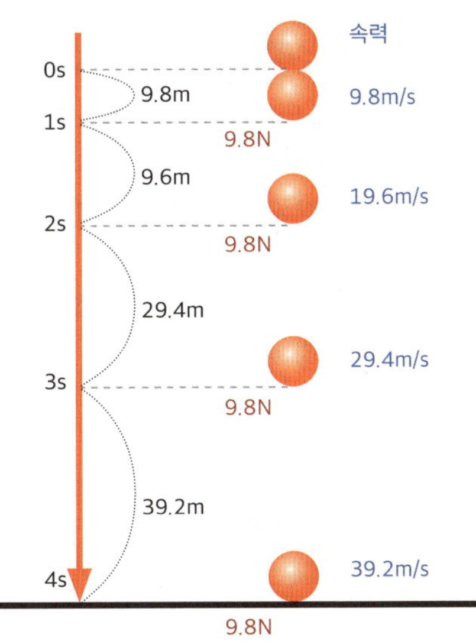

1. 다음 중 틀린 설명은? (답 2개)

① 속력은 크기만 가지고, 속도는 크기와 방향을 가진다.
② 무거운 돌와 가벼운 종이를 동시에 떨어뜨리면 돌이 먼저 떨어진다.
③ 로켓은 공기를 뒤로 밀어내서 앞으로 나아간다.
④ 등속 직선 운동에서는 가속도가 0이다.
⑤ 자유 낙하하는 물체의 속도는 매 초마다 9.8m/s씩 증가한다.

2. 다음 글을 읽고 로켓의 작용-반작용의 원리에 대해 생각해 보고 뉴턴의 법칙에 대해 조사해 보자.

> 중력을 이야기한 뉴턴 알지? 뉴턴은 운동에 대한 3번째 법칙으로 작용·반작용 법칙을 말했어. 모든 작용에는 크기가 같고 방향이 반대인 반작용이 있다는 법칙이야. 만약 내가 일상적으로 걷고 있다면 작용은 내가 땅을 뒤로 밀고 있고, 반작용은 땅이 나를 앞으로 밀고 있어서 결과적으로 내가 앞으로 나아가는 거야. 풍선을 날리는 것이 있다면 작용은 풍선 속 공기가 뒤로 나가고 반작용은 풍선이 앞으로 날아가는 상황이야. 총을 쏘면 작용은 총알이 앞으로 나가지만 반작용은 총이 뒤로 밀리는 거야. 즉 반동이지. 그렇다면 로켓은? 로켓은 연료를 연소시켜 뜨거운 가스를 생성해. 가스가 아래쪽으로 엄청난 속도로 분출하는 것이 작용, 로켓이 위로 올라가는 것이 반작용이지. 로켓은 이렇듯 공기를 밀고 나가는 게 아니라 자신이 분출한 가스의 반작용으로 날아가는 것이기 때문에 공기가 없는 우주에서도 방향을 전환하고 가속할 수 있어!

구분	명칭	내용
1법칙	관성의 법칙	(가)
2법칙	가속도의 법칙	(나)
3법칙	작용·반작용의 법칙	(다)

더 알고 싶어 119

📕 도서 ▷ 영상 🔍 사이트

▷ **갈릴레이의 피사의 사탑 이야기는 거짓? [핫클립] (ytn사이언스)**
사고실험이란 실제로 실험을 진행한 것이 아니라 머릿속에서 생각으로 진행하는 실험을 말해. 갈릴레이가 무거운 물체와 가벼운 물체가 떨어졌을 때를 생각해 보자며 증명한 것도 사고실험이야. 갈릴레이에 대해 알아보자.

운동량과 충격량은 어떤 차이가 있을까?

운동량과 충격량의 관계

물체의 운동 정도를 나타내는 운동량과 물체에 가해진 충격의 정도를 나타내는 충격량의 관계에 대해 살펴보자. 아울러 관성의 법칙도 함께 살펴볼 거야.

학습 키워드 #충격량 #운동량 #관성의법칙
교과 연계 중3 과학 > Ⅳ. 운동과 에너지

운동량과 충격량

체육 시간, 선생님이 복싱 글러브를 가지고 오셨어. 글러브를 끼고 샌드백을 쳤더니 생각보다 아프진 않았어. 맨주먹으로 해 보면? 맨주먹은 정말 아프겠지? 왜 글러브가 있을 때는 안 아프고 같은 샌드백을 쳤는데 맨주먹은 아플까? 비밀은 바로 충격량에 있어.

물체의 운동 정도를 나타내는 '운동량'은 물체의 질량과 속도를 곱한 것으로 나타낼 수 있어. 축구공을 찬다고 생각해 봐. 가볍게 찬 공보다 세게 찬 공이 더 잘 나가잖아? 또 축구공과 볼링공을 찬다고 생각해 봐. 같은 속도로 나간다고 했을 때 무거운 볼링공이 더 잘 나가겠지? 따라서 공식으로 나타내면 $p=m \times v$이지. 운동량의 방향은 물체의 운동 방향과 같아. '충격량'은 어떤 물체에 일정한 시간 동안 어떤 힘이 가해졌

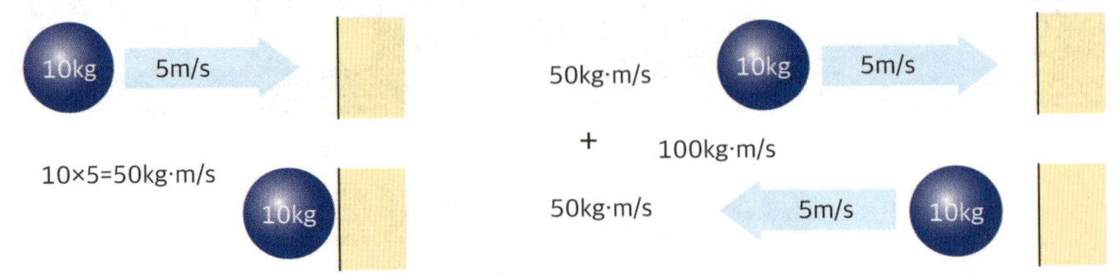

을 때 그 물체에 가해진 충격의 정도를 나타내는 양이야. 힘은 그 순간 가해지는 물리량을 말하는 반면 충격량은 일정한 시간 동안 가해진 충격의 정도를 말하지.

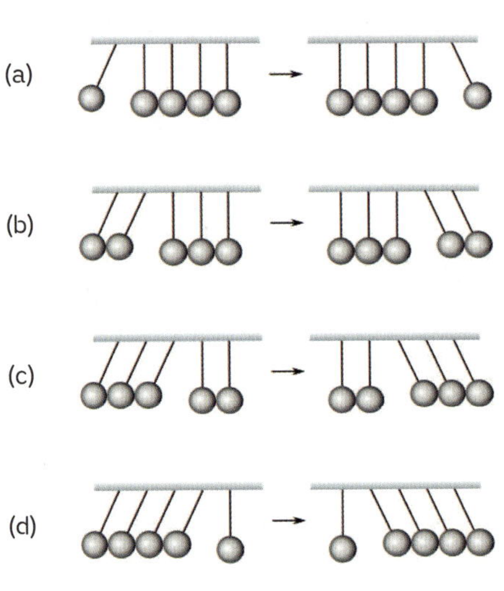

위의 그림을 보자. 왼쪽 그림에서 벽면이 물체에 가한 충격량은 10kg의 물체가 5m/s로 움직이다 멈췄기 때문에 50$kg·m/s$야. 오른쪽 그림은 5m/s로 부딪히고 나서 다시 5m/s로 튕겨져 나갔기 때문에 벽면에 물체에 가한 충격량은 100$kg·m/s$이지.

운동량 보존의 법칙

중간의 그림은 '뉴턴의 진자'야. 진자란 고정된 한 축이나 점의 주위를 일정한 주기로 진동하는 물체를 말해. (a)에서 왼쪽 단 하나의 구슬이 탕-하고 오른쪽 4개의 구슬을 쳤는데 나머지 구슬은 변하지 않고 오른쪽 단 하나의 구슬만 운동을 하지. (a)~(d)는 운동량 보존법칙을 설명하고 있어. 충격을 받은 물체는 충격을 준 물체의 운동량만큼만 움직인다는 거야.

운동량과 충격량의 관계

뉴턴이 발견한 운동량에 대한 관점은 이전 사람들의 생각과 많이 달랐어. 같은 높이에서 떨어트렸을 때 스펀지에 떨어진 계란은 깨지지 않고, 딱딱한 나무 도마에 떨어진 계란은 깨지는 것으로도 설명할 수 있어. 계란이 떨어지면 그 순간 운동량 0이 되면서 운동을 멈추게 돼. 즉 운동량이 모두 충격량으로 변하는 거지. 스펀지에 떨어진 경우 충격이 가해지는 시간이 길기 때문에 물체에 가해지는 힘의 크기가 작아졌다고 볼 수 있어. 이를 공식으로 살펴본다면 $p=m×v$에서 운동량이 곧바로 충격량으로 100% 전환되었잖아. 충격량 $I=F△t$에서 $△t$의 크기가 커졌는데, I는 일정하기 때문에 F의 크기가 작아진 거야. 그래서 받은 힘의 크기가 작았던 계란이 깨지지 않은 거지. 이는 일상생활에서 충격량을 감소시키는 사례라고 할 수 있어.

야구를 할 때도 운동량의 원리가 숨어 있어. 같은 힘을 준다고 가정했을 때 공을 짧게 끊어 치면 충격량이 가해지는 시간이 짧아져서 운동량의 변화가 많지 않아. 그래서 공이 멀리 가지 않는 거지. 반대로 밀어 치면 충격량이 커지기 때문에 운동량도 커져서 공이 멀리 나가는 거고 말이야.

충격량과 운동량은 사실 관성의 법칙에서 파생된 개념이야. '관성'이란 외부에서 힘이 작용하지 않을 때 물체가 운동 상태를 유지하려는 성질을 말하지. 우리가 길을 걷다가 돌에 걸려서 넘어질 때를 떠올려 보면, 몸은 계속 앞으로 운동하려고 하지만 발은 돌에 걸려 정지해 있기 때문에 상체가 앞으로 쏠리면서 넘어지는 거야.

1. 다음 상황을 충격량이 큰 순서대로 나열해보자. (단, 힘의 크기는 같다.)

> 상황 A : 복싱 글러브를 끼고 샌드백을 친다. (접촉시간 0.05초)
> 상황 B : 맨 주먹으로 샌드백을 친다. (접촉 시간 0.01초)
> 상황 C : 두꺼운 쿠션 글러브로 샌드백을 친다. (접촉시간 0.1초)
> 상황 D : 딱딱한 장갑으로 샌드백을 친다. (접촉시간 0.02초)

2. OX 퀴즈. 맞으면 O, 틀리면 X라고 표시해 보자.

> (가) 운동량이 큰 물체는 멈추기 어렵다. (　　　)
> (나) 충격량은 힘만으로 결정되고 시간과는 관계가 없다. (　　　)
> (다) 자동차가 충돌 시 부서지는 것은 설계 결함이다. (　　　)
> (라) 배구 리시브 시 손목을 부드럽게 뒤로 빼면 충격이 줄어든다. (　　　)
> (마) 스마트폰 케이스는 낙하 시 충돌 시간을 늘려 준다. (　　　)
> (바) 뉴턴의 진자에서 왼쪽 구슬 2개를 놓으면 오른쪽 구슬 1개가 빠르게 튀어 나
> 　　 간다. (　　　)
> (사) 같은 높이에서 떨어진 계란은 어디에 떨어지든 운동량 변화가 같다. (　　　)
> (아) 야구 배트로 공을 멀리 보내려면 짧게 끊어 쳐야 한다. (　　　)

3. 다음 사례를 읽고 안전망이 충격을 줄인 원리는 무엇이었는지 써 보자.

> "번지점프 줄 끊어져 10m 추락…. 다행히 경상"
> 2025년 1월 10일, 번지점프 체험 중 안전줄이 끊어져 10m 아래 안전망으로 추락한 OO중학교 교사 20대 남성이 경상만 입고 무사했다. 안전망이 크게 처져 있어 충격을 흡수할 수 있었던 것으로 분석된다.

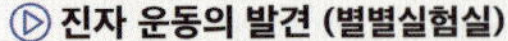

더 알고 싶어 119

📖 도서　▷영상　🔍사이트

▷ **진자 운동의 발견 (별별실험실)**

진자는 생각보다 많은 물리법칙을 살피는 데 도움이 돼. 진자를 통해 충격량과 운동량을 살펴봤다면 진자의 주기에 대해서도 알아보자. 바이킹에 한 사람만 탑승한 경우와 여러 사람이 탑승한 경우, 배가 위로 많이 올라간 경우와 조금 올라간 경우, 어느 쪽의 왕복 시간이 더 짧을까? 진자 운동으로 알아보자.

온도와 열에너지는 같은 걸까?

온도와 열에너지의 관계

온도는 물질 내의 분자나 원자 같은 입자들의 평균 운동에너지를 수치로 나타낸 것을 뜻해.
반면 열은 물질 내의 분자와 원자 같은 입자들의 총 운동에너지를 나타내는 개념이야.

학습 키워드　#온도 #열에너지 #전도 #대류 #복사 #비열 #열전도율
교과 연계　중1 과학 >Ⅵ. 물질의 상태 변화
　　　　　　　중1 과학 >Ⅲ. 열

온도와 열에너지의 차이

우리는 일상에서 열과 온도를 같은 뜻으로 쓰는 경우가 많아. "바깥 온도가 꽤 높네?" "감기에 걸려서 열이 나네."라고 이야기하곤 하지. 둘 다 열이 가해져서 온도가 높아지는 것은 맞아. 하지만 과학적인 관점에서 둘은 비슷하지만 같지는 않아.

얼음을 예로 들어 설명해 볼게. 얼음의 온도는 아마 0도 이하일 거야. 열을 가해서 온도를 높이면 물이 되잖아. 물에 열을 더 가하면 100도라는 끓는점에 도달해 수증기가 되고 말이야. 이처럼 열에너지는 입자 하나하나의 운동에너지를 높이는 데 사용돼. 열을 흡수하면 입자의 운동이 활발해지고 입자 사이의 거리가 넓어지지. 온도를 높이기 위해서는 열이 필요하지만 열은 에너지이고 온도는 에너지가 아냐. 열에너지를 측정해서 온도로 나타낸 거지.

온도는 물질 내의 분자나 원자 같은 입자들의 평균 운동에너지를 수치로 나타낸 것을 뜻해. 반면 열은 물질 내의 분자와 원자 같은 입자들의 총운동에너지를 나타내는 개념이야.

열을 전달하는 방식 3가지

열을 전달하는 방식에는 3가지가 있어.

첫째는 전도Conduction야. 전도는 고체에서 주로 일어나는데, 물질의 분자가 직접 이동하지 않고 근처에 있는 분자와 충돌해서 에너지를 전달하는 방식이야. 뜨거운 냄비를 만졌을 때 손이 뜨거운 것은 바로 전도 때문이지. 물질의 전도성은 재질에 따라 다를 수 있어. 예를 들어 금속 같은 도체는 열을 잘 전달하지만 플라스틱이나 나무는 열을 잘 전달하지 않아.

둘째는 대류convertion야. 액체와 기체 같은 흐르는 유체일 때 주로 일어나는 열전달 방식이지. 대류는 물질을 이루는 입자가 직접 이동해서 열이 전달되는 방식이야. 물을 끓일 때 뜨거운 물이 위로 올라가고 차가운 물이 아래로 내려오는 현상이 바로 대류 현상이야.

셋째는 복사Radiation야. 물질을 이루는 입자의 직접적인 이동 없이 전자기파 형태로 열이 전달되는 방식이지. 태양과 지구 사이에는 아무것도 없는데도, 즉 전도나 대류를 할 수 있는 고체나 액체, 기체 물질이 없는 데도 열이 전달되잖아? 태양에서 지구로 주는 에너지는 복사의 방식으로 주는 거야. 태양에서 지구로 전달되는 열은 '태양복사에너지'라고 부르고, 지구에서 지구 바깥으로 전달되는 열은 '지구복사에너지'라고 불러.

열은 에너지의 한 형태이기 때문에 열과 온도는 다른 단위를 사용해. 열은 *cal*나 *J* 같은 에너지 단위를 사용하고, 온도는 K(절대온도), ℃(섭씨 온도), ℉(화씨 온도)를 사용하지.

열과 비열의 관계

열과 온도에 대한 몇 가지 오해가 더 있어. 하나는 온도가 높은 물질이 항상 더 많은 열을 가진다는 오해야. 재질이 다른 두 물질이 있을 때, 큰 부피의 물과 작은 부피의 금속이 있을 때는 물이 금속보다 낮은 온도지만 더 많은 열을 가질 수 있어. 이는 비열이라는 개념을 통해 설명할 수 있지. 비열은 물질을 1도 올릴 때 필요한 열에너지를 말해.

물은 *1kcal/g* ℃의 비열을 가지고 있지. 물질의 종류에 따라 비열도 달라. 물은 다른 물

물질	비열
물	1cal/g·K
철	0.107cal/g·K
카드뮴	0.055cal/g·K
금	0.0308cal/g·K
공기	0.24cal/g·K
얼음	0.487cal/g·K
1기압의 수증기	0.349cal/g·K
알코올	0.55cal/g·K

질과 비교하는 기준 물질이라서 1이라는 숫자가 작아 보이지만 다른 물질에 비하면 비열이 매우 큰 편이야. 그래서 물은 냉각재로 사용하기 좋고, 낮에는 육지보다 상대적으로 천천히 데워지기 때문에 육지보다 바다의 온도가 낮아서 더운 육지의 공기가 위로 올라가 기압이 낮아지고 그 빈 공간을 바다의 공기가 채워서 해풍(해양에서 육지로 부는 바람)이 불고, 밤에는 바다가 천천히 식기 때문에 바다 위 공기의 온도가 더 높아서 육풍(육지에서 해양으로 부는 바람)이 부는 거야.

추운 겨울철에 놀이터의 철봉을 만져 보면 나무로 된 의자보다 훨

썬 차갑게 느껴지는 걸 알 수 있어. 그런데 더운 여름철에는 철봉이 훨씬 뜨겁게 느껴지지. 이를 통해 쇠가 무조건 차가운 것은 아니라는 걸 알 수 있어. 그렇다면 철과 나무의 온도가 다르게 느껴지는 이유는 무엇일까? 뜨거운 음식이 담긴 냄비를 그냥 잡으면 화상을 입기 때문에 손잡이를 열이 천천히 이동하는 나무나 플라스틱으로 만들어 놓은 거야. 즉 우리가 느끼는 차고 따뜻한 정도는 그 물질 자체의 온도 때문이 아니라 열을 우리 피부로 얼마나 잘 전달하느냐에 따라 달라지는 걸 알 수 있어. 따라서 차가운 철을 만졌을 때에는 철이 피부로 열을 전달하는 속도가 나무보다 훨씬 빠르기 때문에 우리 몸에서 열이 빠르게 빠져나간다고 생각하면 돼.

물질마다 열전도율이 달라. 철이 나무보다 열전도율이 크기 때문에 주위의 열을 잘 빼앗고 잘 뺏기기도 하는 거야. 아이스크림을 먹으면 입이 차가워지는 이유도 온도가 높은 입안이 아이스크림에 의해 열을 잃고, 아이스크림은 온도가 높은 입안의 열을 얻기 때문에 차갑게 느껴지는 거야. 마찬가지로 아이스크림에 열이 가해지면 상태 변화가 일어나 녹을 수 있겠지?

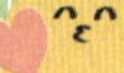

1. 다음은 열전달 방식(전도, 대류, 복사)에 대한 표야. 빈칸에 알맞은 말을 넣어 보자.

방식	물질의 상태	방식	일상생활 예시
전도	(가)	진동하여 전달	(나)
대류	(다)	(라)	(마)
복사	물질을 거치지 않는다.	(바)	(사)

2. 낮과 밤의 모래와 바다 그림을 보고 내용이 맞으면 O, 틀리면 X로 표시해 보자.

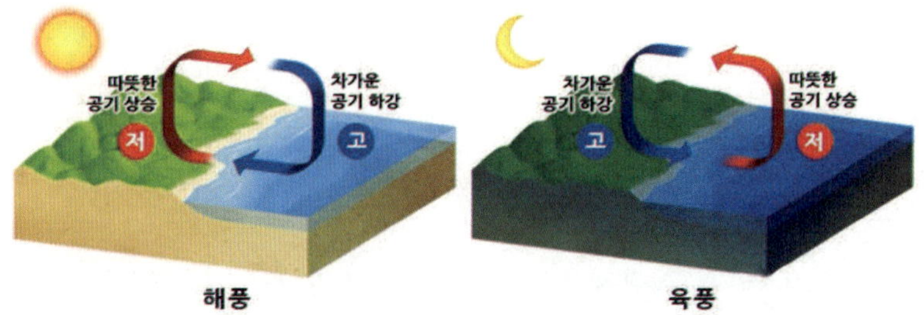

1) 육지의 비열이 바다보다 작기 때문에 육지가 바다보다 빠르게 데워진다. (   )

2) 해풍은 주로 밤에 발생한다. (   )

3) 물의 비열이 모래보다 크기 때문에 물은 온도 변화가 작다. (   )

4) 육풍은 육지에서 바다로 부는 바람이다. (   )

5) 낮에는 육지가 바다보다 온도가 높아서 육지에 고기압이 형성된다. (   )

3. 영하의 온도도 열에너지가 있을까? 자기 생각과 그렇게 생각한 이유를 적어 보자.

더 알고 싶어 119

📖 도서   ▶ 영상   🔍 사이트

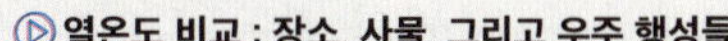

▶ **열온도 비교 : 장소, 사물, 그리고 우주 행성들**

온도가 높다는 것은 입자들이 빠르게 움직인다는 것이고, 이는 운동량이 크다는 것과 관련이 있어. 벽에 입자들이 충돌하는 횟수가 늘어난다는 것은 충격량이 크다는 것과도 관련이 있지. 의아하다고? 지난 시간에 배운 운동량과 충격량과 연결 짓는다면 그냥 그렇다는 말이야~ 이 영상은 오늘 배운 우리 주변 많은 것들의 온도를 비교한 거야. 초콜릿이 녹는 온도부터 우주에서 가장 뜨거운 별까지! 온도마다 어떤 일이 발생할 수 있는지 느껴보자.

🔍 **ChatGPT** 3번 문제의 답을 AI에게 물어보자. 문제에 대해 충분히 설명하고 내 수준에 맞게 답변해 달라고 요청해 보는 거야. 내가 초등학생인지, 중학교 몇 학년인지도 알려 주면 수준에 맞는 답변을 해 줄 거야. 답변에 대해 궁금한 것이 있다면 더 물어보면서 이해해 보자. 중학생이라면, 관련 공식이 있는지 물어봐도 좋을 것 같아.

지구온난화는 왜 일어나는 걸까?

지구온난화의 원인과 이를 억제하는 방법

매년 기후 변화 위기가 심해지고 있어. 앞으로는 지구온난화로 더욱 살아가기 힘든 환경이 될 수 있어. 지구온난화를 막기 위한 노력에 대해 알아보자.

학습 키워드　#기상 #기후 #기후변화위기 #지구온난화 #온실효과

교과 연계　중3 과학 〉 Ⅲ. 수권과 해수의 순환
　　　　　　　중3 과학 〉 Ⅳ. 운동과 에너지

심각한 기후 변화 위기

우리는 에너지를 사용하는 방법을 연구하고 친환경적인 활용 방법이 있는지 고민해야 해. 한정된 에너지를 효율적으로 사용해야 하니까. 그렇지 않으면 온실 기체의 양이 자꾸 커져서 지구온난화가 더욱 심각

해질 거야. 지구온난화에 따른 기후 변화 위기를 살피기 전에 기상과 기후가 어떻게 다른지 먼저 살펴보자.

'기상'은 날씨와 같은 의미야. 어떤 지역에서 나타나는 기온과 강수량, 바람의 세기 같은 대기의 상태를 뜻해. '기후'는 오랜 시간에 걸쳐 나

타나는 날씨의 평균적인 상태를 뜻하지. 사람들은 기후 변화 위기를 그렇게 심각하게 생각하지 않아. 막상 급격한 기후 변화를 실감하기가 어렵기 때문이야. 만약 급격한 기후 변화가 일어난다면 더 위기를 느끼고 노력하지 않을까?

기후 변화를 막지 못하면 우리는 어떻게 될까? 지구는 태양으로부터 오는 열을 가둬 따뜻하게 만들고 일부 열은 빠져나가도록 해서 너무 뜨겁지 않게 하면서 유지되고 있어. 그런데 우리가 이산화탄소나 메탄가스 등을 마구 배출하는 바람에 열이 빠져나가지 못하게 만들어서 지구 환경이 균형을 잃고 있지. 이 때문에 점점 지구가 더워지는 게 지구 온난화야.

만약 지구 온도가 더 올라가서 만년설과 빙하가 완전히 녹으면 해수면이 67미터 이상 상승해서 어떤 지역은 물에 잠기게 될 거야. 실제로 세계 곳곳에서는 이미 지구온난화로 인한 기록적인 폭염과 극심한 가뭄이 발생해서 엄청난 숲과 땅을 집어삼키는 일이 벌어지고 있어. 긴 장마로 인한 홍수, 산사태 등이 발생해 삶의 터전을 잃은 사람들이 생기기도 했고, 해수면이 상승해 나라 전체가 사라질 위기에 처한 곳도 있어. 결국 우리는 지구가 아파서 걱정하기보다 우리가 죽을까 봐, 인류가 멸망할까 봐 걱정해야 하는 처지가 된 거야.

기후 변화에 빠르게 적응하지 못하는 생명체는 멸종할 수밖에 없어. 과거에 살았던 공룡이 멸종한 것도 그런 이유 때문이지. 우리 인류도 그 멸종의 위기를 앞두고 있고, 그 위기를 스스로 만들어 내고 있다는 걸 깨달아야 할 거야.

다음 페이지의 그래프는 104년간의 한반도 연평균 기온 변화를 나타낸 표야. 1912년부터 약 3도가 오른 것을 알 수 있어. 이렇게 온도가

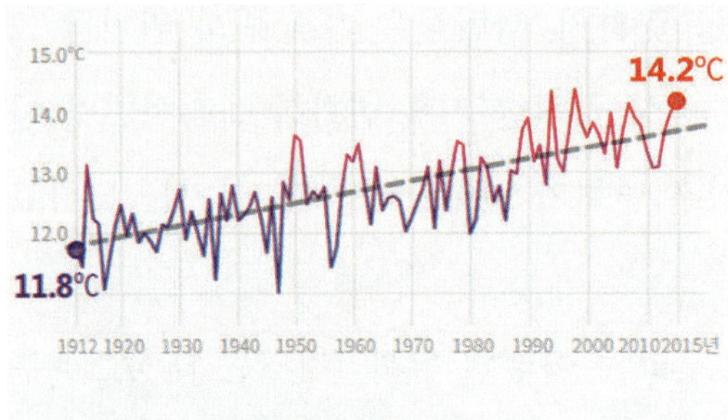

↑ 104년간 한반도 연평균 기온 변화
자료: 기상청 국가기후데이터센터. 1912년 이후 연속적으로 관측 자료가 존재하는 6개 지점(서울, 부산, 인천, 강릉, 대구, 목포) 기준

오르는 원인은 대기 중에 온실기체의 농도가 증가했기 때문이야. 만약 지구온난화가 계속된다면 봄꽃의 개화 시기가 빨라질 거고 여름의 길이는 길어지고 겨울은 짧아질 거야.

지구온난화를 늦추려면

온실효과에 대해 들어 본 적 있니? 앞에서 말한 것처럼 대기 중에 온실 기체가 지표면에서 방출된 적외선 영역의 지구 복사 에너지를 흡수했다가 다시 방출하면서 지구의 평균 기온을 높이는 효과를 말해. 온실효과는 어느 정도는 필요해. 그래야 지구의 평균 온도를 우리가 살 수 있는 온도로 따뜻하게 유지할 수 있으니까. 그런데 온실 기체의 농도 증가로 온실효과가 너무 심해진 것이 큰 문제야.

지구온난화를 늦추기 위해서는 어떻게 해야 할까? 가장 근본적인 원인인 화석 연료 사용을 줄이는 거야. 우리는 이를 위해 신재생에너지 같은 새로운 에너지 자원을 개발하고 있어. 이미 높아진 대기 중 이산화탄소 농도를 줄이는 것도 중요해. 이산화탄소의 농도를 줄이기 위해 나무를 많이 심어서 삼림 지역을 더 넓히고, 대기 중의 이산화탄소를 모아 탄소 활용 제품을 만들어 팔거나 재활용하는 효율적인 방법을 연구해야 해. 국제적으로도 기후 협약을 잘 지키면서 국가적인 노력을 해야 하지.

1. 주요 온실가스 6가지에 대한 표야. 빈칸에 알맞은 화학식을 〈보기〉에서 찾아 써 보자.

| 보기 | | CO_2 CH_4 N_2O |

이산화탄소	(가)	가장 많이 알려진 온실가스로 우리가 숨을 쉴 때도 나오지만, 자동차나 공장에서 석탄이나 석유 같은 것을 태울 때 가장 많이 나와요.
메탄	(나)	메탄은 소나 양 같은 동물이 풀을 소화할 때 나오거나, 논처럼 물이 가득 찬 땅에서 나오기도 해요. 이산화탄소보다 양은 적지만, 지구를 더 뜨겁게 하는 힘이 아주 강하다고 알려져 있어요.
아산화질소	(다)	주로 농사를 지을 때 비료를 사용하거나, 공장에서도 나와요. 자극적인 냄새가 나는 유해한 기체입니다.
수소불화탄소, 과불화탄소, 육불화황	HFs, PFCs, SF_6	이 세 가지는 사람들이 특별한 목적을 위해 인공적으로 만들어진 기체들로, 냉장고의 냉매나 전기 장치의 절연체 등으로 사용됩니다. 양은 아주 작지만, 이산화탄소보다 지구를 뜨겁게 하는 힘이 수백 배에서 수만 배까지 강해요. 특히 육불화황은 전기 제품이나 변압기의 절연체로도 많이 쓰여요.

2. 오늘 CO_2의 농도를 알아보자. '기상자료개방포탈' 사이트에 방문해 홈에 나와 있는 데이터를 기록해 보자. 작년 데이터와도 비교해 보자.

오늘 날짜:

(   ) 월 CO_2:

(   ) 월 기온:

더 알고 싶어 119

🔖 도서   ▶ 영상   🔍 사이트

🔍 **기상자료개방포털**

기상청이 운영하는 기상자료개방포털에 들어가면 기후 변화 대응을 위해 지구대기감시보고서 및 이상기후보고서를 다운받아서 볼 수 있어. 경로는 '기상자료개방포털 〉 간행물 〉 기후변화 〉 지구대기감시보고서, 이상기후보고서'야. 가장 최근의 데이터를 보고 위의 온실가스들이 어떤 변화를 나타내고 있는지 살펴보자.

신재생에너지는 어떤 에너지일까?

신재생에너지의 종류

신재생에너지란 기존의 화석 연료를 변환시켜서 이용하거나 햇빛, 물, 지열, 기후, 생물 유기체 등 재생가능한 에너지를 변환시켜 이용하는 에너지를 뜻해.

학습 키워드 #신재생에너지 #신에너지 #친환경에너지 #적정기술 #친환경도시

교과 연계 중3 과학 〉 III. 수권과 해수의 순환
중3 과학 〉 IV. 운동과 에너지

우리가 에너지를 사용하기 위해 자연에서 쉽게 이용할 수 있는 것은 화석 연료야. 생명체의 유해가 땅속에 묻힌 후 오랫동안 열과 압력을 받아 만들어진 에너지 자원이지. 화석 연료에는 고체 상태의 석탄이나 액체 상태의 석유, 기체 상태의 천연가스 등이 있어.

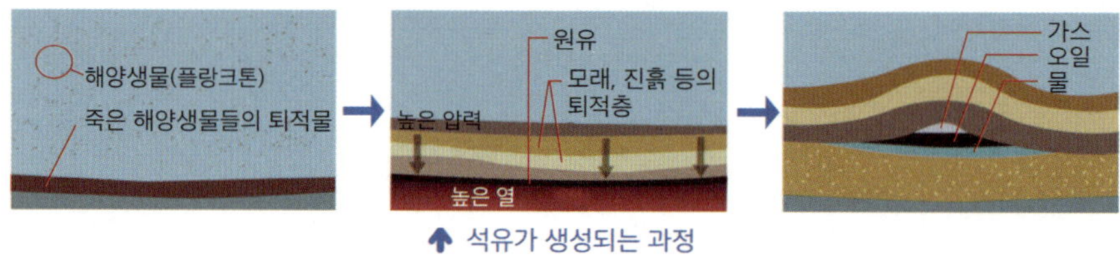

↑ 석유가 생성되는 과정

화석 연료는 위 그림처럼 플랑크톤이나 미생물이 바다나 호수 속에 가라앉아 점토 등에 섞여 퇴적되어 열과 압력을 오랜 시간 동안 받아서

생긴 거야. 화석 연료는 기후 조건이 좋았던 중생대에 플랑크톤이 많이 생성된 곳에서 많이 생겼다고 해. 그 당시 바다였고 지금은 육지인 나라가 화석 연료를 가장 많이 갖고 있을 수밖에 없겠지. 플랑크톤과 같은 유기물로부터 석유 같은 에너지원이 만들어지려면 수천, 수억 년의 시간이 걸려. 그런데 우리는 너무 빨리 화석 연료를 사용하고 있어. 오랜 시간 동안 만들어진 화석 연료를 너무 빨리 사용하고 있기 때문에 우리는 화석 연료를 대체하는 연료로 핵발전이나 태양광발전을 이용해 신재생에너지를 개발했어.

신재생에너지와 적정기술

신재생에너지란 기존의 화석 연료를 변환시켜서 이용하거나 햇빛, 물, 지열, 기후, 생물 유기체 등 재생가능한 에너지를 변환시켜 이용하는 에너지를 뜻해. 재생에너지는 태양광, 태양열, 풍력, 수력, 지열에너지 등을 뜻하고 신에너지는 새로운 에너지 전환 기술을 이용한 에너지를 뜻해.

우리는 적정기술과 친환경 에너지 도시 계획을 통해 에너지를 아끼기 위해 온 힘을 다하고 있어. 적정기술은 경제적으로 열악한 사회 공동체에서 그 지역사회의 문화적, 정치적, 환경적인 면을 고려해 삶의 질을 향상시키기 위해 적용하는 기술이야. 적정기술은 친환경적이어야 하고 현지 자원을 잘 활용하면서도 단순하고 효용성이 커야 해. 전기에너지를 활용하지 않고 유지 비용이 적거나 없어야 한다는 조건이 있지.

적정기술에는 생명 빨대, 페달 세탁기, 항아리 냉장고, 와카 워터 탑 같은 것들이 있어. 물을 깨끗하게 만들거나 전기가 없어도 세탁기나 냉장고를 이용할 수 있는 기술이야. 기술이 충분히 발달한 선진국은 그에

↑ 항아리 냉장고

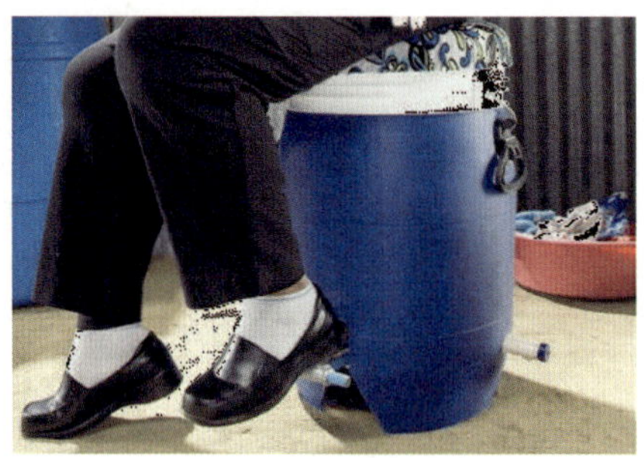
↑ 페달 세탁기

맞는 문화가 잘 구축되어 있지만 인프라가 부족한 개발도상국이나 저개발국은 선진국의 기술을 배우는 것도 쉽지 않아. 그래서 개발도상국의 인프라에 적절하게 인프라 수준을 맞춘 것이 바로 적정기술이야. 물론 적정기술도 그 기술이 사용될 현지의 문화, 환경, 경제적 상황에 얼마나 잘 맞는지에 따라 좌우될 수 있고, 지속가능한 유지 관리 계획이 얼마나 잘 지켜지는지 등이 중요해. 그래서 실패하는 사례도 많아.

친환경 에너지 도시

친환경도시란 지역 환경에 맞도록 신재생에너지를 잘 활용해 에너지 문제와 환경 문제를 자체적으로 해결할 수 있는 도시를 말해. 친환경 에너지 타운, 탄소 제로 도시, 에코 시티, 녹색 도시라고도 부르지. 교통 체계를 대중교통 중심으로 구축해서 자전거와 버스를 편리하게 이용할 수 있도록 하고 난방기구 없이도 실내 온도를 유지하고 물 소비량을 줄이기 위해 빗물의 일부를 저장해 두었다가 재활용하기 위한 옥상의 조경을 구성하는 시스템을 도시에 구축하고 있는 도시야. 친환경도시를 많이 만들어서 기존 화석 에너지 사용량을 최소한으로 줄이고 신재생에너지의 사용량을 늘이는 것이 우리의 목표가 되어야 해.

1. 화석 연료에 대한 설명으로 옳은 것은?

　① 화석 연료는 생명체의 유해가 땅속에서 오랫동안 압력을 받아 만들어진 에너지 자원이다.

　② 화석 연료는 태양광과 같은 재생 가능한 에너지 자원이다.

　③ 화석 연료는 주로 수소와 산소로 이루어진 물질이다.

　④ 화석 연료는 대기 중에서 자연적으로 생성되는 에너지이다.

2. 다음 글을 읽고 책에서 소개해 준 적정기술 말고 개발하고 싶은 적정기술이 있다면 적어 보자.

> 적정기술은 그것을 생산하고 사용하는 과정에서 최소한의 자원을 소비하는 생태적인 기술이자 제3세계와 선진국 사이의 기술적, 경제적 격차를 가장 바람직한 방식으로 해결할 수 있는 도구이다. 또한 기술을 사용하는 궁극적인 목표가 인간의 발전에 맞춰진 기술이라고 볼 수 있다. 결국 적정기술이라는 개념은 특정한 종류의 기술들의 집합을 의미한다기보다 우리 사회에 존재하는 기술, 그리고 그 기술과 우리와 맺는 관계를 평가하고 점검하는 기회라고 볼 수 있다. 다양한 목표 하에 다양한 방법으로 이루어지고 있는 적정기술 활동 속에서 기술은 점점 인간다워지고 있다. (출처: 『인간의 얼굴을 한 기술』 21세기 교양 과학기술과 사회, 장하원, 2016)

생각한 적정기술	대략적 그림

 **더 알고 싶어 119**　　　　　　　　　　📖 도서　▷ 영상　🔍 사이트

▷ **물에서 태어난 친환경 에너지?! 수열에너지 클러스터 (환경부)**

신재생에너지 기술은 더욱 발전하고 있어. 연구를 지속적으로 하고 있는 상황이라 10년 뒤에는 어떤 에너지가 또 주목받게 될지 예상할 수 없지만 요새는 수열에너지가 떠오르는 핫 이슈야. 수열에너지는 무엇일까? 그리고 한강물로 에어컨을 틀 수 있다는데 그게 무슨 이야기인지 찾아서 공부해 보자.

과학은 완벽할까?

과학과 사회의 관계

우리는 과학적이라는 말을 대체로 믿을만하다는 말처럼 쓰고 있어.
그렇다면 과학은 과연 완벽한 학문일까?

학습 키워드 #과학 #과학의본성
교과 연계 과학 전 과목

과학은 의심하는 자세로 공부해야 해

논리나 증거 없이 자기 생각을 주장하다가도 그건 과학적으로 증명된 사실이 아니라고 이야기하면 입을 딱 다무는 경우가 많아. "야! 과학적으로 그렇다는 연구 결과가 나왔어."라고 말하면 말싸움에서 가볍게 이겨 버리지. 그렇다면 과학적으로 증명된 사실은 무엇이든 옳다고 볼 수 있을까?

놀랍게도 과학은 완벽한 학문이 아니야. 그래서 과학적으로 증명된 사실이라도 언제까지나 옳다고 주장하기는 어려워. 모든 학문이 그렇겠지만, 특히 과학 분야는 새로운 이론이나 증거가 발견되면 언제든 바뀔 수 있기 때문이야. 역사적으로 엄청나게 오랫동안 다퉜던 천동설과 지동설만 봐도 알 수 있지.

지구의 내부는 지각, 맨틀, 외핵, 내핵의 4개 층으로 이루어져 있다고 생각해 왔어. 그런데 기술이 지금보다 발전해서 더 자세한 탐사가 가능해지면 또 다른 층이 발견될 수도 있어. 이처럼 지금까지의 탐구나 연구로 확실하다고 믿었던 이론이 다양한 증거가 발견되면서 바뀌는 일이 과학 분야에서는 무수히 많이 일어났었어. 앞으로도 그런 일이 벌어질 수 있다는 거지. 그래서 과학을 공부할 때는 항상 의심하는 자세로 받아들여야 해. 그런 면에서 과학은 완벽한 학문이라고 볼 수 없다는 거야.

예를 들어 '고체' 물질에 대해 설명할 때도 고체와 관련된 다양한 현상을 이해하기 위해 알아야 할 규칙들이 너무 많아. 각 현상에 따르는 예외적인 경우도 많고 말이야. 그래서 이 모든 현상을 설명할 수 있는 단 하나의 이론이나 규칙이 있으면 좋겠다는 생각이 들 때도 있어. 그런 것을 연구하는 게 과학을 공부하는 사람들이 앞으로 해야 할 일이겠지?

최근 지구 내핵 안에 금속으로 된 반지름 $650km$의 또 다른 핵이 존재한다는 연구가 발표된 적이 있었어. 만약 이 연구가 학계의 검증을 거쳐 사실로 밝혀진다면, 몇 년 후 우리는 지구의 내부 구조가 4층이 아닌 5층 구조라고 배우게 될 거야. 교과서에도 새로운 이론이 실리겠지. 이처럼 과학은 언제든 바뀔 수 있는 학문이라는 사실을 잊지 말아야 해.

과학은 정치와 사회의 영향을 많이 받아

한편 과학이 완벽하지 않다면 정치나 사회와는 어떤 관계를 맺고 있을까? 언뜻 생각하면 과학은 정치나 사회와 별 관련 없는 것처럼 보이지만, 사실 과학은 정치와 사회의 영향을 많이 받는 학문이야. 과학 연구를 하려면 많은 돈이 필요하기 때문이지. 사실 대부분의 과학 연구는 우리가 당장 먹고사는 것과 직접적으로 관련이 없는 경우가 많아. 그래서 정치나 사회 분야에서 과학에 투자하려고 마음먹지 않는다면 아무리 중요한 연구라고 해도 제대로 이루어지기가 힘들어. 많은 과학 연구는 먼 미래에 결실을 맺는 경우가 대부분이기 때문이지.

멘델이 완두 실험으로 유전의 기본 원리를 밝히게 된 것도 농작물을 더 많이 생산하려면 어떻게 해야 할까 연구를 했기 때문이야. 이것은 시대적인 요구나 배경이 담겨진 대표적인 사례야. 농작물의 품종을 개량하기 위해 식물 교배 방법을 연구하다가 유전의 원리에 대해 알게 된 거라고 볼 수 있어. 이처럼 과학 연구는 사회적인 문제를 해결하기 위해 시작되기도 해. 만약 당시 멘델이 품종 개량에 관심이 없었다면 완두를 자가 수분해서 연구하지 못했을 거야.

1. 과학적으로 증명된 사실이 언제까지나 옳다고 볼 수 없는 이유는?

   ① 과학은 완벽한 학문이기 때문
   ② 새로운 이론이나 증거가 발견될 수 있기 때문
   ③ 과학은 항상 변하지 않기 때문
   ④ 과학자는 항상 올바른 결론을 내리기 때문

2. 유전의 기본 원리를 밝힌 멘델은 누구이고 그가 정리한 유전 법칙은 도대체 뭐지? 다음 글을 읽고 내가 만약 멘델이었다면 어떤 생각을 가지고 임했을지 일기를 적어 보자.

> 멘델은 왜 유전에 대한 비밀을 밝히기 위해 하필이면 완두콩을 사용했을까? 왜냐하면 키가 아주 잘 자라서 금방 실험 결과를 볼 수 있었고, 모양도 눈에 띄는 특징들이 많았어. 또 완두콩은 한 꽃 안에서 암술과 수술이 만나 씨앗을 만들 수 있는 식물이기 때문에 자가수분을 할 수 있었어. 심지어 타가수분도 멘델이 직접 조절할 수 있었기 때문이야. 멘델은 이 실험을 7년이나 지속했어.
>
> 하지만 멘델의 노력을 두고 "그게 뭐 대수라고?" 하고 생각하는 사람들이 많았어. 다른 과학자들은 그냥 완두콩 세고 비율 맞추는 숫자 놀이 같다는 생각을 했을 수도 있을 것 같아. 그리고 멘델이 주장한 유전자의 개념은 과학자들에게 많이 낯설었던 거고, 그래서 더 외로웠을 것 같아. 멘델은 수도원의 작은 정원에서 혼자서 연구를 했고 주변에 같은 주제를 연구하는 과학자도 많지 않아 자신의 생각을 나눌 수 있는 사람이 많이 없었거든.
>
> 멘델은 결국 자신의 위대한 발견이 사람들에게 제대로 인정받는 모습을 살아생전에는 보지 못했어. 그러나 그가 죽은 지 35년 뒤인 1900년, 각자 연구하던 세 명의 과학자들이 멘델의 논문을 발견하고 무릎을 쳤어. 그렇게 멘델의 연구는 뒤늦게 세상의 빛을 보게 된 거야.

더 알고 싶어 119

📖 도서　▷ 영상　🔍 사이트

▷ **애니메이션 〈지구의 운동에 대하여〉**
   지동설을 이단으로 탄압했던 상황에 대해 애니메이션으로 표현했어. 주인공 라파우의 생각과 감정을 따라가다 보면 지동설과 천동설의 논쟁이 당시 얼마나 뜨거웠는지 느껴질 거야.

▷ **직접 만든 망원경으로 지동설을 증명한 과학자 (EBS컬렉션-사이언스)**
   만약 위 애니메이션을 보기 어렵다면 이 영상을 추천할게.

과학의 원리를 이용해 음식을 만드는 요리사

음식은 단순히 영양을 섭취하는 수단을 넘어 과학적 원리와도 깊은 연관이 있어. 요리사가 과학적 원리를 잘 이해하고 활용해서 맛있고 건강한 음식을 만들어 낸다면 철학이 담긴 요리사로 인정받아 많은 사람들의 호감을 얻을 수 있을 거야.

↑ 캐러멜화

캐러멜화: 요리 유튜브를 자주 봤다면 "캐러멜화를 시키세요~" 같은 멘트를 들어 봤을 거야. 그만큼 요리에서 자주 사용되는 기술이지. 캐러멜화는 설탕의 산화 반응에 의해 생기는 현상인데, 요리에 진한 색을 더해 식욕을 자극하고 고소함도 더해 주지. 설탕은 100도가 넘어가면 녹기 시작하면서 표면이 불투명해지고 168도가 되면 색이 약간 나오기 시작해. 180도가 되면 호박색을 띠며 풍부한 향이 나타나지. 188도가 넘으면 어둡고 쓴맛이 생기게 돼. 이런 조리법을 쓰는 대표적인 음식에는 '달고나'가 있어.

↑ 효모가 발효되면서 만들어지는 빵

발효을 이용한 빵: 빵을 구우면 부풀어 오르는 것에는 어떤 원리가 담겨 있을까? 빵이 부푸는 것은 효모가 발효하면서 이산화탄소가 생기기 때문이야. 이 과정에서 가스가 반죽을 부풀게 해서 공기층을 만들어 부드러운 식감을 갖도록 하지. 제빵사는 반죽의 온도와 수분 함량을 조절한 다음 최적의 발효 상태를 유지시켜서 맛있는 빵을 만들 수 있어.

요리사에게 생물학적 지식이 필요한 이유: 건강한 식재료를 선택할 때도 생물학적인 지식이 필요해. 예를 들어 비타민이 풍부한 채소나 항산화 물질이 많은 과일을 사용한다면 음식의 영양적 가치를 높일 수 있겠지? 또한 식재료의 신선도와 보관 방법을 이해하면 더 건강한 식단을 만들 수 있어.

↑ 항산화 물질이 많은 과일

달걀 프라이에는 어떤 원리가 있을까? 달걀 프라이를 만들 때 액체 상태의 흰자가 열을 받으면 하얗고 단단하게 변하잖아? 생선 살도 뜨거운 물에 닿으면 하얗게 익지. 이렇게 한 번 변한 단백질은 시간이 지나도 원래 상태로 돌아가지 않아. 이걸 '단백질 변성'이라고 해. 단백질은 길고 복잡한 실뭉치처럼 생겼는데 열이 가해지면 이 실뭉치들이 풀어지거나 엉키면서 모양이 바뀌어. 원래대로 돌아가지 않고 성질이 변하면서 굳거나 색이 바뀌는 단백질 변성 덕분에 우리는 다양한 식감의 요리를 즐길 수 있어.

↑ 단백질 변성을 이용한 달걀 프라이

밥, 국, 떡에도? 혹시 라면 국물을 끓이다가 뭉쳐진 면이 풀어지면서 국물이 걸쭉해지거나, 죽을 만들 때 쌀이 부드러워지면서 점성이 생기는 거 본 적 있어? 이런 현상은 전분 호화라고 해. 녹말(전분) 알갱이가 물과 함께 열을 받으면 물을 흡수해서 탱탱하게 부풀어 오르면서 국물이나 소스를 걸쭉하게 만들지. 떡을 찌거나 밥을 짓는 것도 이 원리와 관련이 깊어.

↑ 전분 호화 작용으로 만들어진 죽

4부

지구 밖의 이야기,
우리 별의
비밀을 푸는 여행

119

우주가 점점 커지고 있다고?

우주의 탄생과 빅뱅 이론

빅뱅(Big Bang)이라는 말 들어 봤니?
우주는 언제 생겨났고 지금은 어떻게 존재하고 있을까?

학습 키워드 #빅뱅 #현대우주론 #허블법칙 #도플러효과 #빅뱅우주론 #우주배경복사
교과 연계 중1 과학 〉 Ⅶ. 태양계
중2 과학 〉Ⅷ. 별과 우주

빅뱅 이론과 우주의 팽창

우주는 언제 생겨났고 지금은 어떻게 존재하고 있을까? 현대우주론에 따르면 태초에는 아무것도 없었다고 해. 은하도, 별도 우리가 살고 있는 지구도, 시간이나 공간이라는 것 자체가 아예 없었다는 거야. 빅뱅Big Bang이라는 말 들어 본 적 있지? 처음 시간과 공간이 생겨났던 그 시점을 대폭발 혹은 빅뱅이라고 부른대. 빅뱅 이전에는 시간과 공간이 있었는지 혹은 없었는지는 알 수 없어.

현대우주론 연구가 처음 시작될 때 가장 유명했던 과학자는 알버트 아인슈타인이야. 당시 아인슈타인은 우주가 팽창하지도 수축하지도 않는 정적인 상태라고 주장했어. 그런데 1929년, 충격을 준 사건이 벌어졌지. 미국의 천문학자 에드윈 파월 허블Edwin Powell Hubble이 은하들

이 후퇴하고 있다는 것을 관측해서 우주가 팽창하고 있다는 사실을 발표한 거야. 허블은 은하가 후퇴하는 걸 어떻게 관측했을까?

그걸 알아보기 전에 먼저 살펴봐야 할 게 있어. 소리가 파동으로 공기 중을 가로질러 전달되는 것처럼 빛도 파동의 일종이야. 이 파동을 발생시키는 물체가 관측자에게 접근하면 파장이 짧아져서 관측(청색 편이, 청색 파장 쪽으로 치우친다)되고, 관측자에게서 멀어지면 파장이 길어져서 관측(적색 편이, 적색 파장 쪽으로 치우친다)되는 현상을 '도플러 효과'라고 해. 빛이라는 파동을 발생시키는 물체는 별이나 은하를 말한다고 볼 수 있지.

그런데 허블이 우주에서 움직이는 은하와 별을 관찰했더니 멀리 있는 은하일수록 적색 편이가 크게 나타난다는 것을 발견한 거야. 정지해 있다고 보기는 어렵지만 우리 지구와 가까이 있는 은하를 관측했을 때는 맨 처음과 같은 선스펙트럼이 나타났는데 더 멀리 있는 은하를 관측했더니 적색으로 치우쳐져 있다는 걸 알게 된 거지. 결국 아인슈타인은 1931년 "우주는 무한하고 정적이다."라는 당시의 상식에 맞추려고 했던 여러 이론들을 철회했어. 그 유명한 아인슈타인이 말이지.

우주가 팽창하고 있다는 허블의 주장에서 '팽창'은 어떤 의미일까? 풍선 위에 스티커들을 붙인 채로 풍선을 불면 어떻게 될까? 풍선은 계속 커지지만 스티커의 크기는 달라지지 않고 풍선의 겉면에 그대로 붙어 있겠지? 스티커 사이의 간격만 계속 넓어지고 말이야. 여기서 풍선이 우주이고 스티커를 은하라고 생각한다면 우주가 팽창하고 있다는 게 어떤 의

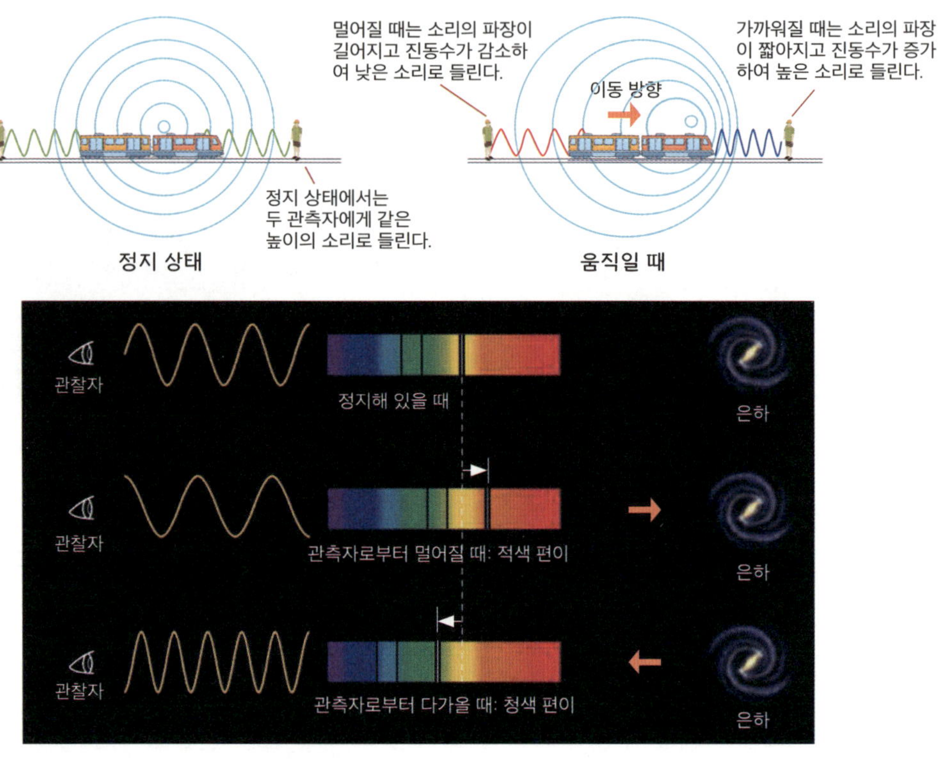

미인지 쉽게 이해할 수 있겠지?

빅뱅 우주론

빅뱅 이론은 허블의 발견으로부터 시작됐어. 과학자들은 우주가 계속 팽창하고 있다면 우주가 한 점에서 시작된 게 아닐까 상상했지. 그래서 나온 이론이 바로 빅뱅 우주론이야.

츠비키라는 과학자는 적색 편이된 스펙트럼을 설명하기 위해 빛의 피로Tired Light설을 제시했어. 빛이 우주에 있는 다른 원자와 전자에 부딪히면서 에너지를 잃고 다른 방향으로 산란될 수 있다는 이론이야. 그래서 먼 우주에서 지구까지 빛이 날아오는 동안 우주를 채우고 있는 원자

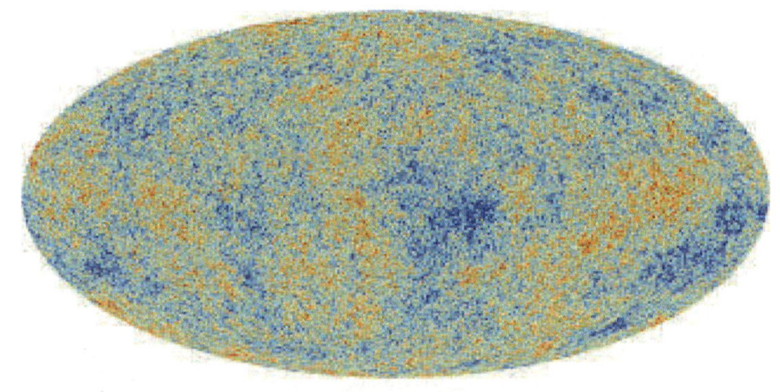

들과 부딪히면서 에너지를 잃기 때문에 파장이 더 긴 쪽으로 산란될 수 있다고 주장했지. 가까이에 있는 은하보다 먼 쪽의 은하에서 오는 빛이 더 에너지를 많이 잃었기 때문에 파장이 더 긴 쪽으로 이동했다고 본 거야. 어때? 그럴싸하지 않아?

하지만 츠비키의 가설을 받아들이기에는 여전히 많은 어려움이 있어. 예를 들어 우주배경복사 현상이 있지. 우주배경복사는 우주 전역에서 발견되는 전자기파 복사를 뜻해. 우리가 관측할 수 있는 우주의 모든 공간을 채우고 있는 복사지. 이는 원시 우주에 대한 중요 자료의 소스를 제공하는 잔해이고, 이를 통해 우주 전체의 온도가 어느 곳이든 크게 다르지 않고 '거의' 균일하게 분포되어 있다는 것을 알 수 있어.

빛의 피로에 기반한 우주론으로 설명할 수 없다는 점 때문에 많은 과학자들은 빛의 피로설을 지지하기보다 우주가 팽창하고 있다는 것을 믿고 있어. 언젠가 우주팽창설을 반대하는 결정적인 증거가 나타날 수도 있지 않을까? 과학은 우리 일상생활을 풍요롭게 하고 있기 때문에 정확하고 완벽해 보이기도 하지만 분명히 불안한 부분도 존재하고 있어. 언제든 바뀔 수 있기 때문이지.

1. 다음 문장이 맞으면 O, 틀리면 X를 표시해 보자.

> (가) 우주가 팽창한다는 것은 은하들이 우주 공간을 날아가며 멀어진다는 뜻
> 이다. (   )
> (나) 적색편이는 은하가 우리로부터 멀어지기 때문에 나타난다. (   )
> (다) 도플러 효과는 빛뿐만 아니라 소리에서도 관찰된다. (   )
> (라) 빅뱅은 우주 공간 속 특정 장소에서 일어난 폭발이다. (   )

2. 민수는 풍선에 은하를 표시한 후 입으로 불어 팽창시키는 실험을 하고 있어. 풍선 표면

- 처음(풍선 반지름 5cm) : 2cm
- 10초 후 (풍선 반지름 10cm) : 4cm
- 20초 후 (풍선 반지름 15cm) :6cm

의 은하 A와 은하 B 사이의 거리를 측정하였더니 다음과 같았지.

1) 은하 A와 은하 B가 서로 멀어지는 이유를 우주 팽창과 연결해 설명해 보자.

2) 만약 은하 C가 은하 A로부터 처음에 4cm 떨어져 있었다면, 10초 후에는 몇 cm 떨어져 있을까?

 **더 알고 싶어 119**

📖 도서 ▶ 영상 🔍 사이트

▶ **Fire Engine Siren Demonstrates the doppler effect**
도플러 효과를 우리 지구 안에서 볼 수 있는 현상을 담은 예시야. 소방차의 사이렌 소리, 적색편이와 청색편이를 한번 느껴 보자.

▶ **지구과학 입체 정리! 외계 행성의 탐사, 도플러 효과 (ebsi)**
입체로 도플러 효과를 이해할 수 있는 영상이야. 지구 밖의 일들은 우리가 보기 어렵기 때문에 상상하며 생각해야 하는데, 이렇게 가상 영상으로 개념을 이해하려고 노력한다면 아무래도 개념이 잘 받아들여지겠지?

태양계는 어떻게 만들어졌을까?

태양계의 생성과 지구

태양계는 빅뱅이 일어나고도 한참 더 오랜 시간을 거친 뒤에야
서서히 만들어지기 시작했어.
태양계가 만들어진 과정에 대해 알아보자.

학습 키워드 #빅뱅 #성운
교과 연계 중1 과학 > Ⅶ. 태양계
중2 과학 > Ⅷ. 별과 우주

빅뱅과 우주의 팽창

빅뱅이 일어난 시점은 지금으로부터 약 138억 년 전으로 추정하고 있어. 빅뱅 직후에는 빛과 열에너지가 방출되어 입자가 존재하기 어려운 상황이었지만 급속히 팽창이 일어나면서 우주 전체의 온도가 낮아졌지. 그러면서 전자와 같은 작은 입자들이 생겨나게 된 거야.

우주가 점차 팽창하면서 온도가 더 낮아졌고 그러면서 쿼크들이 서로 결합하는 일이 벌어졌어. 업쿼크 2개와 다운쿼크 1개가 결합해서 양성자, 업쿼크 1개와 다운쿼크 2개가 결합해서 중성자를 생성하게 된 거지. 약 3분 후에는 우주의 온도가 10억K 정도까지 낮아졌어. 이때는 중력과 강력, 약력이 상호작용하면서 헬륨 원자핵이 생겨났지. 헬륨은 주기율표의 원자번호 2번에 해당하는 것으로 양성자 2개와 중성자 2개가

결합한 모습이야. 헬륨 원자핵이 생성되었다고 해서 우주에 헬륨 원자핵만 있었던 것은 아니야. 헬륨 원자핵보다 더 간단한 수소 원자핵이나 중수소, 삼중수소도 함께 존재했지.

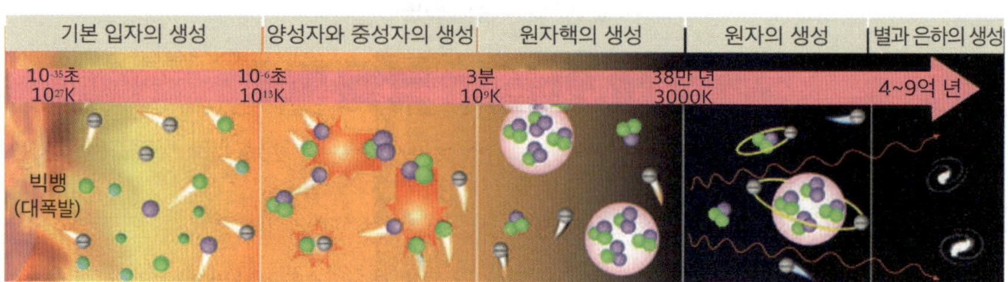

약 38만 년 후, 우주의 온도는 약 3000K까지 낮아졌고 원자핵과 전자가 서로 만나 인력으로 묶일 수 있는 조건이 되자, 수소나 헬륨과 같은 가벼운 원자가 만들어졌어. 복사 에너지는 많은 입자들에 의해 가로막혀 있었는데, 원자들이 만들어지면서 복사 에너지가 우주 전역으로 퍼져 나갔지. 그림으로 나타내면 다음과 같아.

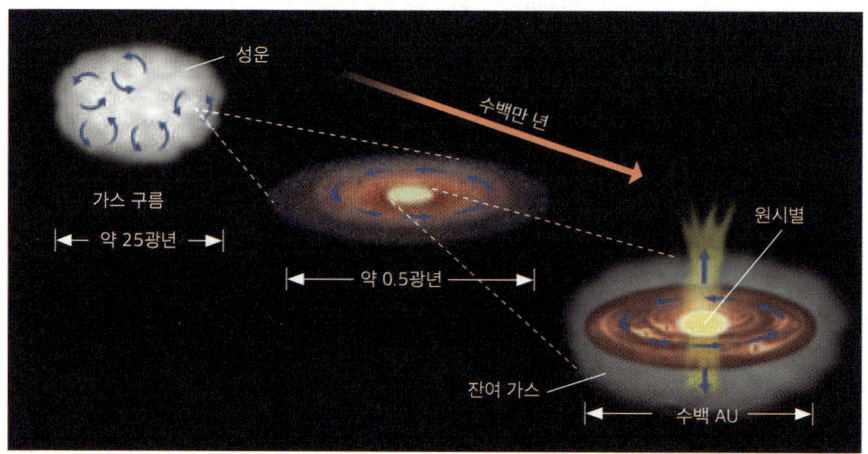

태양계의 탄생

태양계는 빅뱅이 일어나고도 한참 더 오랜 시간을 거친 뒤에야 서서히 만들어지기 시작했어. 가장 먼저 태양계 성운이 형성됐어. 성운은 별이 될 수 있는 구름이라고 생각하면 돼. 이 구름은 우리 태양이

↑ 태양계의 모습

속한 은하에 위치한 매우 역동적이고 많은 입자들이 뒤엉켜 있는 거대한 성운이었어. 이 태양계 성운은 큰 중력에 의해 수축하면서 동시에 회전을 했지.

여기서 잠깐, 우리 은하는 무엇이고 성단과 성운이 무엇인지 알아볼게. '성운'은 성간 물질이 모여서 구름처럼 보이는 천체를 뜻해. '성간 물질'은 별과 별 사이의 넓은 공간에 퍼져 있는 가스나 먼지를 말하지. 성운의 종류에는 여러 가지가 있어. 방출성운은 성간 물질이 주변의 별빛을 흡수하여 가열되어 스스로 빛을 내는 성운이야. 반사성운은 성간 물질이 주변의 별빛을 반사해 밝게 보이는 성운이고, 암흑성운은 성간 물질이 뒤쪽에서 오는 별빛을 차단해 어둡게 보이는 성운이지.

성운보다 조금 큰 단위인 '성단'은 수많은 별들이 모여 있는 집단이야. 산개성단은 굉장히 많은 별들이 엉성하게 모여 있는 집단으로 별들의 나이가 젊은 편이라 청색을 띠고 있지. 구상성단은 굉장히 많은 별들이 공 모양으로 빽빽하게 모여 있는 성단으로 적색을 띠고 있어. 이 성단들을 포함하는 것이 바로 '은하'야. 은하는 수많은 별들과 성단, 성운 등이 모여 있는 거대한 집단으로 평균 2,000억 개의 별들이 속해 있다고

해. 우리 은하는 태양계가 속해 있는 막대나선 모양의 은하를 뜻해. 은하의 중심에서 태양계까지의 거리는 약 3만 광년이야. '광년'이라는 단위는 우주에서 쓰는 길이의 단위로 빛의 속도로 3만 년을 갔을 때 은하 중심에 도달한다는 뜻이야. 우리 지구가 포함된 태양계는 우리 은하의 나선 팔에 존재한다고 해. 은하수milkyway라는 말 들어 본 적 있지? 은하수는 밤하늘을 가로지르는 희미한 띠 모양을 이룬 별의 집단이야. 우리나라에서는 겨울철보다 여름철에 더 밝게 보인다고 해. 은하의 중심을 바라볼 수 있는 여름철은 우리가 은하에 속해 있는 작은 행성임을 느끼게 해 주지.

먼저 성운이 형성된 다음에 이 성운이 수축하면서 동시에 회전을 시작했어. 그러면서 원시 태양이 형성됐고, 행성이라고 부르기 어려운 투박한 모양의 미행성체가 형성됐지. 이 역동적인 상황에서 미행성체들이 서로 부딪히기도 하고 뜨거운 태양에 포함되기도 하면서 뜨거운 태양계 비슷한 모습이 형성됐어. 그러면서 미행성체들이 모여 원시 지구가 생겼고, 다른 곳의 미행성체들이 묶여서 수성, 금성, 화성, 목성, 토성, 천왕성, 해왕성이 형성되면서 원시 태양계가 비로소 만들어진 거야.

1. 색연필을 들고 양성자를 분홍색, 중성자를 노란색, 전자를 초록색으로 표현하여 헬륨 원자 모형을 그려 보자.

2. 우리 은하는 어떤 형태로 되어 있을까?

① 구형 은하
② 타원형 은하
③ 막대나선형 은하
④ 불규칙형 은하

↑ 우리 은하

3. 우주의 탄생을 일목요연하게 한 장으로 정리하는 습관은 내용을 기억하는 데 도움이 돼. 시간 순서대로 그림을 그려 핵심 내용을 정리해 보자.

더 알고 싶어 119

📑 도서　▷ 영상　🔍 사이트

▷ **하나의 점에서 출발한 우주 탄생부터 지구 탄생까지 (EBS컬렉션-사이언스)**
이때쯤 되니까 머리가 복잡해지고 시간 순으로 우주의 탄생이 신기하면서도 재미있지 않니? 동영상을 보면서 우주의 탄생과 지구 탄생의 광활한 분위기를 느껴 보자.

태양과 지구는
어떻게 만들어졌을까?

원시 지구의 형성과 천체의 종류

원시 지구는 태양계의 미행성체들이 서로 충돌하고 뭉치면서 만들어진 마그마 바다가 식으면서 차츰 만들어졌어. 지구를 이루는 지각과 맨틀, 외핵, 내핵 등이 어떻게 생겼는지 알아보자.

학습 키워드   #지구 #항성

교과 연계   중1 과학 > Ⅶ. 태양계
중2 과학 > Ⅷ. 별과 우주

현재의 지구 모습

원시 지구가 형성된 이후에도 미행성체들이 서로 충돌하면서 크기와 질량이 계속 커졌어. 그러면서 마찰도 생기고 뜨거운 입자들이 혼합되면서 마그마 바다가 형성됐지. 이 마그마 바다는 유동적이라서 무거운 것은 아래로 가라앉고 가벼운 것은 위로 떠오르는 현상이 벌어졌어. 그러면서 맨틀과 핵이 분리된 거지. 현재 지구는 지각과 맨틀, 외핵, 내핵으로 구분하는데, 원시지구가 형성되는 과정에서 맨틀과 핵이 먼저 만들어진 거야. 원시 태양계에서 미행성체의 절대적인 개수가 점차 줄어들면서 지구에도 미행성체가 하늘에서 떨어지는 횟수가 줄어들었어.

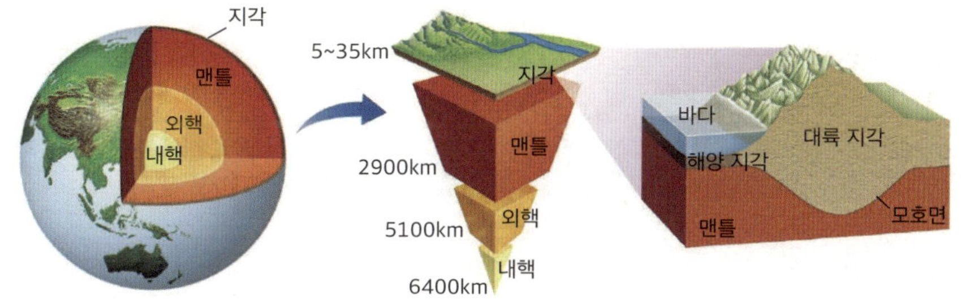

그러면서 지구의 온도가 낮아지기 시작했지. 처음에는 마그마 바다 였던 지구가 점차 식으면서 지각을 형성하게 됐어. 온도가 계속 낮아지면서 생긴 것은 바다였지. 기온이 낮아지면서 수증기가 응결해 아주 큰 폭우가 계속 내렸고, 그 폭우로 생긴 물이 움푹 들어간 지각에 고여 원시 바다가 형성된 거야. 원시 바다는 지금처럼 생명체로 가득한 모습이 아니었어. 지구의 나이를 24시간에 비유한다면 태초에 생긴 작은 세포 는 원시 지구가 형성된 후 23시간 58분에 형성된 걸로 보고 있단다. 물은 비열이 큰 물질이기 때문에 생명체가 살 수 있는 환경을 만들어 주었지. 따라서 최초의 생명체는 바다에서 등장했어.

현재 지구에 존재하는 철, 산소, 규소와 같은 물질은 우주와 별의 진화 과정을 통해 생성되었어. 외계의 소행성들이 지구에 떨어지면서 그 소행성이 갖고 있던 원소가 지구에 남겨졌다고 해.

현재 태양의 모습

태양은 지구 입장에서 보면 조명과 다를 게 없지만 핵융합반응 같은 격렬한 활동을 하면서 태양풍을 내뿜기도 해. 태양풍은 방사성 입자를 지구에 보내 오로라를 발생시키기도 하지만 정전 사태를 일으키기도 해. 어떤 태양풍은 물류 시스템이나 전기로 굴러가는 모든 산업을 뚝 멈추게 하는 엄청난 재난이야. 우주에 있는 천체의 대략적인 종류를 다음 표에 정리했어.

이름	특징	예시
항성	스스로 핵융합을 통해 빛을 내는 천체	태양
행성	항성의 주위를 도는 천체	지구
위성	행성 등의 주위를 도는 천체(인공위성은 포함되지 않음)	달
혜성	태양 주위를 큰 타원형의 궤도를 돌면서 공전하는 천체 (= 별똥별)	핼리 혜성
왜행성	행성과 소행성의 중간 천체	
소행성	항성 주위를 공전하지만 그 질량이 행성 및 위성보다 작은 천체	주노

↑ 활동 중인 태양

스스로 핵융합을 하면서 빛을 내는 태양은 항성이야. 우리는 태양 없이는 살 수가 없어. 태양이 주는 에너지를 이용해 식물이 자라기 때문이야. 우리는 식물이 있기 때문에 산소와 식량을 얻을 수 있고, 적당한 온도에서 살 수 있어.

별은 아무것도 없는 성운 속에서 어떻게 탄생했을까? 별은 온도가 낮고 밀도는 높은 성운이 중력에 의해 수축되면서 생겨났어. 수축되면 자연스럽게 온도가 높아지지. 기준면보다 높으면 위치에너지가 발생하는데, 중력에 의해 위치에너지가 낮아지면 운동에너지가 높아지겠지? 입자의 운동에너지는 온도와 관련이 있어. 온도가 높을수록 입자의 운동이 활발해지거든! 그래서 운동에너지가 높아짐에 따라 온도가 높아진 거

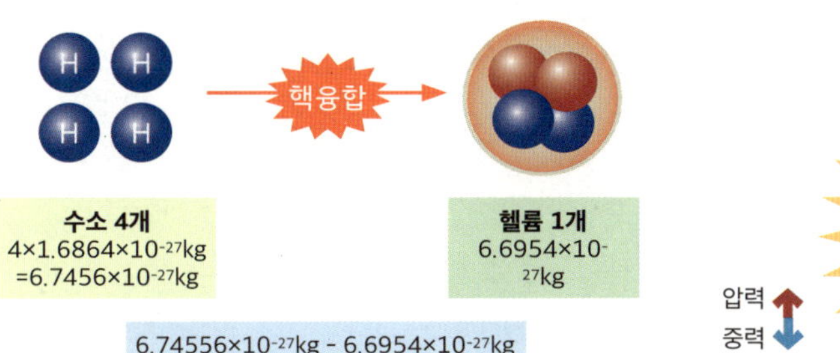

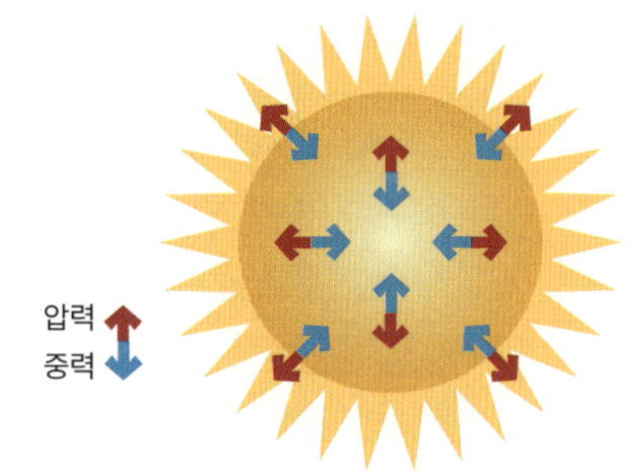

야. 중력의 수축이 계속되면서 중심부의 온도가 1,000만 K에 도달해. 이로 인해 수소 핵융합 반응이 시작됐지. 4개의 수소가 핵융합해서 헬륨이 되는 반응을 핵융합이라고 해. 수소 4개가 결합할 때는 높은 온도가 필요하지만, 질량 결손이 일어나기 때문에 큰 에너지를 발생시키지. 주변에서는 계속 수축하고 있는데, 밖으로 작용하는 내부 압력이 생기면 자연적으로 안정된 상태가 되면서 원시별의 수축이 멈추는 계기가 돼. 그래서 별이 탄생하는 거지. 즉 수축과 핵융합으로 인한 에너지 발산이 균형을 이루면서 안정된 상태로 변한 것이 별이야. 별은 생애 중 약 90%를 안정된 주계열성 상태로 존재한다고 해.

1. 태양은 어떻게 에너지를 만들어 내는 건지 다음 글을 읽으면서 물음에 답해 보자.

태양은 우리 지구에게 따뜻한 빛과 생명을 주는 아주 고마운 존재야. 그런데 이렇게 거대한 태양이 어떻게 수십억 년 동안 쉬지 않고 빛을 낼 수 있었을까?

태양은 거대한 가스 공장이라고 생각하면 돼. 이 공장을 이루는 물질 대부분은 가장 가볍고 작은 물질인 수소지. 태양의 한가운데는 아주 뜨겁고 아주 높은 압력이 작용하고 있어. 거대한 압력 밥솥 같달까? 이 뜨겁고 빽빽한 태양의 중심에서 수소 알갱이들은 가만히 있지 않아. 엄청난 속도로 이리저리 부딪히지. 그러다가 너무 강하게 부딪히면 헬륨이라는 알갱이로 변하는데 이것을 핵융합 반응이라고 해. 그런데 수소 4개가 헬륨 1개로 변신할 때 아주 조금 티끌 같은 만큼의 무게가 감쪽같이 사라지고 이 무게가 엄청 밝은 빛과 뜨거운 열에너지로 변하는 걸 알게 됐어. 이 덕분에 태양은 빛을 낼 수 있는 거야.

태양은 1초에도 무려 4백만 톤이나 되는 수소를 빛과 열에너지로 바꾸고 있어. 이처럼 엄청난 에너지를 끊임없이 만들어 내기 때문에 태양은 수십억 년이 넘는 아주 긴 시간 동안 우리에게 따뜻한 빛을 계속 보내 줄 수 있는 거야.

1) 다음 문장의 빈칸을 채워 보자.

태양에너지는 수소 원자핵이 뭉쳐 헬륨 원자핵으로 변환되는 ___________ 반응으로 생성된다.

2) 그림의 A, B, C, D에 들어갈 말을 채워 보자.

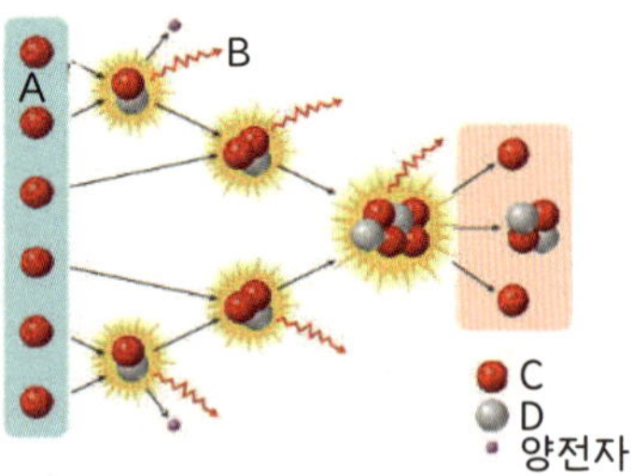

더 알고 싶어 119

📖 도서　▷ 영상　🔍 사이트

▷ **영화 〈코어〉(2003)** 멈춰 버린 지구의 외핵으로 인해 나타나는 재난과 다시 외핵을 움직이려 고군분투하는 사람들이 등장하는 영화야. 인공 지진을 이용한 신무기로 인해 지구 핵의 회전이 멈추자 지구 자기장이 발생하지 못해 우주에서 날아오는 각종 유해한 입자와 광선으로부터 보호받지 못하는 상황을 담고 있어.

🔍 **Helioviewer.org** 현재의 태양의 모습을 볼 수 있는 사이트야. 날짜를 뒤로 옮겨보면서 태양이 자전하는 것도 볼 수 있어. 흑점의 위치를 비교하면서 살펴봐.

태양이 없어질 수도 있다고?

태양의 종말과 별의 생애

태양도 언젠가는 사라질 거야. 태양과 비슷하거나 질량이 아주 큰 별의 죽음을
이미 관측했기 때문이야. 태양을 통해 별의 생애에 대해 살펴보자.

학습 키워드　#핵융합 #성운 #초신성 #블랙홀 #중성자별 #초거성 #적색거성
교과 연계　중1 과학 〉 Ⅶ. 태양계
　　　　　　　중2 과학 〉 Ⅷ. 별과 우주

태양 정도의 질량을 가진 별의 진화

앞에서 별의 일생 중 90%는 주계열성 상태로 존재한다고 했잖아. 그렇다면 나머지 10%는 어떤 상태일까? 별의 생애에 대해 알아보자.

별은 질량에 따라 진화하는 과정이 달라. 태양 정도의 질량을 가진 별은 어떻게 진화하는지 한번 알아볼까? 온도가 낮고 밀도가 높은 성운은 수축 과정을 거치면서 질량이 작은 원시별로 진화하고, 수소 핵융합 반응을 통해 주계열성 상태가 돼. 그러면 수소가 다 사라질 때까지 별의 일생 90%를 보내지. 그러다가 수소가 다 없어지면 적색거성이 되는 거야. 적색거성이 되면 헬륨 핵의 수축 반응이 주로 일어나고, 탄소 또는 산소가 생성되지. 중심부가 아닌 바깥쪽에서 계속 수소 핵융합반응이 일어나다 보니까 점점 팽창하게 돼. 그래서 중심부에 비해 바깥쪽 온도가

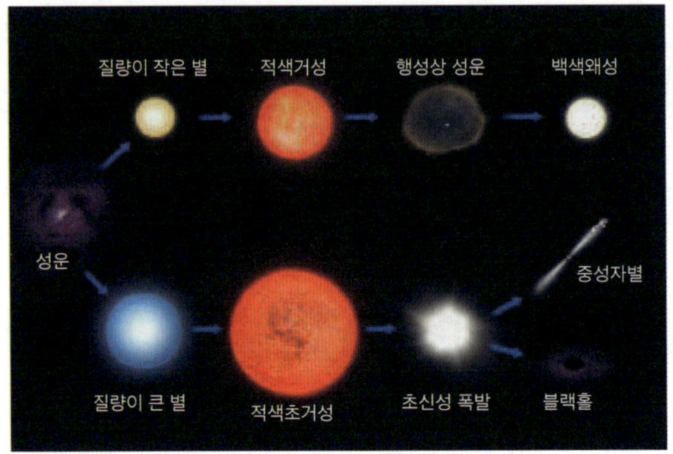

↑ 별의 진화 과정

상대적으로 낮아지면서 중심과 바깥이 구분되는 행성상성운이 되는 거야. 행성상성운은 곧 백색왜성으로 진화해. 백색왜성은 중심부에 생성되었던 탄소가 핵융합과 수축을 거치면서 동시에 발생하는 에너지와 평형을 이룬 상태라고 볼 수 있어.

태양보다 10배 질량을 가진 별의 진화

그렇다면 태양보다 질량이 10배는 높은 아주 큰 별은 어떻게 진화할까? 성운은 동일하게 수축과 회전을 거치며 원시 별이 되고 수소 핵융합 반응을 하는 주계열성으로 진화해. 그다음에는 적색 초거성이 되는데, 아까 말한 적색거성보다 훨씬 크다는 뜻이야. 중심부의 온도가 30억 K 이상이라고 해. 그래서 별 내부에서는 수소 융합보다 훨씬 더 높은 질량을 갖는 원소가 융합되는데, 철이 내부에서 생성되기도 한다고 해. 적색 초거성은 곧 초신성으로 변하는데, 철 원자핵이 중력에 의한 수축을 견디지 못하면 폭발해서 중성자별이 되거나 블랙홀이 되는 거래. 초신성이 폭발하는 과정에서 철보다 무거운 원소가 생성되면 성운의 재료를 다시 한번 만들기도 해.

언젠가 태양도 사라질 거야

태양도 별의 생애에 따라 언젠가는 사라질 거야. 이미 우리는 태양과 비슷하거나 질량이 아주 큰 별의 죽음을 관측하기도 했어. 태양의 중심부에서는 지금도 수소 핵융합 반응이 일어나고 있어. 만약 태양의 중심부에서 수소가 사라진다면 중심부가 수축하면서 바깥 부분에서는 헬륨 핵융합 반응이 일어나 팽창하게 될 거야. 그 크기는 지구 궤도까지 도달할 만큼 굉장히 클 거고, 태양이 적색거성이 된다면 지구를 삼켜 버릴 정도로 커지게 될 거야. 천문학자들이 현재 태양이 가진 수소의 양을 바탕으로 계산했더니, 태양이 적색거성이 되려면 약 50억 년이 걸린다고 해. 그때 우리 인류는 어떻게 살아가고 있을까? 태양의 진화를 어떻게 대비하고 받아들일까?

1. 태양이 적색거성이 될 때, 주로 어떤 핵융합 반응이 일어날까?

　① 수소 핵융합　　② 헬륨 핵융합　　③ 철 핵융합　　④ 리튬 핵융합

2. 다음 그림은 별의 진화 과정을 나타낸 거야. A~J까지 빈칸을 채워 태양의 생애를 기억하기 쉽도록 정리해 보자.

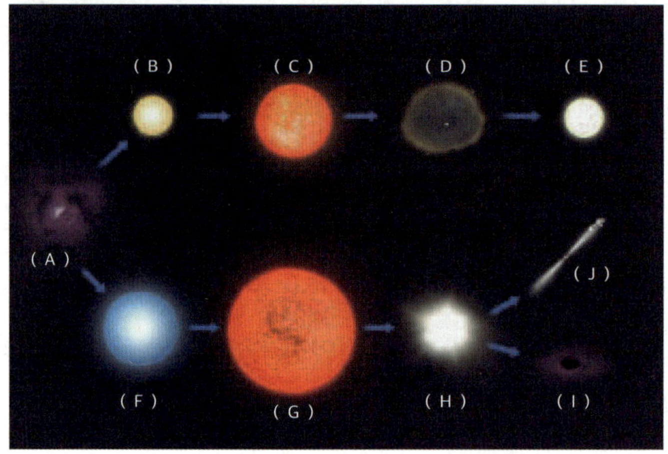

 **더 알고 싶어 119**　　　　　📖도서　▷영상　🔍사이트

▷ **영화 〈프리 폴〉(2025):** 태양은 가만히 있는 것처럼 보이지만 아주 활발하게 활동하고 있어. 태양 폭발이 일어나게 된다면 어떻게 될까? 이 영화는 인류 역사상 최악의 태양 폭발로 동료를 잃은 주인공에 관한 내용이야. 태양 폭풍이 무엇인지 알 수 있을 거야.

▷ **전 세계를 한순간에 정전시킬 수 있는 '초강력 태양 폭풍' (내셔널지오그래픽)**
1859년 역사상 가장 큰 규모의 태양 폭발이 발생했어. 영국 천문학자 리처드 캐링턴이 이 상황을 우연히 발견해서 이 일을 '캐링턴 사건'이라고 부른대. 만약 이렇게 강력한 태양 폭풍이 다시 발생해서 전 세계가 정전이 된다면 어떤 일들이 벌어질까?

지구가 공전과 자전을 하고 있다는 걸 어떻게 알았을까?

지구의 공전과 자전

옛날에는 지구가 세상의 중심이라는 천동설과
지구가 태양의 주위를 돈다는 지동설이 치열하게 대립했다고 해.
지구의 공전과 자전을 둘러싼 흥미로운 이야기를 살펴보자.

키워드　#공전 #자전 #천동설 #지동설 #절충설
교과 연계　중1 과학 〉 Ⅶ. 태양계
　　　　　　중2 과학 〉Ⅷ. 별과 우주

지동설과 천동설 그리고 절충설

지구가 공전과 자전을 하고 있다는 걸 어떻게 알았을까? 인공위성이 지구 밖에서 태양과 다른 행성들을 관측하기 시작했을 때 알았을까? 사실 지구가 공전하고 스스로 자전한다는 사실은 세계 최초의 인공위성이 발사된 1957년 이전부터 이미 알고 있었어.

과거에는 태양계의 운동을 설명하기 위해 많은 천문학자들이 하늘이 지구를 중심으로 움직인다는 천동설과 지구가 움직인다는 지동설을 두고 팽팽하게 대립했어. 프톨마이오스라는 과학자는 천동설을 주장한 대표적인 학자야. 그는 2세기경에 우주의 중심에 지구가 있고, 그다음 달, 수성, 금성, 태양, 화성, 목성, 토성 순으로 배치되어 있다고 생각했어. 그 근거로 천체가 하루를 주기로 움직이는 일주 운동과 태양의 연주 운

▲ 행성의 시운동: 화성은 2년 동안 순행하고 2개월 정도 역행하는 것으로 관찰된다.

동을 들었지. 일주 운동은 하루에 한 바퀴씩 지구 주위의 천구가 동에서 서쪽으로 한 바퀴씩 도는 현상을 말해. 이 현상은 지구를 중심으로 천구가 돈다고 생각했던 천동설을 지지하는 증거였어. 태양이 서에서 동으로 하루에 1도씩 1년에 1바퀴 도는 연주 운동도 천동설의 증거였지. 하지만 이 운동들은 행성의 순행과 역행을 설명할 수 없었어. 위 그림은 행성의 운동을 묘사한 건데, 행성이 서쪽에서 동쪽으로 순행하는 부분도 있고, 역행하는 부분도 있어. 이는 지구를 중심으로 모든 행성들이 분포해 있다고 보기 어려운 현상이었지. 천동설은 별의 연주 시차나 반달 이상 크기의 내행성을 설명하지 못했지만 오랜 세월 동안 옳다고 여겨졌어.

지동설은 태양을 중심으로 행성들이 회전하는 모델로 지금 태양계의 구조와 거의 일치하지만, 과거에는 지구가 우주의 중심이라는 주장에 밀려 오랫동안 받아들여지지 못했어. 지동설은 천동설의 한계였던 부분을 다 설명할 수 있었지만 종교가 지배하던 시대에는 죽음을 담보하고 주장해야 하는 일이기도 했어.

16세기 중세 이탈리아에 살았던 갈릴레오 갈릴레이는 당시 주류였던 천동설에 의문을 가졌어. 갈릴레이가 직접 개발한 고배율 망원경으로

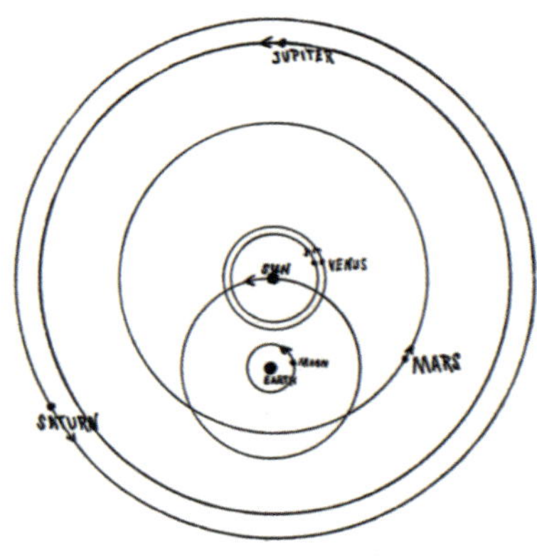

▲ 갈릴레오 갈릴레이의 관측도

176

달의 표면을 관측해 보니 울퉁불퉁하고 높고 낮은 돌출부로 가득 차 있다는 사실을 알게 됐지. 갈릴레이는 태양의 흑점도 발견했어. 당시 종교계는 태양을 완전무결한 존재로 인식하고 있던 시기라서 그는 종교재판을 받게 되었어. 당시에는 지동설을 주장했다는 이유만으로도 화형을 당했을 만큼 무시무시한 시기였기 때문에 갈릴레이는 감옥에 가지 않기 위해 거짓말을 할 수밖에 없었어. 그가 풀려난 뒤에 했다는 "그래도 지구는 돈다."라는 말이 전해지기도 해.

한편 티코 브라헤라는 학자는 코페르니쿠스의 지동설과 프톨레마이오스의 천동설의 균형을 맞추기 위한 절충설을 주장했어. 우주의 중심은 지구지만, 달을 제외한 다른 행성들은 태양 주위를 돈다는 주장이었지.

자전과 공전 때문에 일어나는 변화

지구는 자전축을 중심으로 항상 일정하게 움직이고 있어. 자전축은 지구의 북극과 남극을 연결해 놓은 선으로 공전 궤도면에 똑바로 세운 위치에서 약 23.5도 기울어져 있지. 지구가 스스로 한 바퀴 도는 데는 24시간이 걸려. 그래서 우리는 24시간을 하루의 기준으로 정해서 사용하고 있어. 자전으로 인해 생기는 현상은 태양, 달, 별 등이 동에서 서로 지

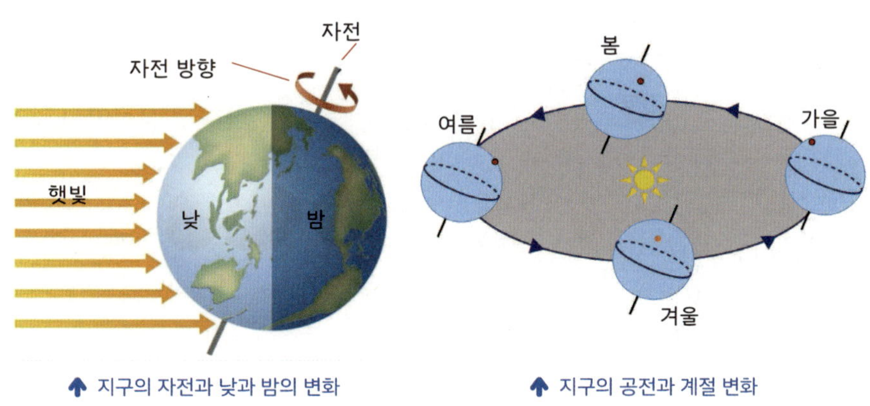

↑ 지구의 자전과 낮과 밤의 변화　　　　↑ 지구의 공전과 계절 변화

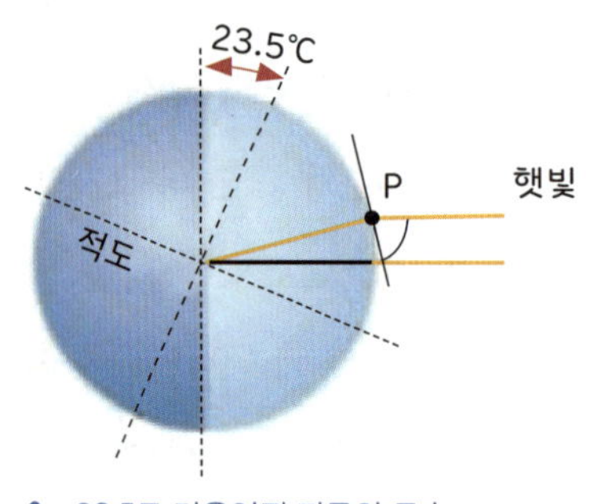

▲ 23.5도 기울어진 지구의 모습

는 일주 운동이 있어. 그리고 낮과 밤이 계속 반복되기도 해.

지구의 공전으로 인해 생기는 현상은 별과 달의 연주 운동이야. 매일 같은 시간에 관측한 별자리의 위치가 하루에 약 1도씩(360도를 365일 동안 도는 것이니까 하루에 약 1도라고 생각하는 거야.) 이동해서 1년 후 제자리로 돌아오는 것처럼 보이는 운동이지. 그리고 계절의 변화도 지구의 공전 때문이야. 지구가 태양을 중심으로 공전하기 때문에 계절이 변하는 거야. 우리나라는 지구의 북반구 중위도에 위치해 있고, 북반구가 태양 반대쪽으로 기울어져 있어서 태양 복사에너지를 더 적게 받는 편이야. 태양의 각도가 수직이 될수록 더 강한 태양에너지를 받게 돼.

지구의 공전 때문에 계절에 따라 별자리도 변화하지. 공전하는 지구 입장에서는 태양이 보이는 위치가 달라지기 때문이야. 그래서 밤하늘에 보이는 별자리가 계절마다 달라지는 거야. 태양이 이동하는 길을 황도라고 하는데, 황도를 지나는 별자리를 황도 12궁이라고 불러.

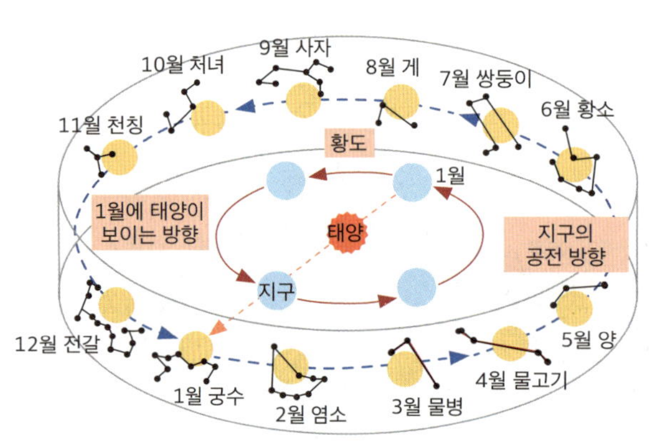

▲ 공전에 따른 별자리(황도 12궁)의 변화

178

1. 갈릴레이가 지동설을 주장할 수 있었던 핵심적인 증거는 사실 목성의 위성 관측과 금성의 모양 변화야. 다음 글을 읽고 금성의 모양 변화에 대해 조사해 보자.

목성 주위를 도는 위성들을 관찰-지구만 중심이 아니었어!

갈릴레이가 목성을 관측했는데 목성 옆에 작은 별 같은 게 4개씩이나 보이다가 다음 날 다시 보니 위치가 달라져 있는 거야. 밤마다 계속 관측해 보았더니 이 작은 별들은 목성 주위를 빙글빙글 돌고 있다는 것을 알게 되었어. 이 발견은 진짜 큰 의미가 있었어. 그 전까지 사람들은 모든 것은 지구 주위를 돈다고 생각했거든. 그런데 지구 말고도 다른 행성 주위를 도는 위성들이 있다는 것을 알게 된 거지. 그래서 지구만 특별한 중심이 아닐 수도 있겠다는 생각을 하게 된 거야.

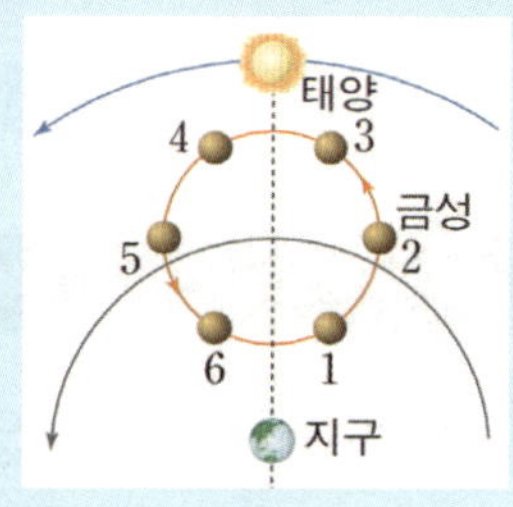

변하는 금성의 위상 변화 – 금성이 태양 주위를 돌고 있다는 증거

금성이 마치 우리 달처럼 모양이 변하는 현상이 태양 주위를 돌 때만 일어난다는 것을 관측 결과로 증명했어. 만약 금성이 지구 주위를 도는 것이라면 절대 그런 모양이 나올 수 없었대.

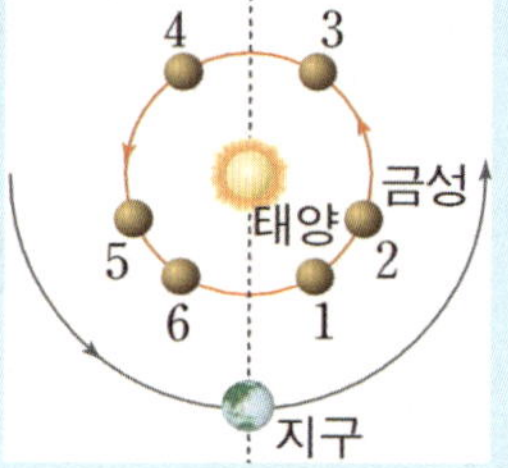

1) 만약 금성이 지구 주위를 돌고 있다면 금성은 어떤 모습으로 관측될까? 그림을 그려 보자.

2) 만약 금성이 태양 주위를 돌고 있다면 금성은 어떤 모습으로 관측될까? 그림을 그려 보자.

힌트 위상이 어떻게 보일지 모르겠다면 해의 위치를 보고 금성이 밝은 부분과 어두운 부분을 먼저 색칠해 봐. 스티로폼의 반을 검은색으로 색칠하여 상상해 봐도 좋아. 그런 뒤 지구에서 달을 바라보는 원리처럼 밝은 부분이 얼만큼 보이는지를 생각해 보자.

1	2	3
4	5	6

1	2	3
4	5	6

별자리가 달라질 수 있다고?

별자리와 자전축의 변화

별자리는 과거 사람들이 밤하늘의 변화하는 모습을 전하기 위해 만들어졌다고 해.
별자리의 유래와 변화에 대해 살펴보자.

학습 키워드 #황도12궁, #별자리, #자전축

교과 연계 중1 과학 > Ⅶ. 태양계
중2 과학 > Ⅷ. 별과 우주

별자리가 생긴 이유

너희는 생일 별자리가 뭔지 알고 있니? 생일 별자리는 앞에서 배운 황도 12궁의 별자리들이야. 이 별자리들은 어떻게 정해진 걸까?

별자리는 기원전 수천 년경 바빌로니아 지역에 살던 사람들이 만들었다고 전해지고 있어. 바빌로니아인들은 가축을 키우며 이동하는 유목민들이었는데, 지금처럼 즐길 거리가 충분하지 않다 보니 밤하늘

별자리	날짜
양자리	3월 21일~4월 19일
황소자리	4월 20일~5월 20일
쌍둥이자리	5월 21일~6월 21일
게자리	6월 22일~7월 22일
사자자리	7월 23일~8월 22일
처녀자리	8월 23일~9월 23일
천칭자리	9월 24일~10월 22일
전갈자리	10월 23일~11월 22일
사수자리	11월 23일~12월 24일
염소자리	12월 25일~1월 19일
물병자리	1월 20일~2월 18일
물고기자리	2월 19일~3월 20일

사자자리

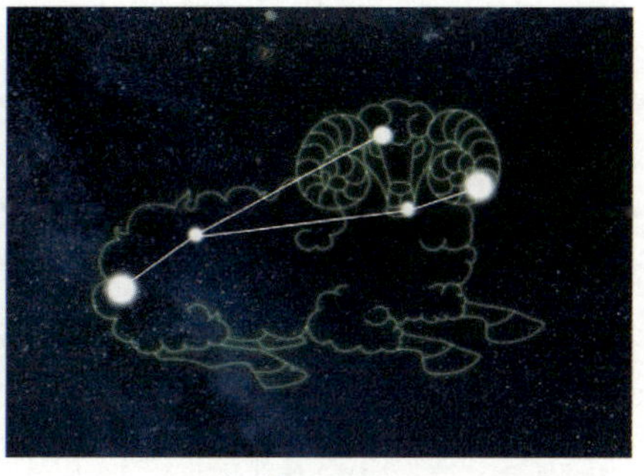
양자리

을 자주 쳐다보며 시간을 보내다가 별자리를 만들었다고 해.

그래서인지 저게 왜… 사자야? 싶은 것도 있지? 양자리도 마찬가지야. 별자리에 따른 날짜는 어떻게 정한 걸까? 맞아. 태양이 지나가는 날짜를 적은 거야(이해가 되지 않는다면 35일차 학습에서 봤던 황도 12궁 그림을 참고하자). 그래서 생일이 5월 10일인 사람이 자기 별자리인 황소자리를 보려고 밤하늘을 아무리 쳐다봐도 볼 수 없을 거야. 왜냐하면 지나가는 태양에 가려 별자리를 볼 수 없기 때문이지.

그런데 태양이 별자리를 지나가는 날짜는 과연 매해 변하지 않고 그대로일까? 그렇지는 않아. 해마다 달라질 수 있대. 왜냐하면 지구의 자전축도 변할 수 있기 때문이야. 심지어 최근에는 3,000년 동안 변하지 않았던 별자리가 1개 늘어서 13개가 되었다고 해. 새로 등장한 별자리

별자리	날짜
염소자리	1월 20일~2월 15일
물병자리	2월 16일~3월 10일
물고기자리	3월 11일~4월 17일
양자리	4월 18일~5월 12일
황소자리	5월 13일~6월 20일
쌍둥이자리	6월 21일~7월 19일
게자리	7월 20일~8월 09일
사자자리	8월 10일~9월 15일
처녀자리	9월 16일~10월 29일
천칭자리	10월 30일~11월 22일
전갈자리	11월 23일~11월 28일
뱀주인자리	11월 29일~12월 16일
사수자리	12월 17일~1월 19일

의 이름은 뱀주인자리(땅군자리)야. 2009년 이후에 태어난 사람만 이 별자리를 사용할 수 있대.

별자리가 달라지는 이유

그렇다면 자전축이 이동한 이유는 뭘까? 바로 달과 태양의 인력 때문이라고 해. 팽이가 돌 때는 축이 바르게 서서 회전하지만, 회전 속도가 점차 줄어들면 축이 점점 변하잖아. 이를 세차 운동이라고 하는데, 특정 축을 중심으로 자전하는 물체는 모두 이런 운동을 한다고 해. 지구도 예외는 아니지만, 그 변화가 아주 느릴 뿐인 거야.

팽이가 세차 운동을 하는 이유는 중력이 가해지기 때문이야. 팽이의 축이 약간 기울어져 있으면 팽이를 넘어뜨리려고 중력이 잡아당기기 때문에 축이 점차 변하는 거지. 마찬가지로 지구도 태양의 중력에 영향받는다고 볼 수 있어. 태양이 지구를 당기는 힘은 거리에 따라 다르게 작용하지만, 대략적으로 약 2만 6,000년 주기로 세차 운동을 한다고 해. 아주 오랜 시간이 지나 지구의 자전축이 변하면 북극성의 위치도 달라질 거고, 기후도 바뀌는 등 많은 변화가 일어날 거야.

1. 지구의 자전축이 이동하는 이유는?

　① 자전 속도의 변화 때문　　　② 달과 태양의 인력 때문

　③ 지구의 크기 변화 때문　　　④ 별자리의 변화 때문

2. 나의 별자리는 어떻게 생겼는지 조사해 보자.

힌트 2009년 이후에 태어난 사람은 책에 있는 뱀주인 자리를 추가한 표를 참고하고 2009년 이전에 태어난 사람은 다음을 활용해 봐. 양자리 3월 21일~4월 20일, 황소자리 4월 21일~5월 20일, 쌍둥이자리 5월 21일~6월 21일, 게자리 6월 22일~7월 22일, 사자자리 7월 23일~8월 22일, 처녀자리 8월 23일~9월 22일, 천칭자리 9월 23일~ 10월 22일, 전갈자리 10월 23일~ 11월 21일, 궁수자리 11월 22일~12월 20일, 염소자리 12월 21일~1월 19일, 물병자리 1월 20일~2월 18일, 물고기자리 2월 19일~3월 20일

내 생일	
내 별자리 이름	
별자리 모양	

더 알고 싶어 119　　　📖 도서　▷ 영상　🔍 사이트

▷ **자바실험실 (황도 12궁 시뮬레이션)**
별자리의 개념에 대해 시뮬레이션을 사용해 본다면 이해하기 쉬울 거야. 사이트로 들어가서 지구의 위치를 바꿔 보자. 이때 주의할 점은, 태양은 실제로 지구가 위치를 바꿀 때 움직이는 것은 절대 아니야! 그런데 지구에 있는 사람 입장에서 그렇게 보이는 것뿐이라는 점을 기억하자.

비행기가 날 수 있는 높이가 정해져 있을까?

기권을 이루는 4가지 층상 구조

지구의 하늘 위에는 어떤 것들이 있을까?
높이에 따른 기온 분포를 기준으로 나뉜
기권의 4가지 층상 구조와 특징에 대해 알아보자.

학습 키워드　#대류권 #층상권 #중간권 #열권 #층상구조
교과 연계　중2 과학 〉 Ⅱ.지권의 변화
　　　　　　　중3 과학 〉 Ⅱ.날씨와 기후의 변화

높이에 따른 기권 구분

기권은 지표면으로부터 약 $1,000km$ 높이까지의 영역을 말해. 대기의 약 99%는 지구 중력의 영향으로 약 $30km$ 높이 이내에 집중되어 있지. 기권도 지권처럼 층상 구조야. 높이에 따른 기온 분포를 기준으로 대류권/성층권/중간권/열권으로 구분하지. 잠깐, 공기의 온도가 우주에 가까워질수록 어떻게 될지 생각해 볼까? 그 답은 조금 뒤에 그래프로 보여 줄게.

'대류권'은 대류 현상이 일어나는 곳이야. 비나 눈, 바람 같은 기상 현상이 일어나는 영역이지. 대류가 뭐였지? 앞에서 배웠지? 대류는 열을 전달하는 방식으로 액체나 기체와 같은 유체 상태의 물질에 일어나는 현상이야. 기체나 액체가 가열되면 입자 사이의 거리가 멀어지면서 밀도가 작아져서 위로 떠오르게 돼.

　‘성층권’에는 태양에서 오는 자외선을 흡수하는 오존층이 있어. 오존 층은 상대적으로 높은 함량의 오존을 포함한 공기층을 뜻해. 행성의 대기권에서 관찰되는 이 오존층은 두께가 $3mm$밖에 되지 않지만 피부암을 발생시킬 정도로 위험한 자외선 C를 차단할 수 있어. 성층권에서 온도가 상승한 이유는 오존층이 자외선을 흡수했기 때문이지. 이 층에서는 차가운 공기는 아래에, 더운 공기는 위에 있어서 대류 현상이 나타나지 않는 안정적인 층이야. 그래서 비행기는 주로 성층권으로 이동해.

　‘중간권’은 성층권과 멀어지기 때문에 기온이 하강한다는 특징이 있어. 대류가 일어나긴 하지만 수증기가 희박하기 때문에 기상 현상은 나타나지 않아. 이 층에서는 유성이 나타난다는 특별한 특징이 있어. 유성이란 혜성과

↑ 유성

소행성에서 떨어져 나온 티끌이나 태양계를 떠돌던 먼지가 지구 중력에 이끌려 대기 안으로 들어와 대기의 마찰로 불이 나는 현상을 뜻해. 흔히 우리가 이야기하는 별똥별의 다른 이름이 바로 유성이란다.

　‘열권’은 대기가 거의 없어 낮과 밤의 온도 차이가 큰 층이야. 태양과 상대적으로 가깝기 때문에 기온이 높아지고 대기가 없어서 대류 현상이 나타나지 않아. 열권에서 일어나는 중요한 기상 현상으로는 오로라가 있어. 오로라는 지구의 북극권과 남극권에서 관측할 수 있는데 태양에서 태양풍이 발생할 때 생기는 자기장이 지구의 양극 가까이에서 대기 입자와 부딪치면서 발광하는 현상을 뜻해. 태양의 활동과 관련 있기 때문에 흑점의 개수가 많아지면 오로라가 많이 발생한다고 해.

낮에 하늘이 파랗게 보이는 이유

그렇다면 하늘이 낮에 파란색으로 보이는 이유는 무엇일까? 하늘이 파랗게 보이는 이유는 태양빛의 산란 때문이야. 프리즘으로 분리해 보면 태양빛은 빨, 주, 노, 초, 파, 남, 보의 무지개색이 합쳐져 있어. 그 빛이 공기의 미세한 입자들과 만나면 사방으로 흩어지는 '산란'이 일어나. 특히 짧은 파장을 가진 빛일수록 산란이 강하게 일어나는데 푸른빛의 파장이 붉은빛의 파장보다 더 짧기 때문에 더 강하게 산란되는 거야. 그래서 낮에는 하늘이 파랗게 보이는 거지. 저녁에 하늘이 붉은색으로 변하는 이유는 태양과 관측자의 각도가 아주 작아져서 파장이 긴 붉은색 빛이 눈에 잘 보이기 때문이야.

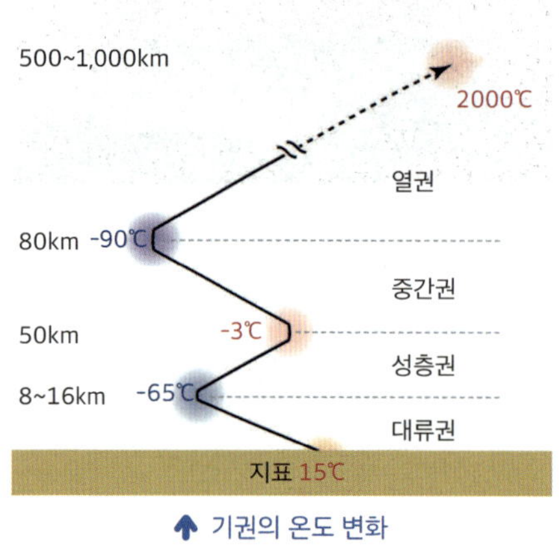

자, 이제 앞에서 했던 '공기의 온도는 우주에 가까워질수록 어떻게 될까?'에 대한 답을 알아보자. 왼쪽 그래프를 보면 W자 모양이야. 현재 우주의 온도는 영하 -270도 정도야. 그런 걸 보면 우주로 갈수록 온도가 떨어질 것 같지만 그래프를 보면 오히려 우주에 가까운 열권에서는 온도가 2,000도까지 올라가지. 그 이유는 대기권이 있기 때문이야. 기체가 지구를 둘러싸고 있으면서 태양으로부터 날아온 생명체에게 치명적인 광선을 흡수해 차단하면서 열을 품어 두는 역할을 하기 때문이지.

1. 중간권의 특징으로 올바른 것은?

　① 대류가 활발하게 일어난다.　　② 기온이 상승한다
　③ 유성이 나타난다　　④ 오존층이 존재한다.

2. 기권끼리 상호작용하는 예시로는 '전선'을 만든다는 것이 있어. 다음 글을 읽고 전선이 무엇인지 살펴본 후 질문에 대해 조사해서 적어 보자.

힌트 생성형 AI를 사용해도 좋아! 대신 답변이 정확하지 않을 수 있으니까 맞는 정보인지 꼭 확인해 보자.

> 지구는 가만히 있는 것 같아 보이지만 사실은 아주 커다란 공기 덩어리들이 움직이고 있어. 그래서 바람이 부는 거지. 이런 커다란 공기 덩어리를 '기단'이라고 해. 어떤 기단은 춥고 어떤 기단은 아주 따뜻하고 어떤 기단은 습하거나 건조하기도 해. 태양으로부터 받은 에너지의 양이라던가 영향을 받은 지면의 특성과 관계가 있겠지. 그런데 이렇게 성격이 다른 기단들이 만나면 어떻게 될까? 성격이 다른 친구들이 쉽게 어울리지 못하는 것처럼 기단끼리도 잘 섞이지 않을 수 있어.
> 가령 차가운 기단은 매우 무거워서 아래로 내려가려고 하고 따뜻한 기단은 가벼워서 위로 올라가려고 하기 때문에 둘이 만나면 잘 섞이지 않고 경계선이 생겨 버려. 이 경계선을 우리는 '전선(前線)'이라고 하지.
> 전선 주변에는 다양한 날씨 변화가 일어나곤 해. 따뜻한 기단이 차가운 기단 위로 슬금 올라가면서 구름이 만들어지기도 하고 비가 내리기도 하지. 이렇게 공기 덩어리가 만나 서로 영향을 주고 받으며 날씨를 바꾸는 것이 기단끼리의 상호작용이야.

왜 차가운 공기와 따뜻한 공기 덩어리는 같은 물질임에도 섞이지 않고 꼭 전선을 만들까? 왜 한 번에 섞이지 않을까?

더 알고 싶어 119

📖 도서　▶ 영상　🔍 사이트

▶ 우리나라를 둘러싼 기단들? | 기단송 | 과학송
기단에 관한 특징을 포함한 노래야! 어떤 기단을 소개하고 있는지 즐거운 멜로디를 통해 들어 보자.

🔍 기상청 기상자료개방포털
기단은 공기 덩어리이기 때문에 직접적으로 어떤 기단인지 알 수 있는 것은 아직 어렵지만 해당 지역의 온도, 습도, 기압, 바람 등 여러 기상 요소의 종합적인 분포도를 보고 추정하는 경우가 많아. 기상자료개방포털 접속 후 데이터 메뉴에서 원하는 관측 지점 및 기간을 선택해 자료를 찾아 보자.

지구 중심에는 무엇이 있을까?

지권을 이루는 4가지 층상 구조

지구 내부는 과연 어떤 모습일까?
여러 개의 층으로 구성되어 있는 지구 속 모습에 대해 알아보자.

학습 키워드　#지각 #맨틀 #외핵 #내핵 #층상구조
교과 연계　중2 과학 〉 II.지권의 변화

지권의 여러 총

지구의 지권은 중력의 영향으로 인해 여러 개의 층으로 나뉘어 있어. 각 층을 이루는 물질과 상태에 따라 지각, 맨틀, 외핵, 내핵이라 부르지. '지각'은 지권의 가장 바깥쪽에 있는 얇은 층이야. 대륙 지각은 주로 화강암질 암석으로 구성되어 있고, 두께는 평균 $35km$야.

해양 지각은 주로 현무암질 암석으로 구성되어 있고, 두께는 평균 $5 \sim 10km$지. 중력에 의해 무거운 입자들이 가라앉는 성질 때문에 지권 바깥의 지각과 맨

틀은 비교적 가벼운 규산염 물질로 이루어져 있어. 중심부의 핵은 철과 니켈과 같은 무거운 물질로 이루어져 있지. 핵에는 '외핵'과 '내핵'이 있어. 외핵은 액체 상태이고 내핵은 고체 상태라는 특징이 있지. 외핵은 액체 상태라서 대류 현상이 일어나기 때문에 지구 자기장을 만들어. 지구 자기장은 태양으로부터 오는 유해한 우주 방사선을 막아서 지구의 생명체를 보호하는 역할을 하지.

구조	특징	구성 물질
지각	지권의 가장 바깥쪽에 있는 층으로 고체 상태이며, 대륙을 이루는 대륙 지각(두께 약 35km)과 해양을 이루는 해양 지각(두께 약 5km)으로 구분한다.	다양한 규산염 물질
맨틀	지각 아래에서부터 약 2900km까지의 층이다. 지구 전체 부피의 약 80%를 차지하며 고체 상태이다. 맨틀을 구성하는 물질이 녹으면 마그마가 만들어진다.	
외핵	맨틀 아래에서부터 약 5100km까지의 부분으로, 액체 상태이다.	철과 니켈
내핵	외핵 아래에서부터 지구 중심(약 6400km)까지의 부분으로, 내핵은 외핵과 거의 같은 물질로 이루어져 있지만, 고체 상태이다.	

지권의 층상 구조를 알아낸 방법

지구 내부는 4개의 층으로 이뤄져 있어서 우리는 이를 지권의 층상 구조라고 불러. 가장 얇은 층은 지각이고 가장 두꺼운 층은 맨틀이야.

지권을 이루는 층상 구조는 어떻게 알아낸 걸까? 실제로 직접 땅을 파서 조사하는 '시추법'으로 가장 확실하게 층상 구조를 조사할 수 있지만, 핵에 가까이 갈수록 압력과 온도가 증가하기 때문에 지금까지 조사한 기록은 $12km$ 정도야. 1970년 러시아 콜라반도의 페첸스키에서 $12km$까지 팠다고 해. 2008년에는 카타르 알샤헨 유정에서 $12,289m$, 2011년에는 러시아 사할린 섬에서 $12,345m$의 길이의 시추공을 뚫기도 했어. 이

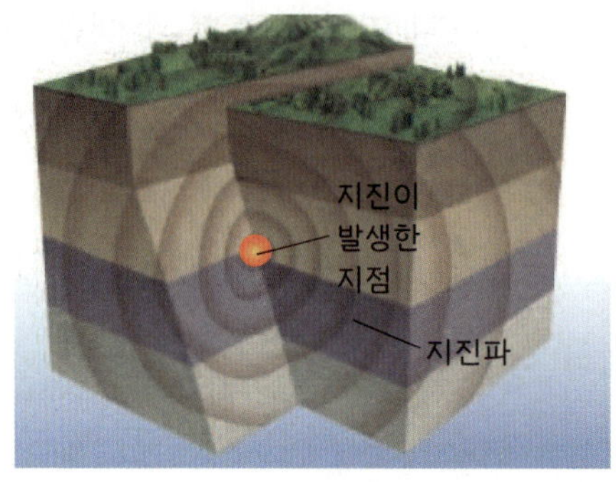

⬆ 지진파의 전파: 지진파는 지구 내부를 통과하여 전파되므로 지구 내부를 간접적으로 조사하는 데 이용된다.

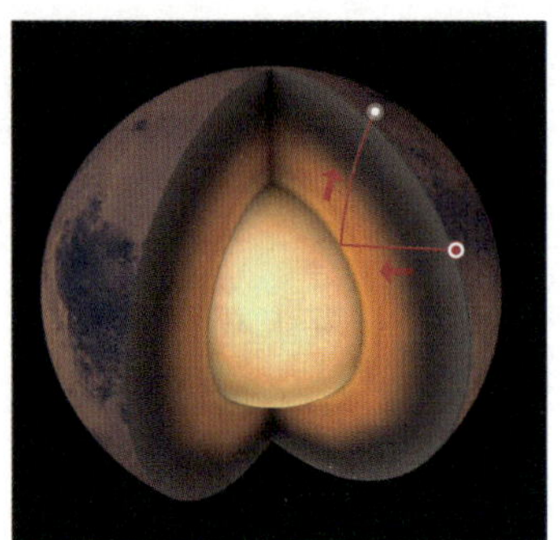

⬆ 지구의 맨틀

는 사과 껍질에 바늘로 살짝 흠집을 낸 정도의 깊이라고 할 수 있어. 지구의 반지름은 약 6,400km이기 때문이지.

지구 내부 깊숙한 곳까지 알 수 있는 방법은 '화산 분출물 조사법'이 있어. 화산이 분출할 때 나오는 물질을 조사하는 방법이지. 하지만 이 방법도 200km정도까지만 할 수 있다는 한계가 있어. 최근에는 주로 지진파를 이용해 조사하고 있어. 지진이 일어날 때 지구 내부로부터 지표에 전달되는 지진파를 분석하는 방법이야. 지진이 발생한 시점에 지진이 발생할 때 나오는 지진파(파동의 종류)를 통해 지구 속이 어떤 물질로 이루어져 있는지 분석하는 것이지.

우리나라에서 지진파를 연구하는 곳은 한국지질자원연구원이 대표적이야. 지진파는 지구 내부도 간접적으로 알아볼 수 있지만 화성과 같은 지구 외부 행성의 내부 구조도 알 수 있어. 실제로 독일과 스위스 과학자들이 미국의 화성탐사선에 설치된 지진계를 이용해 화성의 내부 구조를 처음 알아내서 화제를 모으기도 했어. 화성의 지각은 최소 두 개 이상의 층으로 이루어져 있고, 지각과 핵 사이에 있는 맨틀이 지구와 비슷하게 이루어져 있는 것을 알아냈다고 해.

1. P파와 S파의 특징을 표로 정리해 보자.

어느 날 갑자기 땅이 흔들리며 '지진'이 일어났다면 땅속에서 파동이 밖으로 퍼져 나온 거예요. 이것을 지진파라고 부르는데, 지진파에는 P파와 S파가 있어요. P파는 프라이머리Primary, 즉 가장 먼저라는 뜻을 가진 지진파입니다. 다른 말로는 Push 파라고 기억해 봐요. 땅을 밀었다가 당겼다 하는 것처럼 나아가요. 용수철을 밀었다가 놓을 때처럼! 성격은 아주 빠르고 종파이며 가장 빨리 도착해서 지진이 시작되었다고 알려 주는 소리꾼입니다. 그래서 P파가 도착하면 건물이 작게 흔들립니다. 그리고 P파는 고체인 땅뿐만 아니라 액체인 물, 기체인 공기 속에서도 움직일 수 있어요.

S파는 Secondary, 즉 두 번째라는 뜻을 가진 지진파입니다. 땅을 옆으로 마구 흔들면서 나아가기 때문에 Shear파라고 외워요. 성격은 P파보다는 느리지만 더 강합니다. 느리지만 강한 S파! 그리고 옆으로 위아래로 흔들흔들 하는 횡파이지요. S파는 땅을 크게 흔들리게 하고 건물을 부서지게 할 수도 있어요. 그리고 오직 고체인 땅 속에서만 움직입니다. 액체나 기체 속에서는 움직이지 못해요.

구분	P파	S파
도착 순서		
속도		
움직임		
통과 가능 물질		
피해 정도		

2. 다음 지진파 그림을 보고 P파와 S파를 구분해 괄호 안에 써 보자.

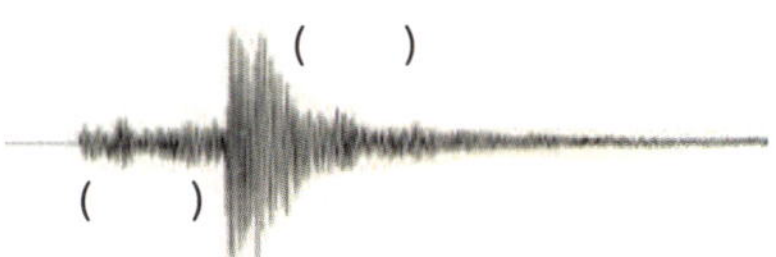

 **더 알고 싶어 119**　　　📖 도서　▶ 영상　🔍 사이트

▶ **지구 밖 첫 지진파로 화성 내부 구조 알아냈다 (동아사이언스)**

지구 밖에 있는 행성도 지진파로 내부 구조를 살펴볼 수 있을까? 당연하지. 지구뿐만 아니라 고체로 이루어져 있는 행성에서도 마찬가지로 지진파를 측정해 볼 수 있어. 태양계 행성 중 고체로 이루어져있는 행성은 수성,금성,화성인데 지진측정기계를 가져다만 놓을 수 있다면 불가능한 일은 아니지. 최근 화성 내부 구조를 밝혀 냈다는 뉴스가 나왔어! 흥미로운 소식이니 한번 살펴봐.

지구계라는 건 무엇일까?

지구계를 이루는 다섯 가지 영역

지구라는 행성에는 대기, 바다, 육지 그리고 다양한 종류의 생물들이 살고 있어.
그리고 서로 각각의 영역을 이루며 영향을 주고받고 있지.
이것을 우리는 지구계라고 표현해.

학습 키워드 #지구계 #기권 #지권 #수권 #생물권 #외권
교과 연계 중2 과학 〉 Ⅱ.지권의 변화

지구계를 이루는 것

태양계는 태양과 그 중력에 이끌려 있는 주변 천체가 이루는 시스템을 말해. 수성, 금성, 지구, 화성, 목성, 토성, 천왕성, 해왕성 같은 행성과 행성들의 위성, 소행성, 혜성, 왜소행성 등이 여기에 속하지. 태양계처럼 우리가 살고 있는 지구라는 행성들을 이루는 대기, 바다, 육지 그리고 다양한 종류의 생물들이 영향을 주고받는 것을 통틀어서 지구계라고 부르고 있어.

지구계를 이루는 것에는 기권, 지권, 수권, 생물권, 외권이 있어. '기권'은 지구를 둘러싸고 있는 공기층이야. 태양으로부터 오는 자외선을 차단해서 생명체를 보호해 주고 지구의 온도를 유지하는 역할을 하지. '지권'은 생명체들이 사는 표면과 내부 영역을 말해. 지권은 지구 안의 내핵, 외핵, 맨틀, 지각 등의 구조를 포함하고 있어. '수권'은 물이 존재하

는 영역이야. 바닷물, 빙하, 지하수, 강물 등이 여기에 속하지. '생물권'은 지구에 사는 모든 생물을 뜻해. '외권'은 기권 밖의 우주 공간을 뜻하지. 이 권역들은 모두 공간적 개념이라는 것을 기억해야 해.

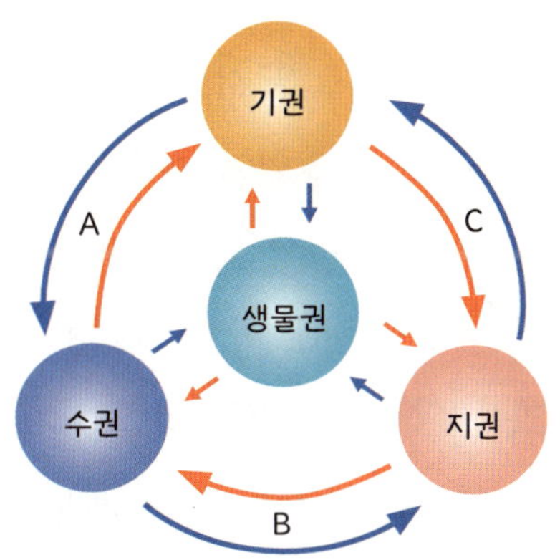

지구계 권역들의 상호작용

지금 우리가 마신 생수 한 병, 그 속 물 분자는 어쩌면 공룡이 마셨던 물일 수도 있어. 물은 지구계를 끊임없이 순환하면서 바다→하늘→땅→생명체를 거쳐 다시 바다로 돌아가거든. 이 순환 과정에서 지구계의 모든 권역이 협력하고 있어. 잠깐 학교 운동장의 큰 나무 한 그루를 떠올려 보자. 이 나무는 단순히 그늘을 만들어 주는 것이 아니라 하루 동안 약 200L의 물을 증산시키고, 우리가 호흡할 산소를 만들어 주며, 땅을 붙잡아 산사태를 막아 주고 낙엽은 미래의 비옥한 흙이 돼.

1991년 6월, 필리핀의 피나투보 화산이 대폭발을 일으켰어. 화산재가 하늘을 뒤덮으며 전 세계로 퍼져 나갔지. 그 결과 다음 해인 1992년 여름, 지구가 평소보다 시원해졌어. 땅 속 깊은 곳에서 일어난 일이 하늘의 온도를 바꾸고 전 세계 사람들의 생활에 영향을 준거야.

바닷가의 부드러운 모래는 원래 높은 산의 단단한 바위였을 거야. 수천만 년 전, 산꼭대기의 바위가 햇빛을 받아 갈라지고, 비와 바람에 의해 깎이고, 강물에 쓸려 내려오고, 파도에 부딪히며 점점 작아져 지금의 모래가 된 거지. 지금 우리가 경험하는 많은 자연들은 다 지구계의 모든 권역이 함께 일한 결과야.

각 권역들은 서로 양방향으로 상호작용하면서 여러 자연현상과 변화를 일으키고 있어. 한편 생물체는 다양한 곳에서 살고 있기 때문에 생물권이 차지하는 분포는 지권, 수권, 기권에 모두 걸쳐 있다고 볼 수 있어. 외권은 지구 바깥인데 왜 지구계에 포함되는지 궁금증이 생길 수도 있어. 외권은 지구 바깥에 있지만 지구계의 다른 구성 요소들과 영향을 주고받기 때문에 지구계로 보는 거야. 태양에서 나온 입자 일부가 대기권의 공기 입자와 충돌해서 빛이 나는 현상인 오로라가 바로 외권과 기권의 상호작용 때문에 일어나는 대표적인 예라고 할 수 있어.

그렇다면 지구 바깥의 기준은 무엇일까? 기권과 외권의 차이는 무엇이지? 일반적으로 기권은 지표면(또는 해수면)에서 약 1,000m 높이까지의 영역을 뜻해. 외권은 그 이상을 뜻하지. 다음 표를 살펴보면 지구계에서 벌어지는 각 권역의 상호작용에 대해 쉽게 이해할 수 있을 거야.

근원/ 영향	기권	수권	지권	생물권
기권	• 기단 간 상호작용 (전선 형성)	• 바람에 의한 해파와 해류 발생 • 폭풍, 해일, 엘리뇨, 라니냐	• 풍화, 침식 작용	• 광합성에 필요한 이산화탄소 공급, 종자와 포자의 운반
수권	• 수증기 공급 • 태양열 저장 • 태풍	• 해수의 혼합 • 심층수의 순환	• 물과 빙하의 침식 작용 • 퇴적물의 공급 , 지형 변화	• 세포 내 물질 공급 • 수중 생물의 서식처 • 생물체에 의한 수권 물질 흡수
지권	• 화산 가스 공급 • 지구 내부 에너지 유입	• 지권 물질이 용해되어 유입	• 판의 운동 • 대륙의 이동	• 생물 서식처 제공 • 영양분 공급
생물권	• 호흡, 광합성에 의한 기체 이동 • 증산 작용에 의한 수증기 공급	• 생물체에 의한 용해 • 부패 물질의 이동	• 풍화 작용 • 토양 생성	• 먹이사슬 유지
외권	• 우주의 물질이 대기로 들어와 빛을 내며 탄다. (유성, 별똥별) • 극지방에서 오로라가 관찰된다.			

1. 다음 그림에서 수권에 해당하는 것들을 찾아 표시해 보자.

힌트 빙하, 해수, 호수, 하천 중 명칭을 골라 적고 특징을 적어 보자.

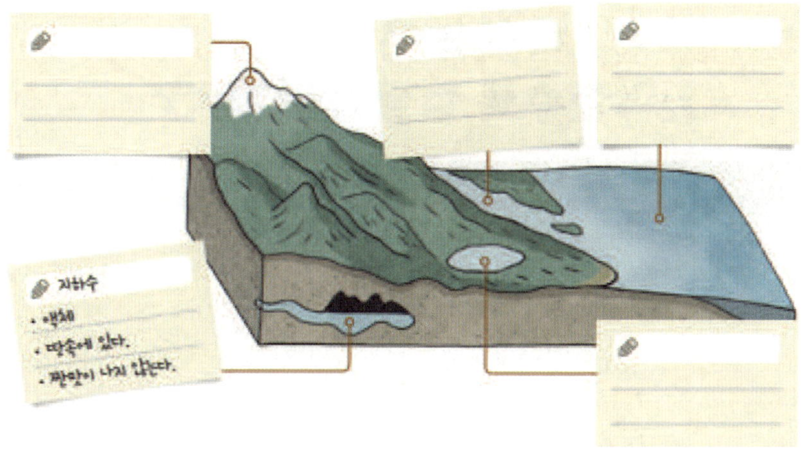

2. 다음 보기는 지구 시스템을 이루는 어떤 권역 사이의 상호작용인지 그림에서 알맞은 것을 골라 보자.

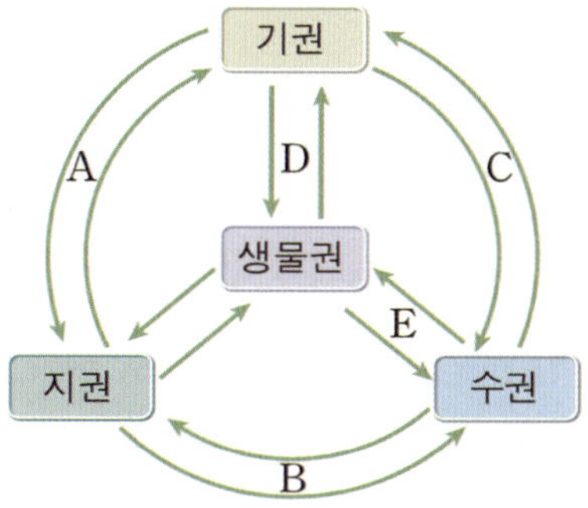

(1) 수증기가 응결해 구름이 되고 어떤 강수 형태로 내려 쌓이면 빙하가 된다. _________

(2) 화산 폭발로 대기 중 이산화탄소가 증가한다. _________

(3) 파도의 침식 작용으로 해안선이 변한다. _________

더 알고 싶어 119

📖 도서 ▶ 영상 🔍 사이트

▶ **[과학 한스푼] 올해 비행기 타지 말까? '태양 극대기'엔 어떤 일이? (YTN사이언스)**

왜 비행기에 타지 말까 고민하는지 앞에서 배운 과학 지식을 이용해서 해석할 수 있어? 그렇지. 태양에 가까워질수록 태양 활동에 의해 방사선에 많이 노출될 수 있으니까 아무래도 좀 피하는 게 좋겠지? 흑점은 태양의 주변보다 온도가 낮아 검게 보이는 곳으로, 태양의 활동이 활발해지면 흑점의 수가 많아져. 만약 태양의 흑점 수가 평균보다 훨씬 많아진다면 지구 시스템의 각 구성 요소에는 어떤 변화가 생길지 생각해 봐.

바닷속 온도는 깊어질수록 점점 높아질까?

해수를 이루는 3가지 층상 구조

지구상에 존재하는 물 중에 가장 많은 건 바닷물인 해수야.
지구 전체 물의 97.48%나 차지하고 있지. 해수를 이루는
3가지 층상 구조에 대해서 알아보자.

학습 키워드 #수권 #수온연직분포

교과 연계 중2 과학 〉 Ⅱ.지권의 변화
중3 과학 〉 Ⅲ. 수권과 해수의 순환

다양한 수권들

지구 안의 모든 생물이 살아가려면 물이 반드시 필요해. 물이 없으면 우유를 만들거나 농작물을 기르지 못하지. 그 이유는 우유를 얻기 위해 가축을 키우거나 농작물을 기르기 위해 농사 짓는 과정에 물이 필수적이기 때문이야. 물은 농업에도 사용되지만 우리 일상생활에서도 필요하고, 하천의 기능을 유지하거나 공업용으로도 사용돼. 그렇기 때문에 우리는 소중한 물을 아끼도록 노력해야 해.

수권은 다양한 형태로 존재하고 있어. 수권에는 바닷물인 해수와 하천수, 빙하, 지하수, 호수 등이 있지. 수권 중에 가장 많은 부피를 차지하는 '해수'는 짠맛이 나는 특징이 있어. '하천수'는 흐르는 특징이 있고 짠맛이 나지 않지. 고산지대나 극지방에 있는 '빙하'는 고체 상태로 존재하고

짠맛이 나지 않아. '지하수'는 암석 틈이나 땅 아래에 있고 짠맛이 나지 않지. '호수'는 고여 있다는 특징이 있고 짠맛이 나지 않아. 여기서 짠맛은 염류를 뜻해. 염류는 바닷물에 녹아 있는 염화나트륨이나 염화마그네슘, 황산나트륨 등을 말해. 우리가 바닷물을 짜다고 느끼는 건 염화나트륨, 즉 소금 때문이야.

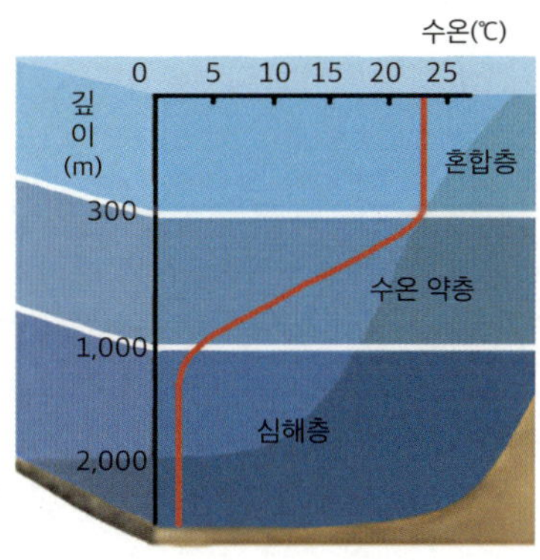

바다의 층상 구조

바다는 지구 표면의 70%를 차지하고 있고, 해양의 면적은 3억 6,105만km^2에 달한다고 해. 바닷속 온도는 어떻게 달라질까? 수온은 태양에너지와 해수면 위에 부는 바람에 큰 영향을 받아. 과학자들은 해수를 적당한 높이를 기준으로 각 층의 특징에 맞게 혼합층, 수온 약층, 심해층의 3개로 나눴어. '혼합층'은 해수면 위의 바람에 의해 잘 섞여서 수온이 일정한 층이야. '수온 약층'은 수온이 급격히 낮아지는 안정적인 층이지. '심해층'은 수온이 매우 낮고, 연중 변화가 거의 없는 층이야. 겨울이나 여름에 태양에너지가 달라지는 것에 따라 수온 약층과 혼합층의 두께가 달라질 수 있지만, 심해층은 온도 변화가 거의 일어나지 않아. 약 −1도에서 3도 정도로 온도가 유지된다고 해.

1. 다음 빈칸에 알맞은 말은 무엇일까?

> 지구 시스템의 구성요소인 수권은 해수, 빙하, 지하수, 강, 호수 등 지구에 있는 물을 말합니다. 이 중 _______(은)는 깊이에 따른 수온 분포로 _______, 수온 약층, 심해층으로 구분합니다.

2. 다음 설명 중 옳은 것은 O표, 옳지 않은 것은 x표를 해 보자.

> (가) 지구 시스템은 외권, 기권, 지권, 생물권, 수권으로 이루어져 있다. (　　　)
> (나) 지구 시스템을 구성하는 요소들은 서로 영향을 주고받고 있다. (　　　)
> (다) 외권은 우주 공간에 해당하므로 지구 시스템의 다양한 권역들과 서로 상호작용하지 않는다. (　　　)

3. 수권의 층상구조를 설명한 것 중 옳은 것만 〈보기〉에서 있는 대로 골라 보자.

> ㄱ. 혼합층은 바람의 영향을 받기 때문에 윗 부분은 수온이 낮고 아래로 내려갈수록 높아지는 경향을 띤다.
> ㄴ. 수온 약층은 수심이 깊어질수록 수온이 급격히 낮아지는 층이다.
> ㄷ. 심해층에서 수온은 계절에 따라 크게 변한다.

 **더 알고 싶어 119**

📖 도서　▶ 영상　🔍 사이트

▶ **이것은 외계인? 심해에 사는 해양생물 (해양수산부)**

심해에 사는 해양생물에 대해 혹시 궁금했던 적 있어? 심해는 보통 수심이 200m정도 되는 곳부터 깊은 곳은 6,000m에 달하는 곳이야. 심해에 사는 생물들은 우리가 쉽게 볼 수 있는 생물들과 생활 환경이 다르기 때문에 다른 모습을 하며 적응하고 있을 수 있을 것 같아. 동영상을 통해 살펴보자.

인류의 삶에 도움을 주는
응용과학 연구원

현대 사회는 과학과 기술의 발전에 의해 크게 변화하고 있어. 이런 변화는 우리의 일상을 더욱 더 편리하고 효율적으로 만들어 주고 있지. 이는 모두 과학을 응용해서 열심히 연구하는 연구원들의 노력 덕분이야.

대표적인 과학 연구원 3가지

과학은 매우 다양한 분야에서 응용되고 있는데, 그중에서 인간의 생활에 직접적으로 영향을 미치는 대표적인 3가지 분야의 연구원에 대해 소개해 볼게.

첫 번째는 의학 연구원이야. 의학 분야에서 과학의 응용은 인간의 생명과 건강을 지키는 데 중요한 역할을 해. 예를 들어 바이오 기술을 활용한 새로운 치료법이나 백신 개발 연구는 질병의 예방과 치료에 기여하지. 최근 COVID-19 팬데믹 상황에서 mRNA 백신을 개발한 것은 과학이 어떻게 인류를 구할 수 있는지 확인할 수 있는 대표적인 사례야.

두 번째는 환경 연구원이야. 환경 문제는 현대 사회에서 매우 중요한 이슈로 대두되고 있어. 과학자들은 지속가능한 발전을 위해 다양한 연구를 진행하고 있지. 탄소를 줄이기 위해 탄소를 포집해서 물건을 만들어 보자는 아이디어를 생각해 냈으면 그것을 실현할 수 있는 방법을 고안하는 거야. 또 대기 오염을 줄이기 위한 새로운 필터 기술 개발이나 재생가능 에너지원의 효율성을 높이려는 연구 등은 지구 보호에 중요한 기여를 하고 있지.

세 번째로 정보 기술 연구원도 소개해 볼게. 최근 정보 기술 분야에서는 인간의 편리를 도모하기 위한 필수 요소로 인공지능(AI)과 빅데이터 분석이 대두되고 있어. AI 기술을 활용한 자동화 시스템은 생산성을 높이고 데이터 분석을 통해 개인의 필요에 맞춘 맞춤형 서비스 제공이 가능하도록 돕고 있어.

과학 연구원의 역할

과학을 응용하는 연구원은 다양한 분야에서 중요한 역할을 해. 문제를 해결하기 위한 연구를 진행하고, 새로운 기술이나 방법론을 개발해서 인간의 삶을 개선하기 위해 끊임없이 노력하고 있지. 가끔 연구가 사회의 모순이나 한계에 부딪히기도 하지만 연구는 혼자 하는 게 아니기 때문에 많은 이들이 그 한계를 넘어 연구 결과를 얻어 내기 위해 다방면으로 노력하고 있어. 과학 연구원이라면 여러 분야의 전문가들과 협업해서 연구 결과를 얻고 이를 통해 얻은 지식을 사회와 공유하는 것이 중요해.

과학 연구원이 되려면

과학 연구원을 미래의 진로를 삼고 싶다면 어떤 분야에 대해 관심이 많은지 탐색해 보는 것이 중요해. 그리고 그 분야가 사회에서 어떤 역할을 하고 있는지, 너희가 어떻게 기여할 수 있을지 다방면으로 생각하면서 전공을 결정하면 좋겠어. 자신이 설정한 분야에 대해서는 깊은 이해가 필요하기 때문에 생명과학/환경과학/컴퓨터 과학 등 관심 있는 분야의 전문적 지식을 쌓기 위해 대학교에 진학할 때 신중하게 전공을 선택해공부를 이어 나가면 좋겠어. 특히 연구원들에게는 데이터를 잘 관리하고 저장하는 능력이 중요해. 그 데이터를 분석할 수 있어야 하고 컴퓨터를 많이 활용하기 때문에 데이터 과학에 대한 경험을 미리 쌓아 보는 것도 추천할게.

사실 연구원은 단순히 지식을 생산하는 역할만 하는 게 아니야. 연구 윤리에 대해서도 올바른 가치관을 갖고 있는 게 중요하고, 연구 결과에 대한 사회적 파장에 대한 이해도 필요해. 지속가능한 발전을 위한 연구를 지향하고 인류의 삶에 도움이 되는 방향으로 임해야 한다는 것도 잊지 말자!

5부
생명의 연결,
지구 안의
살아 있는 과학

지진과 화산활동은 왜 일어나는 걸까?

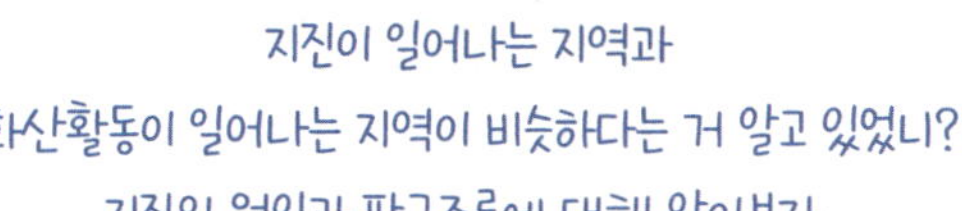

지진과 화산활동의 영향

지진이 일어나는 지역과
화산활동이 일어나는 지역이 비슷하다는 거 알고 있었니?
지진의 원인과 판구조론에 대해 알아보자.

학습 키워드　#지진 #화산 #판구조론
교과 연계　중2 과학 〉 Ⅱ.지권의 변화

지진과 화산활동의 관계

　화산활동은 지구 내부에 모여 있던 에너지가 급격하게 바깥으로 나오는 현상을 말해. 지진이 발생하는 지역과 화산활동 지역이 거의 비슷하다는 거 알고 있니?

　다음 그림에서 점으로 표시된 곳이 지진과 화산활동이 일어난 지역

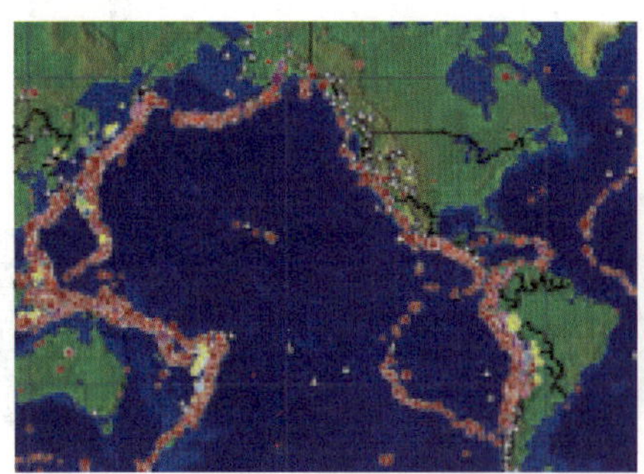

↑ 지진 발생 지역

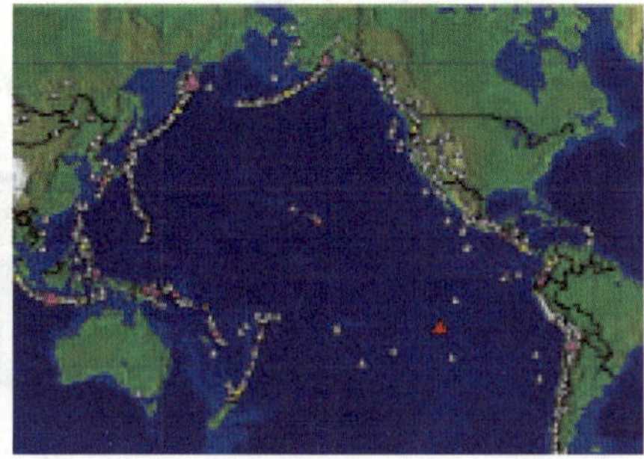

↑ 화산활동 지역

이야. 지진이 자주 일어나는 지역은 지진대라고 하고, 화산활동이 자주 일어나는 지역은 화산대라고 해. 지진대와 화산대는 거의 일치한다는 것을 앞의 그림으로도 알 수 있어. 이 지역이 주로 대륙 주변부에 띠 모양으로 분포한다는 것도 알 수 있지. 특히 환태평양 지진대와 화산대는 태평양을 중심으로 한 대륙의 경계 부근에 존재하는데, 지구 전체 화산활동의 약 80%가 여기에서 일어난다고 해서 '불의 고리'라고도 불리고 있어. 이러한 지역이 특정한 곳에만 띠 모양으로 분포된 이유는 무엇일까?

출처: 『Earth Portrait of a Planet』(2012)

그 이유는 '판구조론'에서 찾을 수 있어. 판구조론은 지진이나 화산 활동처럼 지각이 변동하는 현상을 판들의 움직임에 따른 상호작용의 관점에서 설명하는 이론이야. 판은 지권의 지각과 맨틀의 가장 위쪽을 합친 단단한 부분이야. 지권은 여러 개의 판으로 이루어져 있는데, 각각의 판들이 맨틀의 대류를 따라 이동하면서 판의 경계 부분에서 지각 변동을 일으킨다는 거지. 판들은 1년에 1~10cm 정도씩 움직인다고 해.

단단한 판들이 어떻게 움직인다는 걸까? 지각 아래쪽의 맨틀 상층

부는 고온 상태라서 고체지만 부분적으로 움직이는 특성이 있어. 이를 '연약권'이라고 하는데, 연약권에서 일어나는 대류 현상이 판을 움직이는 원동력이 되는 거야.

판의 경계에서는 화산과 지진 활동뿐만 아니라 오랜 세월에 걸쳐 산맥이 생겨나기도 해. 히말라야 산맥은 인도판과 유라시아판이 충돌해서 생긴 거대한 산맥이야. 현재도 지진이 자주 일어나기는 하지만 화산활동은 거의 일어나지 않고 있어.

화산활동이 미치는 영향

화산 분출은 지구에 어떤 영향을 미칠까? 화산이 분출하면 화산재나 화산 가스, 용암, 화산암 조각들이 함께 분출되면서 산불이 나거나 비행기 운항이 어려워져. 화산 근처에 살고 있는 사람뿐만 아니라 많은 동식물이 화산 가스나 화산재 때문에 질병에 걸리기도 하지. 이러한 피해를 최대한 줄이기 위해 우리는 실시간으로 화산의 활동을 관찰하고 있어.

화산활동이 피해만 주는 것은 아니야. 화산활동이 있었던 하와이나 베트남의 일부 지역은 땅이 비옥해졌어. 화산활동으로 생긴 화산재의 광물 성분이 땅을 비옥하게 만들어서 농사에 도움을 주고 있지. 제주도처럼 화산활동으로 만들어진 섬은 화산 지형을 관광 자원으로 활용하기도 한대. 또 화산 주변 땅의 열기를 이용해 지열 발전을 일으켜 전기를 얻기도 해.

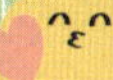

1. 다음 글을 읽고 질문에 답해 보자.

> 판의 경계에서는 무슨 일이 일어날까? 경계는 크게 세 가지 경우로 나뉘어. 서로 멀어지거나, 서로 부딪히거나, 서로 스쳐 지나가거나!
>
> 먼저 서로 멀어지는 경우에는 판이 멀어지면서 내부의 뜨거운 마그마가 솟아올라 새로운 땅을 만들어. 그리고 바다에는 높은 산맥이 생기고, 길고 깊은 골짜기가 생기기도 해. 이런 경계를 발산형 경계라고 해.
>
> 서로 부딪히는 경우에는 깊은 바다 골짜기가 생기거나(마리아나 해구!) 힘이 약한 판이 아래로 들어가고 힘이 강한 판이 위로 솟아오르면서 녹은 마그마가 위로 올라와 식어서 섬들이 줄지어 만들어지거나(그래서 만들어진 곳이 일본!) 습곡 산맥이 생기기도 해.(에베레스트산이나 히말라야 산맥) 이런 경계는 수렴형 경계야.
>
> 서로 스쳐 지나가는 경우에는 길게 어긋난 금이 생기기도 해. (미국 산안드레아스 단층) 이런 곳은 보존형 경계야. 이렇게 판의 경계에서는 다양한 현상들이 벌어지지. 우리가 사는 지구는 진짜 살아 있는 행성 같지?

1) 다음 빈칸에 알맞은 말을 써 보자.

유형			
형태			
지형	해령, 열곡대	해구, 호상열도, 습곡 산맥	변환 단층

2) 설명이 궁금한 단어를 인터넷에서 찾아보자.

더 알고 싶어 119

📖 도서　▶ 영상　🔍 사이트

▶ **영화 〈볼케이노〉** 화산활동의 기이한 사건이 보고되나 원인은 밝히지 못하고 시간을 지체하다가 더 큰 화산활동이 시작되어 큰 재앙의 위험에 놓이는 상황을 표현한 영화야. 화산 폭발의 심각성과 그런 징후를 항상 살피는 기관에 대한 진로를 탐색해 볼 수 있어.

▶ **영화 〈더 퀘이크 : 오슬로 대지진〉** 지질학자인 주인공은 최악의 지진이 덮칠 것이라 예측했지만 누구도 말을 들어주지 않았어. 그러나 그게 적중하고 대재난이 닥치지. 너희가 주인공이라면 어떤 판단을 했을지 생각해 보자.

공룡이 살던 시대의 대륙은 지금 모습과 달랐다고?

공룡과 대륙이동설

대륙이동설은 베게너가 주장한 이론으로,
원래는 하나였던 대륙들이 분리되어 이동했다는 주장이야.
대륙이 이동했다는 걸 어떻게 밝혀냈는지 살펴보자.

학습 키워드　#화석 #판 #판구조론 #대륙이동설
교과 연계　중2 과학 〉 Ⅱ.지권의 변화

앞에서 판이 1년에 1~10cm씩 이동한다고 했잖아? 지권은 천천히 변화하고 있어, 공룡이 살던 시대는 어땠는지 한번 살펴볼까?

누대	명왕누대	시생누대	원생누대	현생누대											
대				고생대						중생대			신생대		
기		선캄브리아시대		캄브리아기	오르도비스기	실루리아기	데본기	석탄기	페름기	트라이아스기	쥐라기	백악기	고원기	신원기	제4기
시간	46억 년 전~	40억 년전~	25억 년 전~	5억 3880만 년 전~						2억 4500만 년 전~			6천500만 년 전~현재		
대표적 생물		스트로마톨라이트, 해파리		삼엽충, 완족류, 갑주어						암모나이트, 공룡, 시조새			매머드, 화폐석		

대륙이동설

공룡이 살았던 시대는 중생대야. 연구자들은 과거에 어떤 생물이 살았고 기후는 어땠는지를 연구하기 위해 화석을 이용하거나 빙하의 물 분자를 분석하거나 석순과 꽃가루를 연구하는 방법을 사용하고 있어.

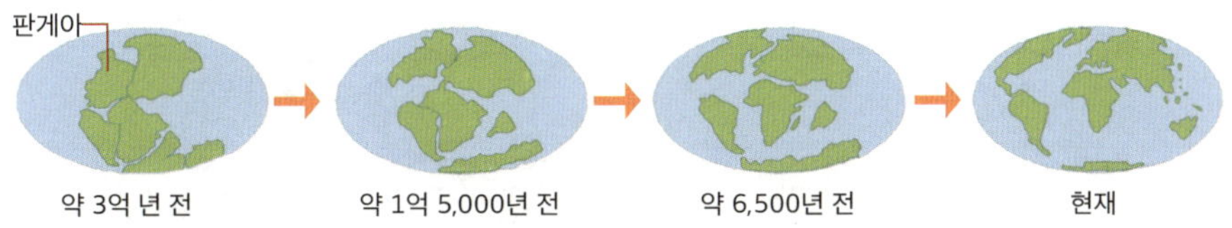

위 그림은 대륙의 이동과 분포를 나타낸 거야. 베게너라는 학자는 원래 하나였던 대륙이 분리되어 이동한 결과 현재의 모습이 되었다는 이론을 내놓았어. 이를 대륙이동설이라고 부르고 있지.

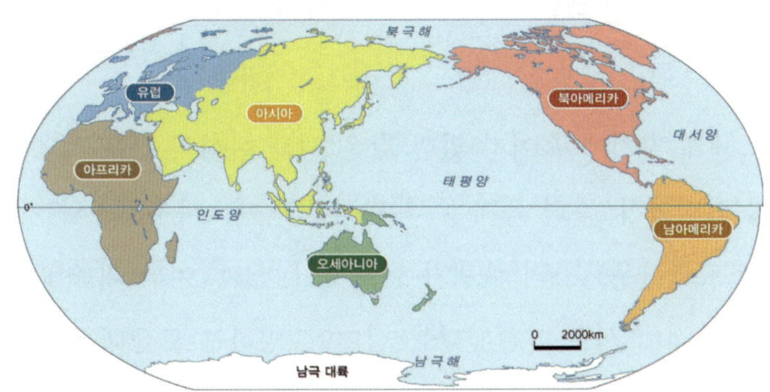

- **해안선 모양 일치**: 대서양을 사이에 둔 양쪽 두 대륙의 해안선 모양이 잘 들어맞는다.
- **화석의 분포**: 세계 각지에 흩어져 있던 같은 생물 화석의 분포 지역이 서로 연결된다.
- **빙하의 흔적**: 여러 대륙에 남아 있는 빙하의 흔적이 서로 연결된다.
- **산맥**: 북아메리카 대륙과 유라시아 대륙의 산맥이 서로 연결된다.

베게너가 이야기한 대륙이동설에는 4가지 증거가 있어. 첫째, 남아메리카 동쪽 해안선과 아프리카의 서쪽 해안선이 거의 비슷하다는 점이

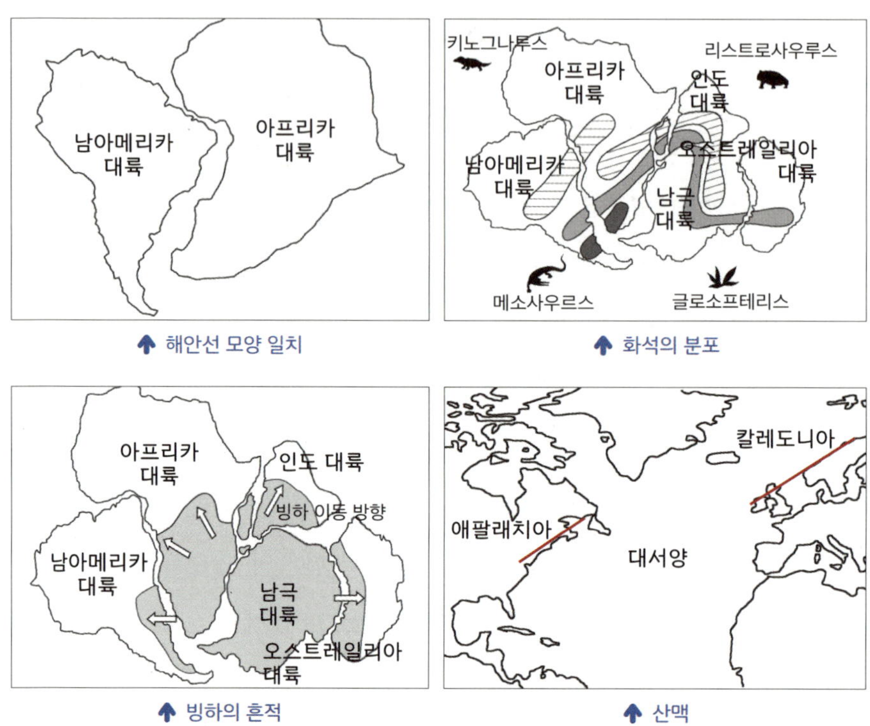

야. 둘째, 세계 각지에 흩어져 있던 같은 생물 화석의 분포 지역이 서로 연결된다는 점이야. 특히 육지에 사는 생물인 메소사우르스와 키노그나투스, 리스트로사우르스의 분포가 일치했어. 셋째, 여러 대륙에 남아 있는 빙하의 흔적이 서로 연결된다는 점이야. 빙하는 고생대 말기의 빙하 퇴적층으로 알 수 있었어. 넷째, 북아메리카의 애팔래치아 산맥과 유라시아의 칼레도니아 산맥이 과거에 하나였던 것처럼 서로 연결된다는 점이야. 대륙이동설이 발표될 때만 해도 당시 과학자들은 이 주장을 믿지 않았어. 당시 베게너가 대륙을 이동시킨 힘에 대해 잘 설명하지 못했기 때문이야. 그런데 나중에 과학이 발전하면서 맨틀의 연약권이 대류 현상으로 인해 움직여서 판이 이동한다는 것이 증명되었어. 그래서 대륙이동설을 받아들이게 됐다고 해.

1. 현재 지구의 대양과 대주의 수는 각각 몇 개일까?

　① 4대양, 5대주　　② 5대양, 5대주　　③ 5대양, 6대주　　④ 6대양, 6대주

2. 아래는 베게너가 주장한 대륙이동설에 대한 내용이야. 읽어 보고 왜 대륙이동설이
　처음에 잘 받아들여지지 않았는지에 대해서 3가지 정도 찾아 보자.

　힌트 생각해 보다가 인터넷 검색을 해 보는 것도 좋아. 차분히 읽으면서 정리해 보자.

> 　베게너는 나름 굉장히 합리적인 증거들을 조합해서 발표했어. 쉽게 말하자면 증거는 4가지였지. 남아메리카와 아프리카 대륙이 퍼즐처럼 딱 맞았던 것, 아주 먼 옛날 살았던 똑같은 동물과 식물이 바다 건너 멀리에서 발견되었다는 것, 대륙을 뚝 잘라 놓은 것처럼 보이는 산맥과 지질 무늬들, 지금은 아주 더운 곳(아프리카)에서 옛날에 거대한 얼음덩어리(빙하)가 있었던 것이 발견되고, 추운 곳(북극)에서 뜨거운 곳에서 자라는 식물의 흔적(석탄)이 발견되는 것.

구분	설명
①	예) 대륙이 왜 움직이는지 어떻게 이 거대한 대륙이 움직이는 지 설명하지 못했어요.
②	
③	

 **더 알고 싶어 119**　　　📖도서　▷영상　🔍사이트

▷ **영화 〈아이스 에이지 4 : 대륙이동설〉**
　공룡이 살던 시대는 언제라고 했지? 맞아. 중생대야. 공룡을 배경으로 한 영화는 많이 있지만 이 영화는 대륙이동설을 배경으로 한 영화야. 영화의 주인공은 동물들이고 평화롭게 살던 어느 날 다람쥐 스크랫이 도토리를 쫓다 지구 내부를 건드려 대륙 이동이 시작돼. 그 속에서 이야기가 펼쳐지지. 실제로는 대륙이 천천히 이동했지만 애니메이션에서는 어떻게 표현했는지 살펴보자.

우리 몸과 지각을 구성하는 물질에도 순위가 있다고?

지구와 우리 몸을 구성하는 원소들

우주와 지구를 이루는 수많은 물질들은 원소들로 이루어져 있어.
인간도 여러 원소들로 이루어져 있는 건 마찬가지야.
결국 생명은 자연에서 와서 결국 자연으로 되돌아가는 한때의 과정이지.

학습 키워드　#원소 #원자 #DNA #RNA
교과 연계　중2 과학 〉 Ⅱ.지권의 변화
　　　　　　　중2 과학 〉 Ⅵ. 동물과 에너지

　우주에서 가장 많은 원소는 수소와 헬륨이야. 그렇다면 지구와 지구에서 살아가는 생물들은 어떤 원소로 이루어져 있을까? 지구의 지권과 대기를 구성하는 원소부터 살펴보자. 지권은 지각과 맨틀, 외핵과 내핵의 4개 층상 구조를 갖고 있어. 지각은 지구 전체 질량 중 약 1%만 차지하지만 산소와 규소의 비율이 가장 많지. 맨틀과 핵은 철, 마그네슘 같은 무거운 물질로 이루어져 있어. 대기는 질소가 가장 많은 양을 차지하고 있고, 그 다음은 숨 쉴 때 필요한 산소가 차지하고 있지.

　사람을 구성하는 원소는 산소, 탄소, 수소, 질소가 약 96%를 차지해. 이 중 70%가 물로 존재하고 나머지 30%는 유전자와 영양소를 만드는 데 사용되고 있어. 사람은 음식을 먹어서 영양소를 얻잖아. 유전자는 DNA나 RNA와 같은 것들을 포함하고 있어. 탄수화물, 단백질, 지방의 3

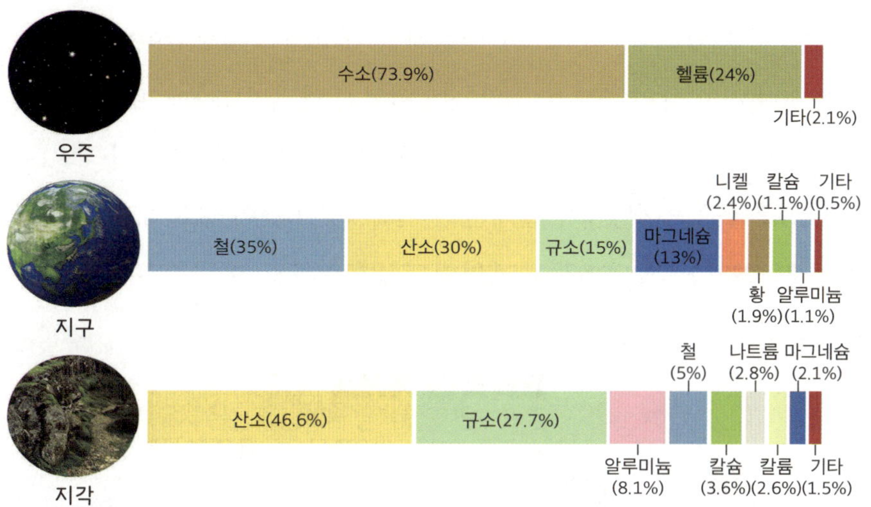

⬆ 우주, 지구, 지각을 구성하는 원소들

대 영양소 중 탄수화물과 지방은 기본적으로 탄소와 수소, 산소가 결합해서 만들어지는 화합물이고, 단백질은 탄소, 수소, 산소에 질소까지 포함해서 만들어지지. 단백질을 구성하는 기본 단위를 아미노산이라고 하는데, 이 아미노산의 종류에 따라 황이나 인 원소를 포함할 수도 있어.

원자는 입자로서 다른 원소와 결합하거나 홀로 존재하거나 상태를 바꿔 가며 다양한 삶을 살아가고 있어. 최초의 원자는 빅뱅으로 시작되어 수십억 년이 지나 수명이 다한 별의 폭발로 생을 마감하게 되지. 인간이라는 존재는 그 원자들이 다양하게 뭉친 찰나의 순간에 불과할지도 몰라. 그래도 우리는 죽어서도 원소로서 자연 속에 존재하는 거지.

단백질

단백질은 머리카락이나 근육, 효소 등 사람의 많은 부분을 구성하고 있어. 마치 레고를 길게 연결해서 만든 커다란 건축물과 같아. 앞에서 직업을 소개할 때 단백질이 변형되면 다시 돌이킬 수 없다는 거 설명한 적이 있는데 기억나니? 단백질을 구성하는 레고는 아미노산이야. 아미노산은 20가지 이상의 종류들이 있는데 어떻게 연결되느냐에 따라 근육이 되기도 하고 머리카락이 되기도 하고 효소가 되기도 해. 그럼 이 작은 아미노산 블록들을 어떻게 연결해 주는 걸까? 맞아 끈이 필요해. 블록들 사이를 꽉 붙잡아 주는 이 끈을 펩타이드 결합이라고 해.

DNA와 RNA

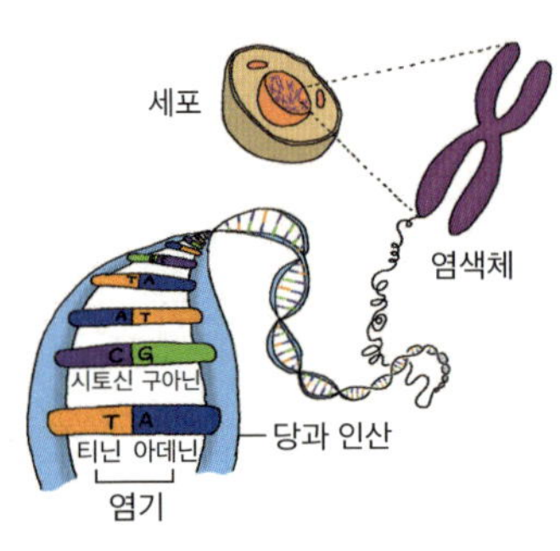

DNA와 RNA는 세포 안에 들어 있어. DNA는 아주 중요한 비밀 설계도라고 생각하면 돼. 튼튼한 집을 짓기 위한 설계도처럼 DNA 안에는 머리카락은 어떤 색으로 만들지, 키는 얼마나 크게 할지, 어떤 눈동자 색을 가지게 할지 등에 대한 중요한 정보가 들어 있어. DNA는 세포의 핵에 보관되어 있고 마치 사다리 두 개를 꼬아 놓은 듯한 두 줄 나선 모양이야. 이 중요한 DNA는 비밀 암호 글자들이 있어. 염기라고 하는데 아데닌, 구아닌, 시토신, 티민이고 아데닌은 A, 구아닌은 G, 시토신은 C, 티민은 T라고 불러. 두 가닥이 서로 연결되면서 염기들끼리 짝꿍이 되는데 이때 규칙이 있어! 아데닌(A)은 언제나 티민(T)하고만 짝꿍이야. 구아닌(G)은 언제나 시토신(C)이랑만 짝꿍이야. 마치 열쇠와 자물쇠처럼 짝꿍끼리만 붙어 있어서 DNA 설계도에 적힌 정보가 정확하게 유지되고 정확하게 복사될 수 있어. RNA는 설계도를 복사하고 심부름하는 일꾼이야. DNA는 너무 중요해서 직접 밖으로 나갈 수 없으니까 RNA가 필요할 때마다 DNA의 일부를 베껴서 가져가지. RNA는 DNA와 다르게 한 줄 나선 모양을 하고 있어.

1. 우주에서 가장 많은 원소는 무엇일까?

   ① 헬륨   ② 산소   ③ 수소   ④ 질소

2. 지구의 지각을 가장 많이 차지한 원소는 무엇일까?

   ① 철   ② 산소   ③ 규소   ④ 마그네슘

3. 다음 중 단백질에 대한 설명으로 옳은 것을 〈보기〉에서 모두 골라 보자.

> **보기** ㄱ. 효소와 항체를 구성한다.
> ㄴ. 단위체는 아미노산이다.
> ㄷ. 단위체의 배열 순서에 따라 기능이 달라진다.

4. (가)와 (나) 중 DNA에 해당하는 것과 RNA에 해당하는 것은 무엇일지 적어 보자.

(가) 

(나) 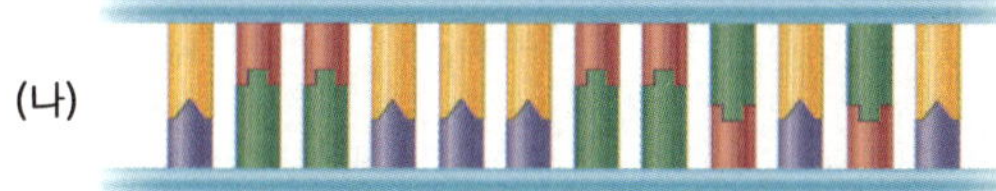

세포는
무슨 일을 할까?

세포의 특징과 소기관

모든 생물은 세포를 갖고 있어. 생물이 품고 있는 세포 수는
각기 다르지만 그 크기는 비슷하다고 해.
생물의 기초 단위인 세포에 대해 알아보자.

학습 키워드　#세포 #동물세포 #식물세포
교과 연계　중2 과학 > VI. 동물과 에너지

우리 몸속의 세포들

세포는 생물이 생명 활동을 하기 위한 가장 기초적인 단위야. 바이러스를 제외하면 어느 생물이든 세포를 가지지 않는 생물은 없어. 모든 생물은 1개 이상의 세포를 갖고 있지만 생물이 품고 있는 세포 개수는 각기 달라. 사람의 몸은 약 60조 개 정도의 세포로 이루어져 있대. 그 세포는 다시 작은 입자인 원자나 분자로 이루어져 있고 말이야. 세포 1개로 이루어진 생물은 단세포동물 혹은 원생생물이라고 불러.

세포는 다양한 크기로 존재하지만 그 크기는 대개 $1 \sim 100 \mu m$(마이크로미터) 안팎이라고 해. 생물들의 세포 크기는 큰 차이가 나지 않아. 코끼리의 세포와 토끼 세포의 크기는 서로 비슷하지. 이 둘의 몸 크기가 차이 나는 이유는 단지 코끼리가 갖고 있는 세포의 개수가 토끼 세포의 개수보다 많기 때문이야.

　우리 몸의 60조 개 세포 중 가장 작은 세포는 적혈구야. 붉은색을 띠면서 온몸에 산소를 운반하지. 지름은 약 8~10μm래. 다른 세포들과 달리 핵이 없거든. 가장 큰 세포는 난자야. 여성의 자궁에 있는 세포이고 크기가 150μm나 된대. 그렇다면 가장 긴 세포는 무엇일까? 우리의 감각 신호를 전달해 주거나 운동 신호를 전달하는 신경세포(뉴런)야. 길이가 무려 1m나 된다고 해.

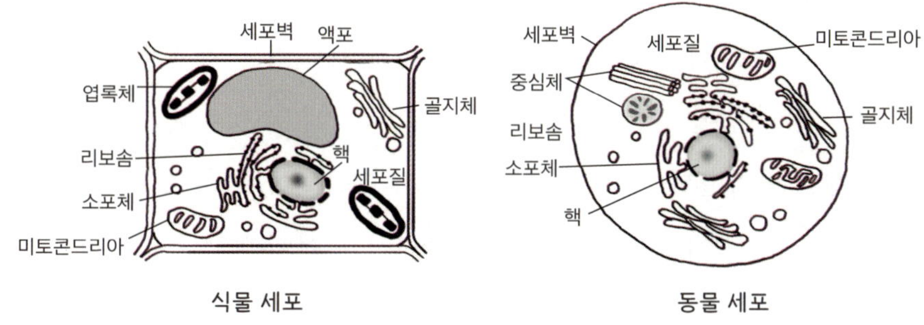

동물 세포와 식물 세포의 차이

　동물 세포와 식물 세포의 구조적 차이에 대해 그림으로 살펴볼게. 동물 세포와 식물 세포에 공통적으로 들어 있는 소기관에는 핵, 세포막, 세포질, 미토콘드리아, 리보솜, 골지체, 소포체가 있어. 식물 세포에서만 보이는 세포 소기관은 세포벽, 엽록체, 액포가 있어. 액포는 간혹 동물 세포에 있는 경우도 있어서 식물 세포에만 존재하는 소기관은 엽록체, 세포벽이라고 할 수 있지. 핵은 유전 물질인 DNA가 들어 있는, 세포의 생명 활동을 조절하는 기관이야. 미토콘드리아는 세포 호흡이 일어나는 소기관이지. 세포 호흡이란 산소를 이용해 포도당을 분해해서 세포의 생명 활동에 필요한 에너지를 생산하는 과정이야. [산소+포도당→이산화탄소+물] 액포는 물, 색소, 노폐물 등을 저장하는 곳이고, 세포막은 세포 바깥을 둘러싸고 있는 막으로 세포의 안과 밖을 구분하는 경계지. 세포막은 세포의 형태를 유지시키는 역할도 하고 있어. 리보솜은 DNA로부터 유전 정보를 RNA로 전달받아 단백질을 합성하는 기관이야. 소포체는 리보솜에서 합성된 단백질을 골지체나 세포의 다른 부위로 운반하는 기관이지. 골지체는 소포체에서 운반된 단백질을 변형하거나 적절한 장소로 운반하는 역할을 해. 한편 식물 세포에만 존재하는 엽록체는 광합성이 일어나는 곳이야. 빛에너지를 이용해 물과 이산화탄소를 포도당으로 합성하지. [물+이산화탄소→포도당+산소] 세포벽은 세포를 보호해 주고 세포의 모양을 유지해 주고 있어.

세포는 확산과 삼투라는 방법으로 물질을 이동시키고 있어. 확산은 농도가 높은 쪽에서 낮은 쪽으로 이동하는 현상이야. 모든 입자는 대부분 확산을 통해 스스로 움직이고 있지. 디퓨저나 향수에서 향기로운 냄새 입자가 증발해 확산되는 것처럼 말이야. 삼투는 세포뿐만 아니라 우리 실생활에서도 자주 일어나는 현상이야. 채소를 소금물에 절이면 숨이 죽거나 과일에 꿀이나 설탕을 절이는 것 모두가 삼투현상을 이용한 거야. 삼투는 세포막을 통해 농도가 낮은 곳에서 높은 곳으로 '물'이 이동하는 현상이야. 세포막은 선택적으로 물질을 통과시킬 수 있는 특징이 있어서 물과 같은 작은 분자는 투과시키지만 소금이나 설탕과 같은 크기가 큰 분자는 통과시키지 못해.

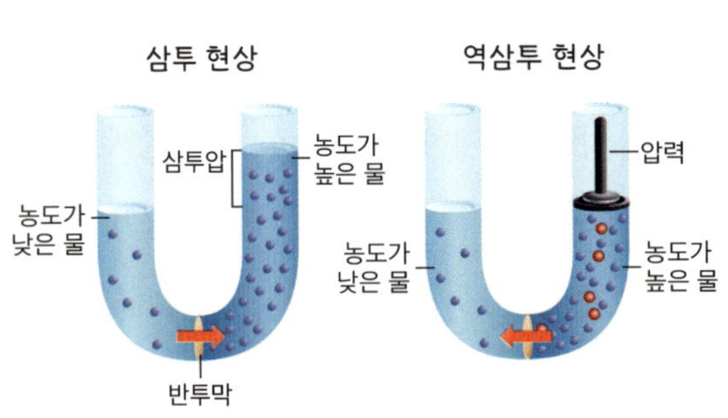

1. 삼투현상에 대한 설명으로 올바른 것은?

　① 용질이 농도가 높은 곳에서 낮은 곳으로 물질이 이동한다.

　② 용매가 농도가 낮은 곳에서 높은 곳으로 이동한다.

　③ 모든 물질이 세포막을 자유롭게 통과한다.

　④ 삼투는 기체 상태에서만 일어난다.

2. 다음은 세포 호흡과 광합성을 비교하는 표야. 빈칸을 채워 보자.

구분	세포 호흡	광합성
정의	포도당을 분해하여 에너지를 생산하는 과정	빛에너지를 이용하여 이산화탄소와 물로부터 유기물을 합성하는 과정
목적	에너지 생성	양분 합성 및 저장
주체	모든 생물	광합성 생물
화학반응식	(A.　　　　　　　　　　)	(B.　　　　　　　　　　)
주요 반응물	(C.　　　　　　　　　　)	(D.　　　　　　　　　　)
주요 생성물	(E.　　　　　　　　　　)	(F.　　　　　　　　　　)
에너지 전환	에너지 (방출, 흡수)	에너지 (방출, 흡수)
발생 장소	동물은 (G.　　　　) 식물은 모든 세포	엽록체

더 알고 싶어 119　　　　　📑 도서　▷ 영상　🔍 사이트

▷ **드라마, 웹툰 〈유미의 세포들〉** 주인공인 유미의 머릿속 혹은 몸 속에서 바쁘게 움직이는 세포들 이야기야. 유미가 행동하는 모든 일에 세포가 관여하는 모습을 보여줘. 우리 몸은 세포가 많은 역할을 하고 있다는 것을 기반으로 만든 작품이야.

부모님과 나는 왜 닮았을까?

유전자의 특성

생물이 지니고 있는 여러 가지 특성을 형질이라고 해.
부모의 형질이 자녀에게 전달되는 현상을 유전이라고 하지.
부모님과 너희가 닮은 것도 유전 때문이야.

학습 키워드 #유전 #세포분열
교과 연계 중3 과학 > Ⅵ. 생식과 유전

DNA와 유전자의 관계

너희와 부모님의 얼굴이 왜 닮았는지 혹시 궁금한 적 있니? 생명체는 탄수화물과 단백질, 지질이나 핵산 등 다양한 물질로 이루어져 있어. 이들은 모두 탄소 화합물이라는 특징이 있지. 탄소 화합물이란 탄소를 중심으로 산소, 수소, 질소 등이 공유 결합되어 만들어진 화합물을 뜻해. 우리 몸을 이루는 탄소 화합물은 대부분 분자량이 매우 큰 고분자 형태야. 우리 몸을 이루는 성분인 핵산도 고분자로 이루어져 있지. '핵산'은 생물을 구성하는 세포의 핵과 세포질에 존재하는 DNA나 RNA와 같은 물질을 뜻해. DNA랑 RNA를 배웠던 거 기억나지? DNA는 중요한 기밀 정보, RNA는 복사하는 심부름꾼! 핵산은 DNA와 RNA와 같은 핵산을 구성하는 뉴클레오타이드 nucleotide(단위체)가 모인 거야. 염기 하나와 탄소가

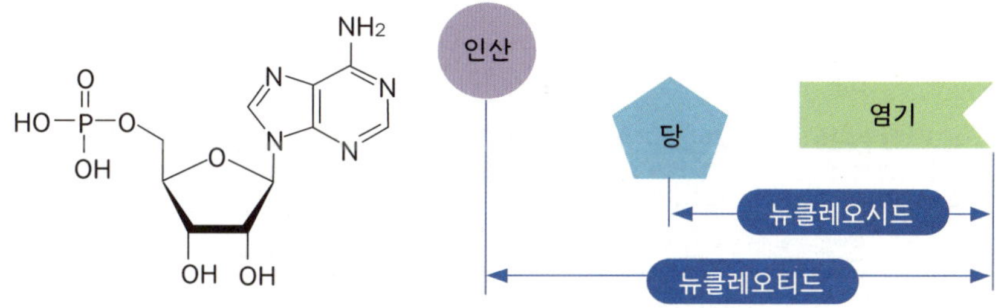

5개인 오탄당, 인산으로 이루어져 있지.

부모님과 우리 얼굴이 닮은 것을 이해하려면 핵산 속에 담긴 DNA와 유전자의 관계부터 알아야 해. 세포분열은 세포가 효율적으로 물질을 교환하기 위해 일어나는 현상이야. 사람 같은 다세포 생물은 세포분열을 통해 세포 수를 늘여서 성장한다는 특징이 있어. 즉 우리가 키가 클 때 세포 크기가 막 커져서 자라는 것이 아니라 세포분열로 세포 수가 많아지기 때문에 커지는 거지. 염색체는 세포분열이 일어날 때 짧고 굵은 막대 모양으로 나타나는 유전 물질이야. 염색이 잘 되기 때문에 염색체라는 이름을 붙였어. 이 염색체를 구성하는 유전 물질이 DNA고, DNA에 담긴 유전 정보를 유전자라고 불러. 우리의 얼굴이 부모님의 생김새와 비슷한 이유가 바로 이 유전자 때문이야. 생물이 지니고 있는 여러 가지 특성을 형질이라고 하는데, 부모의 형질이 자녀에게 전달되는 것을 유전이라고 하지.

유전의 기본 원리

멘델이라는 과학자는 완두를 이용한 교배 실험을 통해 유전의 기본 원리를 설명했어. 완두는 세대가 짧고 자가수분을 할 수 있어서 완두 씨의 모양이나 꽃잎의 색깔 같은 형질을 비교해서 유전을 연구하기 좋았기 때문이야. 멘델이 밝힌 유전의 기본 원리는 다음과 같아.

유전 정보가 담긴 DNA는 함부로 이동해서는 안 돼. 그래서 RNA가 DNA의 유전 정보를 복사해서 세포질로 이동해 단백질을 합성해 주고 있지. 오늘날 생명과학 기술이 발달하면서 염색체나 DNA를 직접 분석하면서 유전에 대해 연구할 수 있게 됐어. 염색체의 수와 모양을 분석하면 염색체 이상으로 발생하는 유전병을 초기에 진단할 수 있지. 또 부모의 DNA와 자녀의 DNA를 비교해서 특정 형질이 자녀에게 유전이 되었는지도 확인할 수 있어. 특히 범죄 현장에서 수집된 증거물과 용의자의 유전자가 일치하는지 검사해서 사건을 해결하기도 해. DNA는 사람마다 다르기 때문에 이런 점을 이용하는 거야. DNA는 사람의 침이나 혈액, 머리카락의 모낭 등에서 얻을 수 있어.

1. 부모와 자녀의 얼굴이 닮는 이유는 무엇 때문인지 써 보자.

2. 멘델이 설명한 유전의 기본 원리가 아닌 것은?

　① 우열의 원리　　　② 분리 법칙　　　③ 독립의 법칙　　　④ 대칭의 법칙

3. 다음은 세포분열의 필요성을 확인하는 실험 보고서야. 물음에 답해 보자.

〈실험 과정〉
우무 덩어리를 한 변이 각각 1cm, 2cm, 3cm인 정육면체로 잘라 붉은색 식용색소 용액에 담갔다가 약 5분 후 단면을 관찰해 보자.

〈실험 결과〉

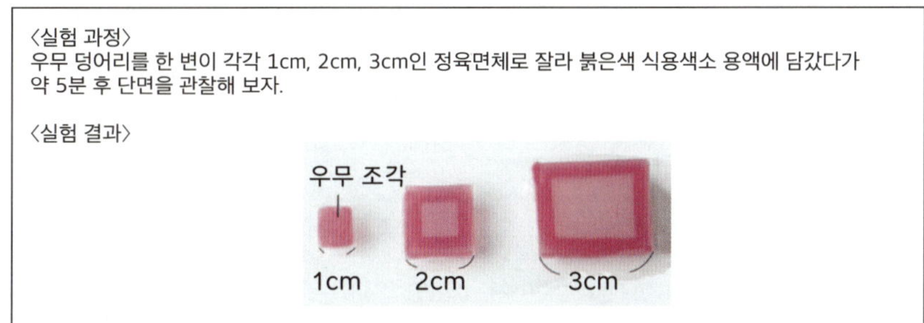

1) 실험 결과를 관찰해 보고 각 조각의 특징을 설명해 보자.

조각 한 변의 길이(cm)	특징
1cm	
2cm	
3cm	

2) 실험 결과를 표면적과 부피를 나눈 수치를 비교해 설명해 보자.

한 변의 길이	1cm	2cm	3cm
표면적/부피	(가)	(나)	(다)

힌트 크기가 커질수록 표면적/부피 값이 (커진다, 작아진다). 세포는 크기가 커지면 원활한 물질 교환을 위해 세포분열을 한다.

 **더 알고 싶어 119**　　　　　　　📖도서　▷영상　🔍사이트

▷ **유전에 관한 오해와 진실, 부모의 유전자를 얼마나 물려받을까? (EBS 컬렉션 사이언스)**
우성은 형질 중 다음 세대에서 더 자주 발현되는 형질이고, 열성은 형질 중 다음 세대에서 더 자주 발현되지 않는 형질을 말해. 열성이라고 안 좋은 것은 아닌데 열등하다는 말이랑 헷갈리거나 비슷하다고 생각하는지 안 좋은 인식을 갖고 있는 경우가 많아. 동영상을 보고 유전에 대한 지식을 더 확장해 보자.

생물은
어떻게 멸종할까?

대멸종과 지구 환경 변화

과거에 살던 공룡이 모두 멸종되었다는 거 알고 있지?
생물은 어떻게 멸종을 맞이할까? 사람도 언젠가 멸종할까?

학습 키워드　#대멸종
교과 연계　중1 과학 〉 Ⅱ. 생물의 구성과 다양성
　　　　　　　중2 과학 〉 Ⅱ. 지권의 변화

대멸종의 원인

멸종은 생물의 한 종류가 완전히 없어지는 것을 말해. 그중에서도 '대멸종'은 짧은 시간에 큰 규모로 일어나는 멸종을 말하지. 지구가 탄생한 약 46억 년 전부터 현재까지 지구의 생물은 5번의 대멸종을 겪었대.

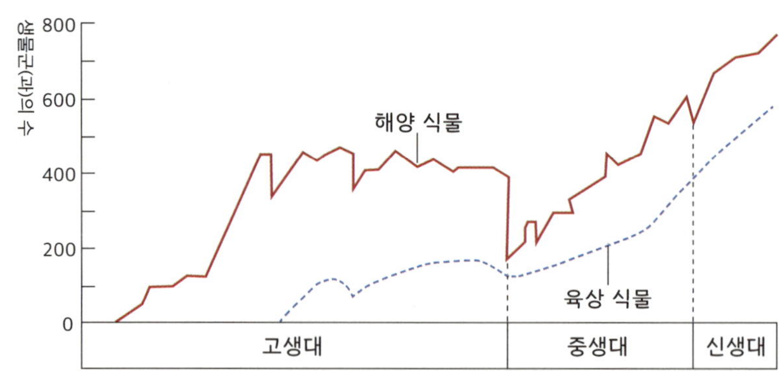

대멸종의 원인은 대륙의 이동으로 인한 기후 변화, 화산 폭발, 운석의 충돌 등 다양한 의견이 있다고 해.

생물의 수가 급격히 증가하던 시기는 고생대 초기야. 고생대 말과 중생대 말에 5번의 생물 대멸종이 있었는데, 고생대 페름기 말 멸종은 가장 큰 규모의 멸종으로 판게아 형성과 빙하기 등이 그 원인으로 추정되고 있어. 중생대 백악기 말 멸종은 소행성 충돌, 대규모 화산 폭발이 원인이고, 공룡이나 암모나이트 등이 멸종했어.

다음 표를 보고 약 6550만 년 전, 공룡을 멸종시킨 일에 대해 잠깐

이언	대	기	세	시기	6대 멸종 사건
현생이언	신생대	제4기	인류세	현재	인류의 생태계 파괴로 향후 500년 동안 지구 생물종의 20~50%가 멸종할 수도
			홀로세	1만1700년 전~	
			플라이스토세	180만 년 전~	
		제3기	플라이오세	530만 년 전~	
			마이오세	2300만 년 전~	
			올리고세	3390만 년 전~	
			에오세	5580만 년 전~	(6550만 년 전) 생물종의 75%가 멸종
			팔레오세	6550만 년 전~	
	중생대	백악기		1억4500만 년 전~	(2억500만 년 전) 생물종의 80%가 사멸
		쥐라기		1억9960만 년 전~	
		트라이아스기		2억5100만 년 전~	
	고생대	페름기		2억9900만 년 전~	(2억5100만 년 전) 바다 생물종의 96%, 육지 생물종의 70%가 멸종
		석탄기		3억5900만 년 전~	
		데본기		4억1600만 년 전~	
		실루리아기		4억4400만 년 전~	
		오르도비스기		4억8800만년 전~	(3억7000만 년 전) 생물종의 70% 사멸
		캄브리아기		5억4200만 년 전~	
원생이언				25억 년 전~	(4억4000만 년 전) 생물종의 85% 사멸
시생이언				46억 년 전~	

이야기해 보자. 지금 가장 인기있는 공룡 멸종 원인에 대한 속설은 소행성로 인한 것이라는 가설이야. 히로시마 원폭의 100억 배 정도 위력의 소행성이 멕시코 유카탄반도에 시속 7만 km 속도로 충돌하면서 직경 10km 정도의 흔적을 남겼어. 이 충돌로 인해 지진 규모 10~11, 높이 100m의 초대형 쓰나미가 발생했어. 대기로 분출된 엄청난 양의 먼지와 황산 에어로졸이 발생하며 햇빛이 차단되자 광합성이 중단된 식물은 대량으로 멸종했어. 장기적으로는 먹이사슬이 붕괴되면서 초식공룡이 먼저 멸종하고 그 다음 차례는 육식공룡이었어. 지구 평균 기온이 급격히 하락하고 전체 생물종의 75%가 멸종한 대멸종 사례야. 물론 25%의 작은 포유류나 악어, 거북이, 조류 등은 살아남았다고 해.

멸종 후에 일어나는 일

결국 대멸종은 지구의 환경이 변한 것이 주요 원인이라고 볼 수 있어. 급격한 지구 환경 변화는 다양한 환경에 적응하며 살고 있던 대부분의 생명체에게 큰 재앙이었던 거야. 공룡이 멸종한 뒤에 포유류가 나타났다는 거 알고 있지? 이를 통해 멸종 후에는 새로운 생명체가 많이 나타나면서 생물의 다양성이 증가한다는 것을 알 수 있어. 사실 지금도 하루 평균 약 30~70종의 생물들이 빠른 속도로 멸종되고 있어. 이런 속도라면 1년이면 적어도 1만 종 이상이 지구상에서 사라지게 된다고 해.

만약 인류가 멸종하더라도 지구는 계속 그대로 존재할 거야. 오히려 더 다양한 생물이 생겨나 새로운 세상이 될 수도 있지.

1. 다음 글을 읽고 질문에 답해 보자.

> 1914년 신시내티 동물원에서 마지막 나그네비둘기 "마샤"가 죽었어. 1800년대 초만 하더라도 북미 대륙에 50억 마리가 서식했고 1850~1900년에는 상업적으로 사냥을 많이 해서 개체수가 급감했지. 1900년쯤에는 야생 개체는 사라지고 없었고 1914년 마지막 개체가 사망했어.

1) 나그네비둘기는 대멸종이라고 봐야 할까, 아니면 단순 멸종일까?

2) 50억 마리나 되던 생물이 100년 만에 멸종한 원인은?

3) 만약 1900년에 보호 조치를 시작했다면 멸종을 막을 수 있었을까?

4) 이 사례에서 배울 수 있는 교훈은?

2. 하루 평균 30~70종의 생물이 멸종하고 있다고 해. 1년(365일) 동안 최소 몇 종이 멸종할까? 또 1년 동안 최대 몇 종이 멸종할까?

힌트 최솟값인 30종을 기준으로 계산해 보고, 최댓값인 70종을 기준으로 계산해 보자.

최소:

최대:

더 알고 싶어 119　　　　📋 도서　▷ 영상　🔍 사이트

▷ **영화 〈인류멸망보고서〉** 세 개의 에피소드로 구성된 옴니버스 형식의 SF영화야. 바이러스, 인공지능 로봇, 운석을 주제로 인류의 멸망을 다루고 있어.

▷ **영화 〈2067〉** 2067년, 극심한 폭염으로 인해 지구의 대부분이 황폐화되고 대기 오염으로 인해 산소 농도가 급격하게 감소하자 인류는 인공 산소로 생존하게 돼. 식량도 부족하고 산소도 부족해서 주인공은 멸종 위기에 처한 인류를 구하기 위해 과거로 돌아가 임무를 완수하지. 우리의 미래는 어떻게 될지 영화가 정확히 예측하지는 못하지만 상상해 볼 수 있는 계기가 될 것 같아.

생태계란 무엇일까?

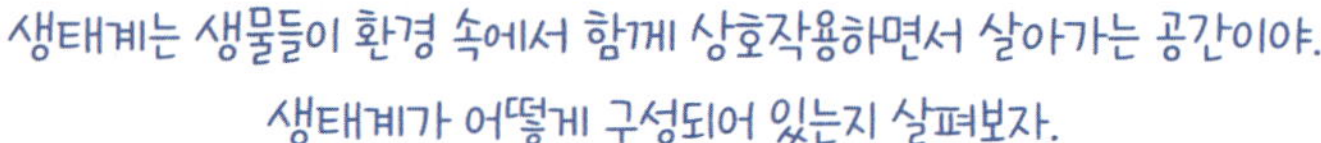

생태계는 생물들이 환경 속에서 함께 상호작용하면서 살아가는 공간이야.
생태계가 어떻게 구성되어 있는지 살펴보자.

학습 키워드 #생태계
교과 연계 중1 과학 〉 II. 생물의 구성과 다양성

생물들이 함께 살아가는 공간

생태계ecosystem는 생물들이 환경 속에서 함께 상호작용하면서 살아가는 공간을 말해. 생태계에는 생산자와 소비자, 분해자가 있는데, 빛이나 온도 같은 비생물적 요인과도 상호작용하고 있지.

'생산자'는 광합성으로 에너지원이 되는 유기물을 생산하는 집단이야. 식물이나 식물성 플랑크톤이 생산자에 속하지. '소비자'는 다른 생물을 섭취해서 에너지를 얻는 생물이야. 단계에 따라 1차, 2차, 3차 소비자로 구분하고 있지. 누에는 뽕잎을 먹는 1차 소비자이고, 광대파리매는 나방, 파리, 모기 등을 잡아먹는 2차 소비자, 참새는 파리매 등 곤충을 잡아먹는 3차 소비자야. 즉 먹고 먹히는 순서에 따라 구분하는 거지. '분해자'는 생물의 시체나 배설물에 포함된 물질을 분해해서 환경으로 돌려주며

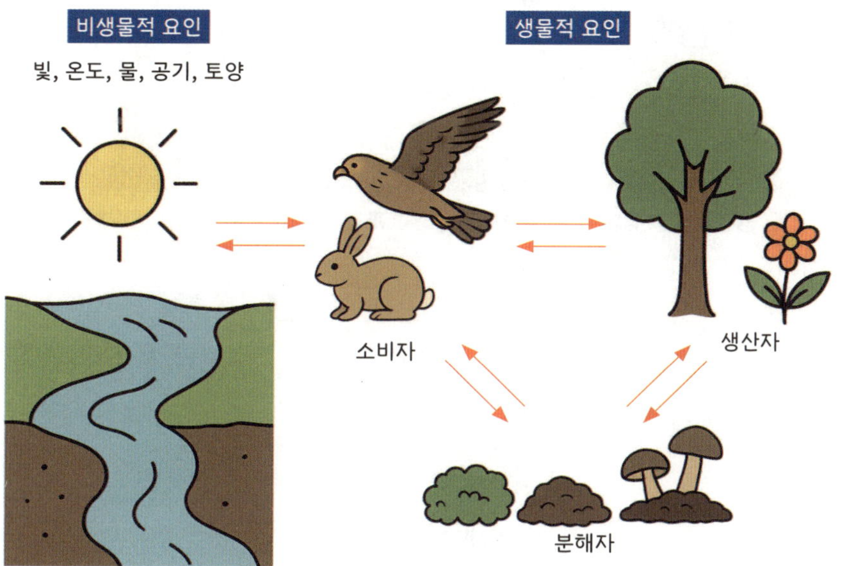

▲ 생태계 구성 요소 간의 관계

물질을 순환시키는 생물이야. 곰팡이나 세균, 버섯 등이 분해자에 속하지. 생산자, 소비자, 분해자는 빛, 물, 공기, 토양, 온도 같은 비생물적 요인과도 상호작용하고 있어. 즉 생태계는 생물과 환경이 서로 영향을 주고받으면서 유지되는 시스템을 뜻하는 거야.

생태계가 안정되어야 하는 이유

생태계가 안정되려면 평형을 이루는 상태가 되어야 해. 만약 평형이 깨지면 불안정해져서 규칙에서 벗어난 현상들이 나타나거든. 생태계 평형은 생태계를 이루는 생물의 종류나 개체 수, 에너지 흐름 같은 것들이 모두 안정적으로 유지되는 상태를 말해. 생태계가 평형인 상태에서는 다음 그림처럼 안정적인 개체 수와 생물량, 에너지 양의 피라미드가 삼

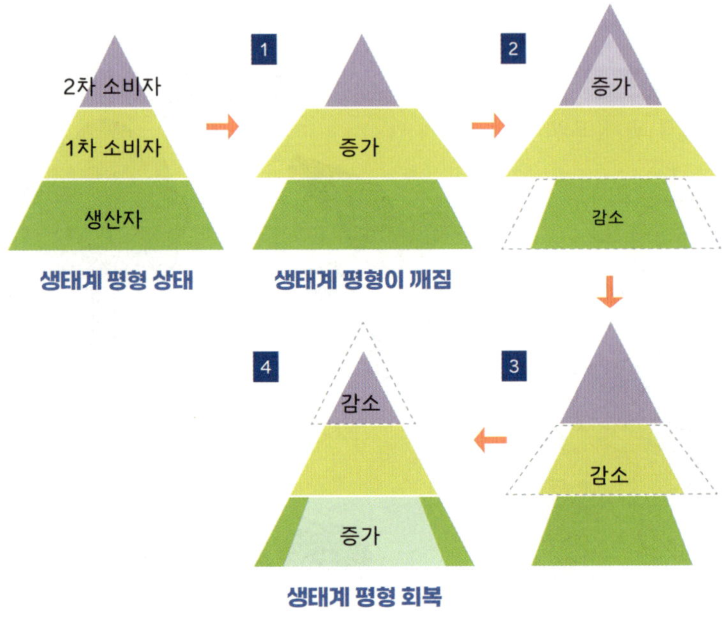

각형 모양을 하고 있다고 해. 이 피라미드는 사실 먹이사슬 관계인 생물의 질량을 그림으로 나타낸 거야. 먹히는 피식자의 수가 포식자의 수보다 많아야 생태계가 유지되는 거지. 따라서 이 피라미드는 최종 소비자로 갈수록 감소하는 형태가 되는 거야. 만약 생태계가 평형을 이루지 못하면 어떻게 될까? 생태계는 일시적으로 평형이 깨지더라도 오랜 시간을 거쳐서 대부분 회복이 된다고 해.

위 그림처럼 1차 소비자의 개체 수가 어떤 이유로 인해 증가하면서 생태계 평형이 깨졌다면, 생산자의 개체 수가 감소하면서 2차 소비자의 개체 수는 증가하게 된대. 그 이유는 1차 소비자가 늘어서 그 개체 수가 먹는 생산자의 개체 수가 자연스럽게 줄어들고, 1차 소비자가 늘면서 2차 소비자의 개체 수가 늘어나기 때문이야. 같은 원리로 다음 생태계의 회복 중간 과정이 나타난대. 그러다 보면 처음의 평형 상태로 회복되는 거지.

1. 다음은 어느 숲의 생태 피라미드이다. 질문에 답해 보자.

   1) 이 피라미드가 삼각형 모양을 한 이유는?

   2) 만약 농약으로 쥐가 500마리로 줄어든다면

      뱀과 독수리의 개체수는 어떻게 변할까?

   3) 만약 독수리가 20마리로 증가한다면, 먹이사슬 아래

      단계의 생물들은 어떻게 변할까?

2. 만약 지구에서 분해자가 모두 사라진다면?

   1) 죽은 생물의 사체는 어떻게 될까?

   2) 토양의 영양분은 어떻게 될까?

   3) 생산자(식물)는 어떤 영향을 받을까?

   4) 결국 생태계 전체는 어떻게 될까?

3. 분해자가 생태계의 청소부인 동시에 생명의 순환자인 이유를 설명해 보자.

더 알고 싶어 119

📖 도서　▷ 영상　🔍 사이트

▷ **영화 〈씨스피라시(Seaspiracy)〉**

씨스파라시라는 단어는 음모(conspiracy)와 바다(Sea)의 합성어야. 이 영화의 감독은 최근 해양 생태계 파괴의 주범으로 인간이 사용하고 버리는 플라스틱을 지목하고 있어. 하지만 사실 상업적 이익이 진정한 해양생태계 파괴의 주범이라고 주장하는 내용을 담고 있지. 해양 환경 다큐멘터리 느낌의 영화라 해양 환경에 대한 심각성을 느낄 수 있는 좋은 영화야. 감독의 주장에 대한 너희의 생각이 어떨지 궁금해.

생물 종이 다양하게 유지되어야 하는 이유는 뭘까?

생물다양성과 감소의 원인

생태계에 다양한 생물이 유지되어야 하는 이유는 뭘까?
우리가 먹을 수 있는 고기랑 식물들만 빼고 못 먹는 것들은 다 없어져도 괜찮지 않을까?

학습 키워드　#생물다양성
교과 연계　중1 과학 〉 II. 생물의 구성과 다양성

지구를 유지하는 안전망의 균형

생물다양성이란 지구에 살고 있는 모든 종의 다양성과 이들이 서식하는 생태계의 다양성, 또는 생물이 지닌 유전자의 다양성 모두를 일컫는 말이야. '침팬지 박사'로 유명한 과학자 제인 구달은 생물다양성을 거미줄에 비유하면서 생명의 그물망이라고 표현했어. 거미줄의 줄이 한두 개씩 끊어지면 거미줄이 점점 약해지면서 거미가 살기 힘든 것처럼, 동식물의 종이 하나둘씩 없어지면 생명의 그물망이 끊어져서 지구를 유지하는 안전망의 균형이 깨져 인간도 살아남기 힘들게 된다는 거야.

호주의 그레이트 배리어 리프Great Barrier Reef에서는 지구온난화로 인해 해수의 변화가 급격하게 일어나면서 산호초가 하얗게 죽어가는 백화 현상이 일어나고 있어. 20년 동안 산호초의 91%가 백화되었고, 2021

년에만 산호초의 22%가 백화되었다고 해. 이런 현상은 엘니뇨, 라니냐 현상 때문에 생긴다고 하지. 엘니뇨는 페루와 칠레 연안에서 일어나는 해수의 온난화 현상이고, 라니냐는 엘니뇨와 반대 현상으로 동남아시아와 호주 연안에서 발생하는 저수온 현상을 뜻해. 지구온난화 때문에 매년 지구 전체 평균 기온이 증가하면서 지구 에너지의 균형을 맞추기 위해 바다의 해류가 순환하면서 이런 현상이 나타나는 거야. 산호초는 수많은 해양 생물 종에게 필요한 서식지를 마련해 주고 파도로부터 보호하며 퇴적물이 침식되지 않도록 하고 있어. 그런데 만약 산호초가 계속 사라진다면 생태계 전체가 무너져서 다양한 생물 종의 멸종으로 이어질 수 있대.

생물다양성과 생태계 유지

생물의 다양성이 큰 생태계가 좋은 이유가 뭘까? 다음 그림은 생물다양성이 작은 생태계와 생물다양성이 큰 생태계를 비교한 거야. 생물다양성이 작은 왼쪽 생태계는 먹이사슬이 너무 간단해. 만약 참새가 사라지면 메뚜기는 천적이 없어져서 개체 수가 크게 증가하겠지. 하지만 부

엉이는 유일한 먹이가 없어지면서 개체 수가 크게 감소할 거야. 이런 변화 때문에 생태계의 평형이 파괴되는 거지. 생물다양성이 큰 오른쪽 생태계에서는 생물의 종류가 굉장히 많아서 먹이사슬이 복잡하게 얽혀 있어. 이 먹이사슬에서 참새가 사라지더라도 메뚜기는 쥐와 같은 천적이 있어서 상대적으로 개체 수에 큰 영향이 미치지 못할 거야. 이렇게 생태계 평형이 파괴되지 않고 유지되는 거란다.

모든 생물의 개체 수는 먹이사슬과 관련되어 있어. 생물의 다양성이 복잡하다고 해도 특정 생물 종이 갑자기 사라지면 큰 영향을 끼치는 경우가 많지. 만약 참새가 사라지면 농작물에 피해를 입히는 해충을 잡아먹는 동물이 없어져서 해충 때문에 흉년이 들 수 있어. 흉년이 들면 농작물의 생산량이 줄어들어 물가가 오르고 경제에도 영향을 끼치겠지.

생물의 다양성을 감소시키는 원인에는 남획과 환경 파괴, 외래종 유입 등이 있어. 남획은 자연환경에서 살고 있는 야생 동물을 마구잡이로 잡아들이는 걸 말해. 울릉도나 독도 쪽에 서식하던 강치가 일제 강점기에 가죽을 얻기 위해 남획되면서 지금은 멸종되고 말았어. 인간은 주거지나 도로, 경작지 등을 확보하기 위해 생물이 사는 지역을 파괴하기도 해. 앞에서 소개한 산호초가 대표적인 예지. 낯선 생물을 들여오는 외래종 유입도 생태계의 생물다양성을 감소시키는 원인이 되기도 해. 우리 생태계에 외래종의 천적이나 경쟁 상대가 없다면 그 종의 개체 수가 훨씬 늘어날 수 있어. 황소개구리가 그런 예야.

1. 생물의 다양성이 큰 생태계의 장점은 무엇일까?

① 먹이 사슬이 단순하다.

② 생태계 평형이 쉽게 파괴된다.

③ 다양한 생물종이 서로 영향을 주어 안정성이 높다

④ 특정 생물종의 멸종이 큰 영향을 미친다.

2. 다음 중 생물 다양성을 감소시키는 원인은?

① 자연 보호 지역의 확대　　　② 외래종 유입

③ 생물의 자연적 진화　　　④ 생물 다양성의 증가

3. 다음 빈칸에 자신의 생각을 적어 보자.

> 생물다양성은 ＿＿＿＿＿＿＿＿(와)과 같다.
> 왜냐하면 ＿＿＿＿＿＿＿＿＿＿＿＿＿＿＿＿＿＿＿＿＿＿＿

4. 만약 내가 생태계 관리자라면 다음 상황에서 어떤 최선의 선택을 하겠는가?

문제 상황	선택지	선택 및 이유
(가) 산호초 백화 현상 심각	A. 아무것도 하지 않는다. B. 해수 온도를 낮추는 기술을 개발한다. C. 지구 온난화 대응을 한다. (탄소 배출 감소) D. 백화된 산호초를 제거한다.	
(나) 황소개구리가 급증해 토종 개구리 감소	A. 황소개구리를 모두 포획 B. 황소개구리의 천적을 도입 C. 서식지 격리 D. 자연스럽게 평형을 찾도록 둔다.	

더 알고 싶어 119

📄 도서　▷ 영상　🔍 사이트

▷ **생물 다양성과 사라진 친구들 (국립생물자원관)**

국립생물자원관에서 제작한 동영상으로, 생물다양성의 개념과 중요성, 생물다양성 감소 원인과 회복에 대한 노력, 실제 일어난 생물다양성 관련 사건을 소개하고 있어. 좀 더 생생하고 다양한 생물다양성에 관한 이야기를 들어 보자.

한 생물 안에서도 다양한 모습을 갖고 있는 이유가 뭘까?

생물의 변이와 차이

변이는 같은 종류의 생물 사이에서 나타나는 생김새나 특성의 차이를 말해.
진화는 오랜 시간 동안 여러 세대를 거쳐서 이루어진
생물의 변이가 쌓여서 나타난 거란다.

학습 키워드　#생물 다양성　#변이　#진화
교과 연계　중1 과학 〉 Ⅱ. 생물의 구성과 다양성

판다가 다양한 생김새를 가진 이유

에버랜드에서 태어난 아기 판다 푸바오 알고 있어? 그 생김새나 행동이 너무 귀여워서 한때 에버랜드는 푸바오의 모습을 보겠다는 사람들로 붐볐었지. 사실 판다라는 동물도 사람들처럼 각기 다른 생김새를 갖고 있어. 이처럼 같은 종이 다양한 모습을 하고 있는 이유는 '변이'와 '진화'라는 과학적 원리가 숨어 있기 때문이란다.

'변이'는 같은 종류의 생물 사이에서 나타나는 생김새나 특성의 차이를 말해. 바지락 껍데기나 얼룩말의 무늬만 봐도 각기 조금씩 다르다는 걸 알 수 있어. 같은 나무에 달린 잎의 모양과 크기가 다른 것처럼 말이야. 우리 사람도 같은 종이지만, 얼굴의 생김새나 키, 귀 모양, 눈썹 모양이 너무나 다양하지. 변이는 유전자 변이나 환경의 영향으로 생길 수

있어. 다양한 유전자 변이로 발생하는 돌연변이가 바로 그런 거야. 변이는 자손에게 유전되기 때문에 생물의 다양성이 나타나게 돼. 변이는 진화를 일으키는 원동력이 되기도 하지.

진화와 자연선택

한편 진화는 오랜 시간 동안 여러 세대를 거쳐서 이루어진 변이가 쌓여서 나타나는 거야. 진화를 설명하는 대표적인 원리에는 '자연선택'이 있어. 다양한 변이를 가진 생물 집단에서 생존에 유리한 변이를 지닌 개체가 자연선택되었다는 원리야. 오른쪽 그림의 기린 목처럼 목이 짧은 기린과 목이 긴 기린이 한정된 식량을 두고 생존 경쟁을 벌이다가 결국 목이 긴 기린이 살아남았다는 거지. 이런 자연선택의 증거는 기린 목뼈가 점차 길어지는 화석으로 확인할 수 있었어.

핀치의 진화도 자연선택의 유명한 예야. 갈라파고스 섬에 살던 12종 이상의 핀치 새들은 먹이에 따라 부리의 형태와 행동에 차이가 있었다고 해. 다음 그림처럼 핀치 새의 부리는 섬의 환경과 먹이사슬에 맞게 진화한 것을 볼 수 있어. 단단한 씨를 먹는 핀치는 단단한 부리를 가지고 있고, 선인장을 먹는 핀치는 선인장의 꽃과 과육을 찢기에 알맞은 길고 뾰족한 부리를 가지고 있지.

1. 다음 왼쪽의 용어와 오른쪽 설명을 선으로 연결해 보자.

ㄱ. 변이　　　　　•　　　　　• A. 유전자 변이로 발생하는 변화

ㄴ. 진화　　　　　•　　　　　• B. 오랜 시간 여러 세대를 거쳐 변이가 쌓이는 현상

ㄷ. 자연선택　　　•　　　　　• C. 핀치가 다양하게 진화한 장소

ㄹ. 돌연변이　　　•　　　　　• D. 같은 종의 생물 사이에서 나타나는 차이

ㅁ. 핀치　　　　　•　　　　　• E. 부리가 먹이에 따라 다르게 진화한 새

ㅂ. 갈라파고스 섬　•　　　　　• F. 부모의 특성이 자손에게 전달되는 현상

ㅅ. 유전　　　　　•　　　　　• G. 생존에 유리한 개체가 살아남는 원리

2. 내가 만약 생물학자라면 다음의 상황에서 진화를 어떻게 예측할 수 있을까?

상황	변이	질문	답
(가) 지구온난화로 얼음 감소	북극곰이 일부는 수영을 잘 하고 일부는 육지 사냥을 잘 함	1000년 후 북극곰은 어떻게 진화할까?	
(나) 나비들이 강풍이 많은 외딴섬으로 이동	큰 날개 vs 작은 날개	어떤 나비가 살아남았는데, 왜 그럴까?	
(다) 도시에 먹이가 풍부하지만 천적이 증가	빠른 비둘기 vs 느린 비둘기	자연선택은 어떻게 일어날까?	

 **더 알고 싶어 119**　　　📖 도서　▷ 영상　🔍 사이트

▷ **'한 컷의 과학' 생물은 어떻게 진화할까? (ebs 컬렉션-사이언스)**
19세기 영국의 생물학자 찰스 다윈은 갈라파고스 제도의 생태계를 조사하면서 자연선택설에 대해 영감을 많이 받은 후에 이론을 체계화해서 발표했어.

▷ **사라진 인류에는 어떤 종이 있었고 그들은 왜 사라졌을까? (EBS 다큐)**
인간은 어떻게 진화해 왔을까? 앞으로는 어떻게 진화할까? 먼 훗날 우리는 죽고 없겠지만 그때의 인간 모습은 지금이랑 다른 종이라고 봐야 할 정도로 다르지 않을까? 그때쯤엔 우리 종은 역사 속으로 기록되고 분류되었을 수도 있겠다.

과학 연구를 할 때 왜 윤리가 필요할까?

과학 윤리의 중요성

과학뿐만 아니라 연구에 있어서도 윤리는 꼭 지켜져야 해.
과학은 인류의 발전과 행복을 위해 연구되는 것이지만
때로는 부정적이거나 비윤리적인 방식으로 사용되기도 하거든.

학습 키워드 #과학연구윤리
교과 연계 과학 전 과목

과학 윤리의 중요성

과학 윤리란 과학 연구나 활동을 수행할 때 지켜야 하는 원칙이나 규범을 뜻해. 과학뿐만 아니라 모든 연구를 할 때는 반드시 윤리적인 판단과 접근이 필요하단다. 과학 연구는 인류의 발전과 행복을 위해 이루어지지만 때로 그 결과가 부정적인 방식이나 비윤리적인 곳에 사용되는 경우도 있기 때문이야. 인공지능 연구가 시작될 때를 떠올려 봐. 많은 사람들이 인공지능 때문에 일자리가 줄어들거나 윤리적으로 문제가 생길까 봐 굉장히 불안해했잖아. 과학 연구를 통해 만들어진 핵이 무기로 만들어지면서 여러 문제를 일으키는 것처럼 말이야. 따라서 과학을 연구할 때 지켜야 할 윤리는 과학자뿐만 아니라 과학에 관심 있는 사람들 모두가 알아야 해. 그래야 과학과 관련된 위기나 윤리적인 문제가 생길 때 똑

똑하게 나서서 해결할 수 있겠지?

　과학 윤리를 위반한 사례들을 살펴보면 과학 윤리의 중요성을 좀 더 쉽게 이해할 수 있을 거야. 가장 대표적인 사례는 나치의 인간 실험이지. 나치는 1933년부터 1945년까지 존재했던 나치당 치하의 독일을 이르는 말이야. 나치당은 우수한 유전자를 가진 인간만 후손을 남겨야 한다는 극단적인 주장을 내세웠어. 그래서 정신적, 신체적 장애가 있는 수십만 명의 사람들이 임신하지 못하도록 수술하거나 강제 격리했지. 게다가 독일인과 다른 민족 간의 결혼을 불법으로 규정해서 탄압하기도 했대. 나치 독일은 유대인, 로마인, 슬라브인 등을 강제로 수용소에 몰아넣고 산 채로 각종 질병이나 독소, 약물, 방사능 등에 노출시키는 실험까지 저질렀어. 상상만 해도 끔찍한 일 아니니? 나치의 인체 실험은 인간의 존엄성을 무시한 사례로 과학 윤리를 위반한 대표적인 사건이야. 일본도 일제강점기에 우리나라 사람들을 가둬 놓고 인체 실험을 한 것으로 알려져 있어.

　과학 윤리와 사회적 책임을 지키기 위해서는 우리 모두의 관심이 필요해. 어떤 과학적인 연구든 비판적으로 받아들이고, 연구가 윤리적으로 이루어졌는지를 잘 살피려고 노력해야 해.

과학의 윤리적 딜레마

　과학 연구의 윤리 원칙을 만드는 것도 중요해. 다음 그림처럼 자율주행 자동차가 사고를 피할 수 없을 때 누구를 살리고 누구를 희생할 것인가에 대한 문제가 윤리적 딜레마로 떠오르기도 했어. 자율주행 자동차가 정지하는 것이 가장 좋겠지만, 만약 A 혹은 B를 쳐야 멈출 수 있는 상황이라면 노인과 어린이 중 누구를 쳐야 한다고 프로그램하는 것이 옳을까?

이처럼 과학을 연구하
다 보면 윤리적 딜레마가 문
제로 떠오르는 경우가 많아.
특히 생명을 다루는 생물학
에서 이런 일들이 많이 생기

지. 인간 배아 유전자 편집 같은 게 그런 대표적인 사례야. 처음에는 불
치병을 치료하기 위해 연구를 시작했지만, 아기가 태어나기 전에 미리
유전자를 조작해서 원하는 아기를 만들려는 생각을 하는 사람들이 생겨
났어. 이는 인간의 존엄성을 훼손하며 사회적 차별을 불러올 수 있는 문
제이기도 해. 따라서 이에 대한 사회적 합의와 규제가 이루어져야 할 거
야. 우리는 이런 과학의 윤리적 문제를 함께 깊이 있게 토론하면서 올바
른 방향으로 정리할 수 있어야 해.

1. 너희가 미래 과학 윤리 현장을 만든다면, 반드시 포함시킬 원칙 5가지를 다음 중 골라 이유를 간단히 설명해 보자. (다양한 생각 가능)

> · 객관성 ·진실성 ·조심성 ·개방성 ·지식 재산의 존중 ·비밀 보장 ·동물 보호
> · 책임 있는 멘토링 · 동료 존중 · 사회적 책임 ·차별 금지 ·능력 ·준법성
> ·연구 대상자 존중

	원칙	선택한 이유
1		
2		
3		
4		
5		

2. 다음 상황에서 여러분은 친구에게 어떻게 대답할 것인가? 그렇게 답한 이유는?

> **상황** "친구가 희귀병 치료를 위한 인간 배아 실험을 무제한 허용해야 한다."라는 영상을 SNS에 공유하며 "모두 동의하지?"라고 물어봤습니다.

더 알고 싶어 119

▤▤ 도서　▷ 영상　🔍 사이트

▷ **영화 〈아일랜드〉** : 과학기술이 어떻게 인간의 윤리성과 도덕성을 파괴하는지, 그러한 탐욕의 민낯이 고스란히 드러난 영화라고 생각해. 상실된 윤리와 탐욕이 어떤 결과를 낳게 되는지 간접적으로 느낄 수 있어.

지구, 그보다 더 작은 세계를 탐구하는 순수과학 연구원

거의 다 왔어! 과학은 우리 삶의 여러 측면에서 중요한 역할을 한다는 걸 잘 알게 됐을 거야. 그중에서도 순수과학 분야는 자연현상에 대해 깊이 있게 연구하는, 응용과학의 토대가 되는 분야라고 생각하면 돼.

순수과학 연구원이 하는 일

순수과학을 연구하는 연구원은 물리학, 화학, 생물학, 지구과학 등 다양한 분야에서 기초 연구를 수행하고 있어. 자연현상을 관찰하고 실험을 거쳐 이론을 검증하고, 새로운 발견을 통해 인류의 지식을 확장하는 데 기여하지. 예를 들어 물리학 연구원은 원자 및 분자의 구조를 연구해서 물질의 성질을 이해하는 데에 도움을 주고, 화학 연구원은 새로운 화합물을 합성해 의약품을 개발하는 데 기여할 수 있어. 생물학 연구원은 미생물이나 식물의 생리작용을 연구해 환경 보호 및 농업 개선에 필요한 정보를 제공하지. 따라서 순수과학 분야를 연구하는 연구원들은 그 연구 결과가 응용과학에 쓰인다고 생각하면 돼.

순수과학 연구원은 대학이나 연구소, 정부 기관에 소속되어 다양한 장비를 사용해 실험을 진행하고, 연구 결과를 논문으로 발표하며 학계에 기여하고 있어. 연구 과정이 매번 순탄하지는 않아. 실험이 실패하기도 하고 예상하지 못한 결과가 생기기도 하지. 토머스 에디슨은 전구를 발명하기 위해 1만 번 넘게 실패했다고 해. 그러나 그는 "나는 실패한 것이 아니라 작동하지 않는 1만 가지 방법을 찾은 것뿐이다."라고 말했대. 페니실린도 우연한 실수에서 탄생했어. 플레밍이 휴가를 다녀온 사이 실험실의 배양 접시에 곰팡이가 자랐고, 그게 세균을 죽인다는 것을 발견한 거야. 최근 중력파 검출에 성공한 LIGO 프로젝트도 수십년 간 실패를 거듭했어. 하지만 포기하지 않고 장비를 개선한 끝에 2015년 역사적 발견을 이뤄 냈고 2017년 노벨 물리학상을 받았어. 이런 실패들은 오히려 오답 노트가 되어 다음 연구를 성공적으로 이끌기 위한 기반이 되기도 한단다. 이러한 도전을 수행하는 연구원에게 필요한 역량은 무엇일까? 그렇지! 실패에도 굴하지 않는 인내와 문제 해결 능력이야.

순수과학 연구원이 되려면

지구, 그보다 더 작은 세계를 탐구하는 순수과학 연구원이 되기 위해서는 관련 분야의 학문적 배경에 대해 폭넓게 공부하는 것이 좋겠지. 과학의 학문 범위는 상당히 넓고 깊기 때문에 중고등학교 시절부터 과학에 대해 흥미를 갖고 심화학습을 하는 게 필요해. 중고등학교 때 외부 대회를 나가거나 실험 대회, 과학의 날 행사 등에 적극적으로 참여하면서 다양한 연구를 몸으로 터득하고 당연하게 받아들이는 자세가 훈련된다면 나중에 대학에서 전공을 선택하고 연구실에서 인턴십이나 연구 경험을 쌓을 때 큰 도움이 되겠지. 대학원에 진학해서 연구의 전문성을 더욱 높이거나 삶의 울타리를 해외로 넓혀 과학을 연구하는 전 세계의 동향과 연구를 폭넓게 경험하는 것도 추천하고 싶어. 학회에 참석해 다른 연구자들과 네트워킹을 이뤄 교류하면서 새로운 아이디어나 협력의 기회를 얻는 것도 흥미로운 일일 거야.

01일차

1. ㄱ-B, ㄴ-A, ㄷ-C
2. ②   3. ③

02일차

1. ②
2. 인형 -12.8, 4.5, 박스B / 책 3권-1.75, 실제 무게 /
   2.625, 2.16, 박스B

03일차

1. ㄱ- 원자핵 ㄴ- 전자, ㄷ-양성자, ㄹ-중성자
2. 원자, 쿼크   3. ㄱ, ㄷ

04일차

1. 표면, 표면, 내부, 모든, 끓는점
2. 왼쪽 그림 : 증발, 온도 : 모든 온도
   오른쪽 그림 : 끓음, 온도 : 끓는점
3. 동전A: 아무 냄새가 나지 않는다. 동전B: 철 냄새가
   난다.

05일차

1. O_2, CO, HCl, CO_2, NH_3, CH_4
2. ⑤   3. ③

06일차

1. 답안 예시

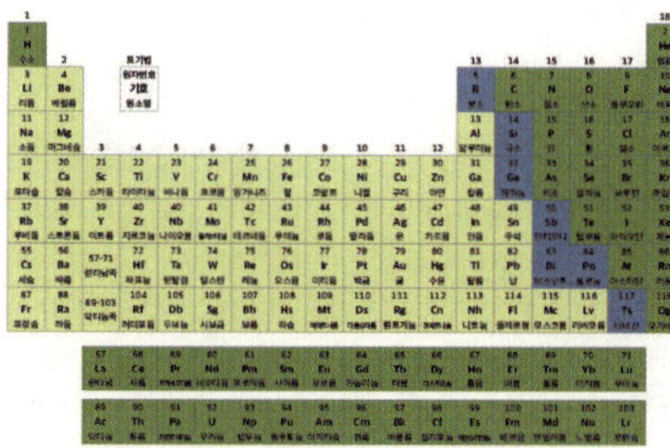

2. 염소, 아이오딘, 플루오린

07일차

1.

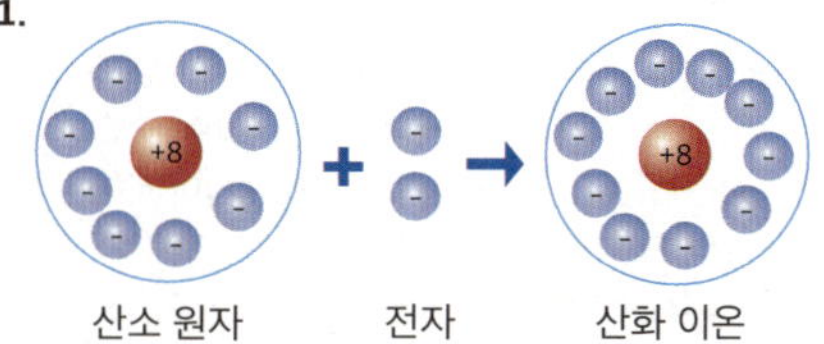

2. 1) 3종류, 2) Na^+ 나트륨 이온 / K^+ 칼륨 이온 / Cl^-
   염화 이온
3. (가) Mg^{2+} (나) 암모늄 이온 (다) 수소 이온 (라) S^{2-}
   (마) OH^-

08일차

1. ①, ④
2. 예를 들면 1. 바이메탈은 두 가지 열팽창 정도가 다른
   금속이 붙어 있는 것을 말한다. 2. 바이메탈은 열을
   받으면 휘어진다. 3. 열팽창은 온도가 따뜻해지면 부
   피가 커지는 현상이다.
3. 이온결합물질이 녹은 물에는 전기가 통하지만 공유
   결합물질이 녹은 물에는 전기가 통하지 않는다. 전기
   를 통하게 하려면 이온이 필요하다.

09일차

1. 1) $NaCl$이 물에 녹아 Na^+와 Cl^-로 완전히 이온화되
   어 강전해질이 되었기 때문 / 2) 설탕은 물에 녹아도
   이온화가 되지 않고 중성인 분자 상태로 존재하기 때
   문 / 3) 식초(아세트산)는 물에 녹아 일부만 이온화되
   는 약전해질이기 때문
2. ②   3. 과학

10일차

1. 물리 변화 - ①, ③ , 화학변화 - ②, ④
2. 1) $2H_2 + O_2 \rightarrow 2H_2O$
   2) $CH_4 + 2O_2 \rightarrow CO_2 + 2H_2O$
   3) $HCl + NaOH \rightarrow H_2O + NaCl$
   4) $2Mg + O_2 \rightarrow 2MgO$

11일차

1. 1) 반응 전보다 반응 후 질량이 보통 더 작게 나온
   다. 예) 반응 전 105g, 반응 후 103g / 2) 반응 과정

에서 이산화탄소 기체가 발생해 공기 중으로 날아갔기 때문이다. $CH_3COOH + NaHCO_3 → CH_3COONa + H_2O + CO_2↑$, 즉 (식초/아세트산)+(베이킹소다) → (아세트산나트륨) (물) + (이산화탄소)

2. 수소 원자(H) : 산소 원자(O) = 4 : 2 = 2 : 1

3. 앙금의 화학식: $CaCO_3$ (탄산칼슘) / 화학반응식: $Na_2CO_3 + CaCl_2 → 2NaCl + CaCO_3↓$

12일차

1. 산성물질 - 염산, 식초, 탄산음료 / 염기성물질 - 베이킹소다, 수산화나트륨, 세제, 비누, 석회수, 암모니아수

2. 1) 변색 범위 : 산-염기 지시약의 색깔이 바뀌는 pH 범위 / 2) 중화반응의 중화점이 pH가 7인 것은 아니라서 각 중화점에 맞는 지시약이 필요하기 때문(측정하고 싶은 pH 구간이 다양), 실험 목적이 달라 정밀한 측정인 경우/교육용인 경우/간단한 산성, 염기성 판별인 경우, 일부 지시약은 물에만 녹거나 고온이나 저온일 때 들어맞는 지시약이 다름

13일차

1. 1) 각각 산성, 중성, 염기성
   2) 1번-염기성 2번-산성 3번-중성

2. ③

14일차

1. 1)

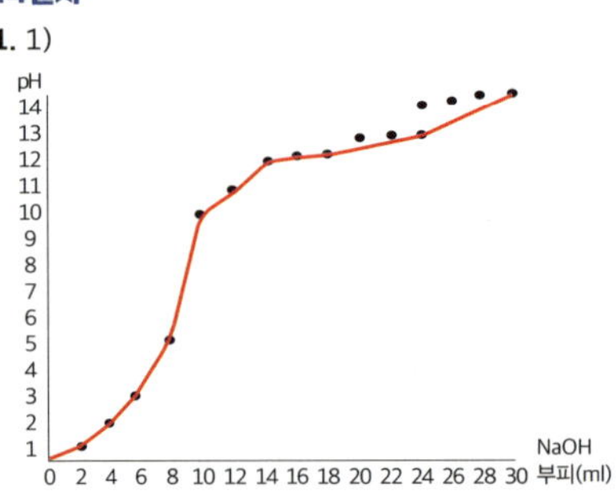

   2) 수산화나트륨을 약 9~10mL 넣었을 때
   3) 중화점 근처에서 pH가 급격하게 변한다, 중화점 이후 pH 증가 속도는 느려진다.

15일차

1. ①, ② (정답 2개)

2. 산화제-Cu, P 환원제-O_2
   1) 반응식 1-Cu는 전자를 잃고 산화되어 환원제이고, O_2는 전자를 받아 환원되어 산화제이다. / 반응식 2-P는 전자를 잃고 산화되어 환원제이고, O_2는 전자를 받아 환원되어 산화제이다.

16일차

1. ①, ④   **2.** 태양에너지

17일차

1. ②

2.답안 예시

	주변에서 물질이 열을 흡수하는 경우	주변으로 물질이 열을 방출하는 경우
	열 → 물질	열 ← 물질
물질의 변화	보다 (높은)낮은 에너지로 변화하거나 물질의 온도가 올라간다.	보다 (높은)낮은 에너지로 변화하거나 물질의 온도가 내려간다.
주변 온도의 변화	☐ 올라간다 ☑ 내려간다	☑ 올라간다 ☐ 내려간다

3. ①

18일차

1. ②   **2.** ③

3. 답안 예시 파인애플에는 브로멜라인이라는 단백질 분해 효소가 들어 있다. 파인애플을 먹으면 이 효소가 우리 입 안과 혀의 표면을 이루는 단백질을 조금씩 분해한다. 마치 작은 가위가 입 안을 건드리는 것처럼 단백질이 미세하게 손상되면서 따갑고 찌릿한 느낌, 즉 아린 느낌이 생기는 것이다.

19일차

1. ②

2. 유익균 - 락토바실러스, 비피도박테리움, 박테로이데테스 / 유해균 - 살모넬라, 폐렴구균 대장균 O157,

3. (가) 인플루엔자, (나) 고열, 근육통, 피로감, 두통, 기침 등, (다) 중간, (라) 있음, (마) 항바이러스제, 중증 시 산소 치료

20일차

1. ③

2. 답안 예시

이유	더 알아보고 싶은 점
비행기를 탈 때마다 우주 방사선에 더 많이 노출된다는 사실이 신기했다. 평소에 비행기를 타면서 방사선을 받는다는 생각을 한 번도 해 본 적이 없었는데, 고도가 높을수록 태양과 가까워서 방사선 노출이 증가한다는 것이 흥미로웠다.	비행기 승무원들은 우주 방사선에 자주 노출될 텐데 건강에 문제는 없을까? 국제선 승무원과 국내선 승무원의 방사선 노출량 차이는 얼마나 될까? 우주 비행사들은 더 많은 방사선을 받을 텐데 어떻게 보호할까?

<table>
<tr><td>내 몸 안에서 방사선이 나온다는 사실이 충격적이었다! 바나나나 감자에 들어있는 칼륨에서 방사선이 나온다니 믿기지 않았다. 방사선은 항상 밖에서 오는 것인 줄 알았는데, 내가 먹는 음식에서도 나온다는 것이 신기하고 약간 무섭기도 했다.</td><td>어떤 음식에 칼륨이 많이 들어있을까? 바나나를 많이 먹으면 방사선 노출이 위험한 수준까지 갈 수 있을까? 체내 방사선은 우리 몸에 어떤 영향을 미칠까? 칼륨 외에 다른 방사성 물질도 음식에 있을까?</td></tr>
</table>

21일차

1. 1) (가) 상현, (나) 호승, (다) 삭, (라) 그믐, (마)하현, (바) 망 / 2) (가) 지구와 태양 사이, (나) 삭, 망, (다) 지구를 기준으로 태양과 직각 위치, (라) 상현달, 하현달

22일차

1. ②
2. 힘, 이동
3. 힘, 0, 수직
4. ㄷ

23일차

1. 약 6.67mA (또는 6.7mA)
   해설 옴의 법칙: V = I × R
   따라서 I = V ÷ R
   I = 1V ÷ 150Ω
   I = 0.00667A
   I = 6.67mA
2. 둘 다 빈칸에 '흐른다'가 들어가면 됨
3. **답안 예시** 자전거 발전기: 자전거 바퀴가 돌면 바퀴에 붙은 발전기도 함께 돈다. 발전기 안에는 자석과 코일이 있는데, 자석이 빙글빙글 돌면서 코일 주변의 자기장이 계속 변한다. 이때 전자기 유도 현상으로 전류가 생겨서 자전거 전조등에 불이 들어온다.
   무선 충전기: 스마트폰 무선 충전기도 전자기 유도를 이용한다. 충전 패드 안에는 코일이 있고, 여기에 전류가 흐르면 자기장이 만들어진다. 스마트폰 안에도 코일이 있는데, 충전 패드의 변하는 자기장이 스마트폰 코일을 통과하며 전류가 유도된다. 이 전류로 배터리를 충전한다.

24일차

1. 강력 > 전자기력 > 약력 > 중력
2. (마인드맵은 다양할 수 있음) 방사선이 어떻게 붕괴하는지에 대한 답: 방사성 원자핵이 붕괴하면서 방사선을 내놓는다. 즉 탄소-14와 같은 불안정한 원자핵이 존재하면 약력이 작용하여 베타 붕괴가 발생한다. (중성자가 양성자와 전자로 쪼개짐) 그 뒤 전자가 방사선(베타선)으로 날아가 새로운 원소인 질소-14로 변한다.

25일차

1. ②, ③
2. (가) 외부에서 힘이 작용하지 않으면 정지한 물체는 계속 정지 상태를 유지하고, 운동하는 물체는 등속 직선 운동을 계속한다. / (나) 물체에 힘을 가하면 가속도가 생기며, 가속도는 힘에 비례하고 질량에 반비례한다. (F=ma) / (다) 모든 작용에는 크기가 같고 방향이 반대인 반작용이 존재한다.

26일차

1. 상황 C > 상황 A > 상황 D > 상황 B
2. (가) O, (나) X, (다) X, (라) O, (마) O, (바) X, (사) O, (아) X
3. 충돌 시간을 늘려서

27일차

1. (가) 고체 / (나) 뜨거운 프라이팬 손잡이가 뜨거워짐, 금속 숟가락을 뜨거운 물에 넣으면 손잡이도 뜨거워짐, 난로 옆에 손을 대면 따뜻함 / (다) 액체, 기체 / (라) 물질 자체가 이동하며 전달 / (마) 냄비 속 물이 끓을 때 물의 순환, 에어컨/히터 바람, 바닷가 해풍과 육풍 / (바) 전자기파(적외선)로 전달, 물질을 거치지 않는다. / (사) 태양 빛이 지구에 도달, 모닥불 앞에 앉으면 따뜻함, 전기 난로의 열
2. 1) O, 2) X, 3) O, 4) O, 5) X
3. 나의 생각: 있다 / 그렇게 생각한 이유: 열에너지는 물질을 이루는 입자(원자, 분자)의 운동에너지이다. 영하의 온도라도 입자들은 여전히 움직이고 진동하고 있다. 입자의 운동이 완전히 멈추는 온도는 절대영도(-273.15℃)인데, 영하 몇 도는 절대영도보다 훨씬 높은 온도이므로 입자들이 활발하게 움직이고 있다. 따라서 영하의 온도에도 열에너지는 존재한다.

28일차

1. (가) CO_2, (나) CH_4, (다): N_2O
2. **답안 예시** 2025년 1월 기준 (1) 약 425ppm (2) -2도 / 2024년 1월 (1) 422ppm → 3ppm 증가

29일차

1. ①
2. **답안 예시** 태양열 충전 냉장고 / 대략적 그림 : 낮에 태양광 패널로 전기를 만들어 배터리에 저장하고, 밤에도 그 전기로 냉장고를 작동시킨다. 단열재를 두껍게 하여 전력 소비를 최소화하고 간단한 구조로 만들어 현지에서도 쉽게 수리할 수 있도록 한다. 아프리카 등 전기가 부족한 지역에서는 백신이나 의약품을

보관할 냉장고가 없어 많은 사람들이 질병으로 고통
받고 있다. 태양열로 작동하는 저렴한 냉장고가 있다
면 생명을 구할 수 있을 것이다.

30일차

1. ②
2. **답안 예시** 1860년 여름. 완두콩 실험 4년차. 오늘도
수백 개의 콩을 세었다. 손가락이 아프지만, 신기한
패턴을 발견했다! 키 큰 것과 작은 것이 정확히 3:1
비율이다.
다른 사람들은 이해하지 못한다. "완두콩이 뭐가 중
요해?"라고 한다. 하지만 나는 확신한다. 이 작은 콩
안에 생명의 비밀이 있다. 외롭지만 계속할 것이다.
언젠가는 사람들이 알아줄 것이다. 진리는 숨길 수
없다!

31일차

1. (가) X, (나) O, (다) O, (라) X
2. 1) 풍선이 팽창하면서 풍선 표면 자체가 늘어나기 때
문이다. 은하 A와 B는 풍선 표면에 고정되어 있고, 풍
선이 커지면서 표면이 늘어나 자연스럽게 멀어진다.
이것은 우주 팽창과 똑같은 원리이다. 우주 공간 자
체가 팽창하면서 그 안에 있는 은하들이 공간과 함께
멀어지는 것이다.

   2) 8cm

32일차

1.

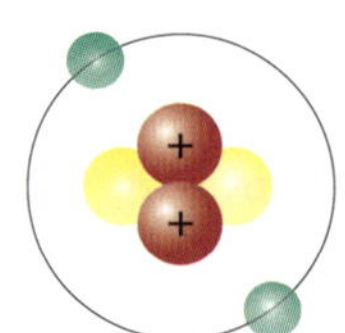

2. ③
3.

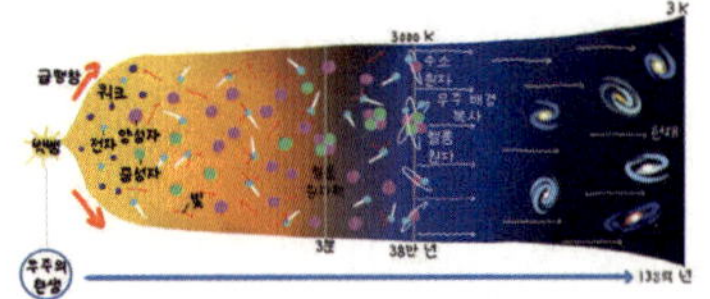

33일차

1. 1) 핵융합 /2) A : 수소 원자핵 , B: 에너지 방출 , C:
양성자, D: 중성자

34일차

1. ②
2. A 성운, B 질량이 작은 별, C 적색거성, D 행성상 성
운, E 백색왜성, F 질량이 큰 별, G 적색 초거성, H 초
신성 폭발, J 중성자 별, I 블랙홀

35일차

1.

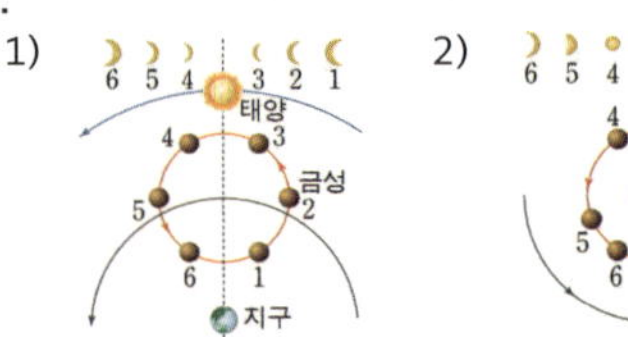

36일차

1. ②
2. 각자 자신의 별자리를 조사하여 그려 보자.

37일차

1. ③
2. 밀도 때문이다. 차가운 공기는 무거우니까 아래로, 따
뜻한 공기는 가벼우니까 위로 간다.

38일차

1.

구분	P파	S파
도착 순서	첫 번째(가장 먼저)	두 번째(나중에)
속도	빠름(약 6~8km/s)	느림(약 3~4km/s)
움직임	종파(진행방향과 평행)	횡파(진행방향과 수직)
통과 가능 물질	고체, 액체, 기체	고체만 통과 가능
피해 정도	작음	큼

2. 왼쪽 P파, 오른쪽 S파

39일차

1. 빙하: 고체, 고지대에 있다, 담수의 약 68~70%를 차
지한다. 전체 물의 약 2% / 해수: 액체, 짠 맛이 난다,
지구 물의 약 97%를 차지한다. / 호수: 액체, 담수,
홍수 조절 가능 / 하천: 액체, 담수, 침식/운반/퇴적
작용
2. (1) - C , (2) - A , (3) - B

40일차

1. 해수, 혼합층
2. (가) O, (나) O, (다) X
3. ㄴ

41일차

1. 1) 발산형 경계 / 수렴형 경계 / 보존형 경계
 2) (자유로운 답변 허용)

42일차

1. ③

2. 답안 예시 ① 대륙이 이동하는 원동력을 설명하지 못
했다. 베게너는 조석력(달과 태양의 중력)과 지구 자
전축의 변화라고 설명했지만 그 힘으로는 부족하다
는 계산이 나와서 받아들이지 않았다.
② 대륙이 1년에 몇 cm씩 움직인다는 베게너의 말에
증거를 보여 달라고 했지만 당시 기술로는 측정이 불
가능했다. 지금은 1960년대 이후 GPS와 인공위성
이 발달함에 따라 정밀 측정이 가능해졌다.
③ 학계의 편견도 강했다. 베게너는 지질학 비전공자
여서 대륙 고정론을 믿고 있던 당시 지질학계는 새로
운 이론이 위협으로 다가왔다. 그래서 동화 같은 이
론이라고 주장하며 개방적으로 받아들이지 않았다.

43일차

1. ①, ③

2. ②

3. ㄱ, ㄴ, ㄷ

4. (가) RNA, (나) DNA

44일차

1. ②

2. A - $C_6H_{12}O_6 + 6O_2 \rightarrow 6CO_2 + 6H_2O$ + 에너지
 B - $6CO_2 + 6H_2O$ + 빛에너지 $\rightarrow C_6H_{12}O_6 + 6O_2$
 C - 포도당, 산소
 D - 이산화탄소, 물
 E - 이산화탄소, 물
 F - 포도당, 산소
 G - 미토콘드리아

45일차

1. 부모로부터 유전자(DNA)가 자녀에게 전달되기 때
문이다. 부모의 염색체에 있는 유전 정보가 생식세포
(정자와 난자)를 통해 자녀에게 유전되면서 외모, 키,
얼굴 특징 등이 유전된다.

2. ④

3. 1) 1cm - 크기가 가장 작고 표면적 대비 부피 비율이
 가장 크다. 식용색소가 스며들지 않은 곳이 없는
 것을 보아 물질 교환이 가장 효율적이라는 생각이
 든다. / 2cm - 중간 크기이며, 표면적 대비 부피
 비율이 중간이다. / 3cm - 크기가 가장 크고, 표면
 적 대비 부피 비율이 가장 작다. 물질 교환 효율이
 가장 낮다.

 2) (가) 6, (나) 3, (다) 2
 [계산 과정] 1cm 정육면체:
 표면적 = 6 × (1×1) = 6cm²
 부피 = 1×1×1 = 1cm³
 비율 = 6 ÷ 1 = 6
 2cm 정육면체:
 표면적 = 6 × (2×2) = 24cm²
 부피 = 2×2×2 = 8cm³
 비율 = 24 ÷ 8 = 3
 3cm 정육면체:
 표면적 = 6 × (3×3) = 54cm²
 부피 = 3×3×3 = 27cm³
 비율 = 54 ÷ 27 = 2

46일차

1. 1) 단순멸종이다. 대멸종은 많은 종이 동시에 사라지
 는 현상인데 나그네비둘기는 한 종만 멸종했기 때문
 이다. / 2) 인간의 상업적 사냥, 서식지 파괴 / 3) 어
 려웠을 것이다. 1900년에는 이미 야생 개체가 사라
 졌고 동물원에 남은 개체만으로는 유전적 다양성이
 부족하기 때문이다. / 4) 개체수가 많다고 안전한 것
 은 아니다. 인간의 활동은 순식간에 생물을 멸종시킬
 수 있기 때문이다.

2. 최소 10,950종(30종 기준), 최대 25,550종(70종 기준)

47일차

1. 1) 피라미드의 위로 갈수록 생물의 총 질량이 감소
 하기 때문이다. 한 영양 단계에서 다음 단계로 약
 10% 정도만 전달되고 90%는 호흡, 열, 운동으로
 소비된다. 상위 포식자를 먹여 살리려면 많은 하
 위 생물이 필요하다.

 2) 뱀의 개체수는 감소하고, 그 결과 독수리 개체수
 도 감소한다.

 3) 독수리가 증가하면 뱀의 개체수가 급격히 감소하
 고 그 결과 쥐의 개체수는 일시적으로 증가한 후
 최종적으로는 풀이 감소한다. 시간이 지나면 먹이
 부족으로 독수리도 다시 감소하여 새로운 평형에
 도달하게 된다.

2. 1) 사체가 분해되지 않고 쌓인다
 2) 유기물이 무기물로 분해되지 않아 토양이 고갈된다.
 3) 생산자는 영양분 부족으로 자랄 수 없어 점차 사
 라진다.
 4) 생산자가 소멸하며 1차 소비자가 멸종하고 2차
 소비자가 멸종해 생태계 전체가 붕괴된다.

3. 분해자는 시체를 청소하는 동시에, 영양분을 토양에
돌려주어 생산자가 다시 자랄 수 있게 하므로 생명의
순환을 가능하게 한다.

1. ③

2. ②

3. 답안 예시 건물, 기둥 하나가 무너지면 전체가 흔들리기 때문이다.

4. (가) C, (나) B, D 빼고 가능

1. ㄱ-D, ㄴ-B, ㄷ-G, ㄹ-A, ㅁ-E, ㅂ-C, ㅅ-F

2. 답안 예시 (가) 수영 능력이 강화되어 더 큰 발바닥과 물갈퀴, 지방층이 두꺼워지는 북극곰이 생길 것 같다. / (나) 작은 날개 나비가 더 많이 생존할 것이다. 왜냐하면 큰 날개의 나비는 바람에 날개를 펼치면 강풍에 휩쓸릴 텐데 작은 날개 나비는 바람의 저항이 작기 때문이다. / (다) 빠른 비둘기이다. 천적이 출현했을 때 느린 비둘기는 반응이 느려 잡아먹히겠지만 빠른 비둘기는 빠르게 도망가 생존할 확률이 높다.

1. 답안 예시 진실성-진실성이 없으면 과학 전체의 신뢰가 무너지고 잘못된 연구가 다른 연구의 기반이 되어 과학의 발전이 저해된다.

연구 대상자 존중-인간을 대상자로 하는 연구에서 과학 발전이 아무리 중요해도 개인의 권리를 침해해서는 안 되며 충분한 설명과 동의 절차가 필수이다.

사회적 책임-과학자는 자신의 연구가 악용되지 않도록 책임지고, 사회 전체의 이익을 생각해야 한다. 과학 연구는 사회에 미치는 영향이 크기 때문이다.

조심성-새로운 기술이나 연구는 예상치 못한 위험을 가지고 올 수 있으므로 되돌릴 수 없는 결과를 초래할 수 있는 연구는 더욱 조심해야 한다.

동물 보호-동물 실험이 필요한 경우에도 불필요한 고통을 최소화하고 대체 방법을 우선적으로 고려해야 한다. 동물도 고통을 느끼는 생명체이기 때문에 윤리적으로 대우해야 한다.

2. 답안 예시 : 나의 대답-치료 목적은 좋지만, 윤리적 문제도 함께 생각해 봐야 할 것 같다. 무제한 허용보다는 엄격한 기준과 감독이 필요하지 않을까?

이유-과학 기술은 양면성이 있어서 맞춤형 아기 같은 악용 사례를 막기 위해 사회적 합의와 규제가 필요하기 때문이다.